LE DUEL

QUESTIONS SOCIALES

Le Duel devant les Idées Modernes

PAR

LE COMTE ESTEVE

Non occides.
Tu ne tueras point.

PARIS
SOCIÉTÉ FRANÇAISE D'IMPRIMERIE ET DE LIBRAIRIE
ANCIENNE LIBRAIRIE LECÈNE, OUDIN ET Cie
15, Rue de Cluny, 15

1908

PRÉFACE

La rage du duel n'ayant plus rien d'effrayant de nos jours, d'aucuns feront peut-être remarquer qu'au lieu de le prendre à partie, mieux vaudrait aborder des thèses plus urgentes. Je répondrai que le fait pour un usage condamnable de ne pas être entièrement délaissé autorise par là même tout effort tendant à le faire définitivement disparaître. Serait-il d'abord complètement en ruine, il offrirait encore l'intérêt qu'a pour notre époque l'histoire de ces vieilles tours démantelées qui, pour s'être montrées jadis inexpugnables, n'en devaient pas moins un jour perdre contenance devant des mœurs nouvelles. En histoire, on voit mal de près. Ce n'est qu'en examinant à distance les institutions de nos pères, en se rendant compte de la façon dont elles devaient affronter le temps, qu'on peut se promettre de les rapporter aux points cardinaux de la morale naturelle, de les apprécier autrement dit à leur juste valeur. Très en vogue aujourd'hui, l'étude du passé n'est pas qu'intéressante ; elle a encore son utilité en raison des sages réflexions qu'elle inspire, des prudentes méfiances aussi qu'elle éveille vis-à-vis de ce qui nous est donné de nos jours comme honorable ou vénérable.

Une fois reconnu que les hommes ont pu juger sensés et profitables des usages absolument ridicules, et qui plus est, incontestablement criminels, on est porté tout naturellement à se demander s'ils ne se le permettent pas encore, si les préjugés actuels ne sont pas, comme l'étaient ceux d'hier, des sottises communes et approuvées, des infirmités héréditaires, réfractaires, il est vrai, à l'emploi de la force, mais essentiellement désagrégeables sous l'action du progrès qu'implique le retour au sens commun.

La politique évidemment a fait son temps. On commence et manifestement à se dégoûter des animosités aussi stériles que dépravantes auxquelles elle nous condamne. Encore quelques années, quelques réflexions, la forme du gouvernement n'aura plus qu'une minime importance et finira même par ne paraître acceptable qu'à la condition de perdre toute espèce de couleur et de ne plus comporter divers partis. Devenus libres, ce qui veut dire dignes de l'être, nous ne demanderons plus naïvement à Dieu de nous donner de bons maîtres, attendu que nous n'aurons besoin dès lors que de bons domestiques. Loin de nous mettre en quête du meilleur système d'oppression, nous n'aurons souci que des principes autorisant les sociétés à n'en supporter aucun. La tendance, du reste, s'en accentue déjà : il n'y a plus guère aujourd'hui que les questions sociales qui soient vitales, qui semblent dignes par là même de fixer l'attention des intelligences.

Et puisque c'est par ces intelligences que le progrès se fait jour avant de se manifester dans l'ordre social, ne négligeons rien pour les influencer avantageusement. Servons-nous de la parole et du livre pour les aider à distinguer les vérités éternelles des vérités de sentiment ou d'opinion, pour déterminer ou enrayer suivant le cas les courants d'idées.

Oui, adressons-nous hardiment aux intelligences et sans crainte de revenir sur ce qui a pu leur être présenté déjà de façon différente. Allumer une lampe dans la salle où règne l'obscurité est assurément la première chose à faire; mais la placer ensuite de telle sorte qu'elle éclaire plus de monde n'est pas non plus sans utilité. Combien de fois aussi n'a-t-on pas vu d'excellents effets résulter d'une faible participation apportée à un concours d'efforts! Tous les principes propres à maintenir l'humanité dans la bonne voie sont connus depuis de longs siècles : il ne s'agit donc pas d'en chercher de nouveaux, mais de se rappeler ceux qu'on possède, sauf à les présenter sous des formes plus appropriées à nos mœurs actuelles. *Non nova sed nove!* La vérité ne change pas. C'est même de la nouveauté, comme on le sait, dont elle se pique le moins. Il n'y a donc pas à s'évertuer à dire du neuf; il suffit de rappeler ce que le bon sens prêche de tout temps et prêchera toujours, car il ne se fatigue jamais, Dieu merci, d'avoir raison. *Non nova, sed oblita.*

Rencontrerai-je maintenant quelque sympathie? Tout dépend des milieux où j'aurai l'inspiration d'aller les chercher. Sans doute il n'y a rien à attendre de ceux qui toute leur vie se sont crus engagés d'honneur à se faire les apologistes d'opinions qu'ils ne se sont pas faites mais se sont laissé donner, de ceux qui ne comprennent rien au précepte : *Quærite et invenietis*, qui ne veulent pas que la vérité en morale, en sociologie, en hygiène, ne soit promise qu'à ceux qui la cherchent ; mais combien y en a-t-il du côté des jeunes qui ne craignent pas de se poser des questions et de jeter les yeux sur les perspectives qu'on leur découvre ? Le sentiment du juste n'étant pas encore émoussé chez eux par les préjugés, ils ne s'effraient nullement d'en entendre généraliser les principes, et rien ne les empêche de les tenir pour constants et invariables. Leur jugement n'ayant pas encore capitulé devant les théories que le monde se contente d'admettre pour se croire en droit de les donner comme irréfutables, ils n'ont aucune raison d'en vouloir à ceux qui ne les obligent pas, mais les engagent à modifier leur manière de voir. Car ce n'est pas de se soumettre bon gré mal gré en tout état de cause qu'on leur enjoint la menace aux lèvres, c'est seulement à réfléchir qu'on les invite amicalement, en disant avec Montaigne :

« *Même je prie les lecteurs de n'ajouter point du tout foi à ce qu'ils trouveront ici, mais seulement de l'examiner et de n'en recevoir que ce que la force et l'évidence de la raison les pourra contraindre de croire.* »

LE DUEL

CHAPITRE PREMIER

HISTOIRE DU DUEL

I

1. Aucun peuple civilisé de l'antiquité n'a connu le duel. — 2. Il nous vient de peuplades barbares chez lesquelles la force brutale tenait lieu de justice, et dont le sentiment religieux se contentait d'un dieu fait à leur image et à leur ressemblance. Raisons qui facilitèrent leur entente avec les peuples envahis. — 3. Ce qu'étaient les preuves de justice demandées à l'action des éléments comme le feu et l'eau, et dénommées *Jugements de Dieu*. Interprétation abusive qu'elles faisaient donner à certains passages de la Bible.

1. — Avant de montrer ce qu'est le duel à la lumière de la raison, il me semble indiqué de lui poser tout d'abord quelques questions, de lui demander autrement dit ses lettres de créance. A quelle époque remonte son origine ? D'où arrive-t-il? A quel concours de circonstances doit-il de s'être maintenu jusqu'à présent dans une société qui se pique de civilisation avancée? Autant de points que nous allons examiner aussi brièvement que possible. Et n'en déplaise à ceux qui sont toujours prêts à défendre une coutume ancienne quelle qu'elle soit, quand elle n'est pas encore abandonnée, qui voudraient tout au moins qu'on mît des gants pour en parler, je me garderai bien de ménagements inutiles. Désirant laisser entendre au plus tôt ce que j'en pense, je lui donnerai de suite l'épithète qui lui convient, à l'exclusion de toute autre, en traitant de barbare et dans toute l'acception du mot un usage qui se perd évidemment dans la nuit des temps comme la guerre, dont il a le droit du plus fort ou du plus adroit, l'irréflexion, l'insolence et la sauvagerie.

Mais ce qu'il importe de constater sans plus tarder, c'est qu'introduit dans le centre de l'Europe lors de l'invasion des peuples du nord, il ne nous vient pas des peuples civilisés de l'antiquité. Aucun ne l'a connu ni même soupçonné. On n'en trouve pas trace dans l'histoire des Juifs, qui du reste se contentaient du meurtre pur et simple pour se débarrasser de leurs ennemis. Si nos ancêtres les Gaulois l'avaient pratiqué, un trait de mœurs aussi caractéristique n'aurait certainement pas échappé à l'attention de César, dont les *Commentaires* ne passent sur rien d'intéressant. Les Grecs et les Romains, aussi jaloux, aussi chatouilleux en fait de gloire et d'honneur que nous avons pu et pouvons l'être nous-mêmes, ne croyaient pas qu'il fût honorable de se faire justice à soi-même, ou bien encore de s'exposer en vue de se venger d'une offense au danger de périr de la main de l'offenseur. Chez eux, les gens du peuple, quand ils se prenaient de querelle, échangeaient, suivant une coutume qui n'a pas encore disparu, des injures et des coups ; mais les hommes que distinguaient leur naissance et leur mérite s'abstenaient de toute espèce de voies de fait Ne songeant pas un instant que leur honneur pût être à la merci d'une grossièreté ou d'une violence, ils s'en remettaient à leur dignité du soin de mépriser les injures quand elles ne méritaient pas l'attention et de porter plainte aux magistrats dans le cas contraire.

Achille, tout ému de l'affront qui l'a privé de sa belle captive, refuse de mettre désormais son incomparable valeur au service des Grecs, mais il ne songe pas un instant à provoquer Agamemnon.

Thémistocle ne se croit pas déshonoré pour avoir été menacé du bâton par Eurybiade : il consent à être frappé pourvu qu'on prête l'oreille à ses raisons.

Aristide, injustement exilé, ne se venge à son

retour de son rival qu'en le défiant de montrer pour la patrie un zèle supérieur au sien.

Caton se laisse souffleter publiquement dans Rome sans que sa figure trahisse la moindre émotion, estimant que c'est compromettre sa fierté que vouloir se venger d'un pareil affront, donnant ainsi un bel exemple à ceux pour qui le pardon des injures n'est recommandable que dans les livres.

Marius, défié par je ne sais plus quel chef cimbre ou teuton, s'écrie : « Si cet homme est las de la vie, qu'il se pende ! »

Les triumvirs César, Crassus et Pompée ont beau se faire mille avanies, ils ne s'envoient pas de cartels en raison des apostrophes outrageantes lancées en plein Sénat.

Agrippa ne croit pas du tout son honneur fêlé ou réduit en miettes parce que le fils de Cicéron lui jette une coupe à la tête.

Quand Antoine, voyant l'empire du monde lui échapper, se risque en désespoir de cause à défier Auguste en combat singulier, celui-ci, loin de se croire tenu d'accepter la proposition de son adversaire, en plaisante ; il s'indigne de ce qu'on le croie capable de verser le sang d'un citoyen romain, et son attitude est regardée par le peuple comme celle d'un homme sage.

Provoqué aussi par Antoine, Octave refuse en

disant que les genres de mort sont assez variés déjà pour qu'on n'en augmente pas le nombre (1).

Peut-être me rappellera-t-on les histoires de David et de Goliath, d'Hector et d'Ajax, de Pâris et de Ménélas, des Horaces et des Curiaces et autres encore. Ce serait à tort, car il s'agit là de combats n'ayant aucun rapport avec nos duels et qui n'avaient pour but que d'empêcher une plus grande effusion de sang. Ce n'était pas des querelles particulières qui les motivaient ; c'était l'intérêt générale qui leur donnait lieu. Ce qui d'ailleurs, à cet égard, ne laisse pas d'être significatif, c'est que les lois romaines, si minutieuses quand elles traitent des injures, même des plus petites, ne font nulle mention du duel. Or elles s'en fussent certainement préoccupées s'il avait existé quand elles ont été faites.

2. — D'où vient donc l'étrange usage de demander à des bâtons de fer ou de bois la solution d'une difficulté? Il nous vient des peuplades qui habitaient jadis la Scandinavie et la Germanie, peuplades ne vivant que de rapines et de massacres sous l'œil d'Odin, le grand dieu des combats qui, en fait de jouissances d'outre-tombe, promettait aux braves de les faire entrer au Walhalla et de les y

(1) Fougeroux de Campigneulles : *Histoire des Duels*.

faire boire dans le crâne de leurs ennemis. Pour ces hordes d'une férocité sans égale, la force brutale tenait lieu de discipline, de lois et de justice ; l'audace l'emportait sur toute espèce de science qui passait d'ailleurs en ce temps-là pour rendre les hommes pusillanimes. Elles étaient aussi éloignées de la civilisation grecque et latine que les tribus du centre de l'Afrique le sont aujourd'hui de la nôtre.

Dans les nations modernes, s'il n'y a plus maintenant que les gouvernements qui se constituent juges en leur propre cause, fassent de la force le grand arbitre de leurs querelles, donnent l'explosion de la poudre pour la dernière expression de la vérité, la preuve irréfragable du droit, les individus, les grands eux-mêmes devenus raisonnables, préfèrent laisser à des lois le soin de régler leurs différends. Mais dans ces temps reculés, c'était chaque famille, que dis-je ? chacun de ses membres qui voulaient que le juste et l'injuste dépendissent de l'issue d'une lutte, que le mérite d'un homme consistât dans la manière dont il savait manier la ferraille qu'il était de mode de ne jamais détacher de sa ceinture, même dans sa propre maison, même à l'heure du repos.

S'agissait-il d'avancer une proposition, d'appuyer une attestation, d'acquérir une propriété, de briguer un honneur, en fait de titre le bras solide et bien exercé était le seul authentique. Tout se demandait l'épée à la main, jusqu'à la femme dont on voulait faire sa compagne. Le père était libre de refuser, mais il lui fallait alors apprêter ses armes, car c'était à elles à témoigner de la validité de ses raisons. L'homme condamné à mort avait également la faculté d'en appeler de la sentence en provoquant son chef, lequel, de par l'opinion régnante, se serait cru perdu de réputation en ne répondant pas à l'appel.

N'allez pas croire maintenant que pareilles mœurs excluaient le sentiment religieux. Ce serait une grande erreur ! Il est vrai que ces braves gens-là voulaient comprendre et honorer Dieu à leur manière, mais la prétention n'est vraiment pas de celles qui doivent surprendre outre mesure, car ils n'ont pas été les seuls, loin s'en faut, à la faire valoir. Et l'un des dogmes de leur religion enseignait tout simplement que la Divinité devait forcément partager la façon de penser des fidèles, se soumettre à leurs caprices, ennoblir et sanctifier leurs passions, homologuer enfin toute institution qu'il plairait à leur imagination de donner comme étant de droit divin. Pour les humains du xxe siècle, je ne vois rien là encore une fois de si extraordinaire. Bref, la Divinité, non contente de prendre plaisir à la vue du sang répandu dans les sacrifices ou sur les champs de bataille, avait encore de leur temps un faible pour les horions : c'est Tacite qui le remarque dans son histoire des anciens Germains. Elle ne voulait pas qu'en dehors des coups l'homme eût le moyen d'affirmer l'existence d'un fait ou de rendre un jugement équitable. La force et l'adresse faisaient loi, et prouvaient toujours chez celui qui en montrait davantage l'innocence ou le bon droit.

Lors de la translation de l'empire romain à Constantinople, quand Wisigoths, Lombards et autres amateurs d'excursions lointaines eurent le bon goût de préférer les campagnes fertiles de l'Italie, de l'Espagne et du midi de la Gaule à celles de la Scandinavie ou de la Germanie, les mœurs farouches des envahisseurs imposèrent immédiatement silence aux lois romaines. Au premier abord, il semble que le contact de peuples initiés déjà aux doctrines chrétiennes devait avoir raison de la sauvagerie des nouveaux venus et leur faire abjurer leurs erreurs. Il n'en fut rien. Les récits de la Bible, où miracles et massacres jouent un grand rôle, confirmèrent plutôt à des peuples enfants épris de merveilleux que les dieux aimaient partout les batailles et ne faisaient jamais triompher que leurs amis. Entre les deux religions mises en présence, l'entente se fit donc, et d'autant mieux qu'à cette époque, il faut le dire, on n'avait encore que des idées bien vagues relativement à l'action de la Providence en ce monde, puisque d'un côté comme de l'autre on voyait la manifestation des volontés divines non pas dans les merveilles de la création ou dans les lois de la nature, mais dans les travers de son esprit. Aussi la jurisprudence des Barbares allait-elle se faire accepter d'autant plus facilement dans les pays conquis qu'elle ne différait pas sensiblement de la leur.

3. — Dans une société qui passait alors pour civilisée, peut-être n'avait-on plus, ostensiblement du moins, la prétention de lire l'avenir dans le vol des oiseaux ou les entrailles des animaux; mais par contre on ne se faisait pas faute du tout dans les affaires embarrassantes de demander des preuves irréfutables aux éléments. Vraisemblablement en vigueur chez plus d'un peuple antérieur à notre ère, ces usages remontaient certainement à une très haute antiquité, puisque Diodore de Sicile en parle au livre second de sa *Bibliothèque historique*, et qu'il en est déjà question, si je ne me trompe, dans l'*Antigone* de Sophocle. Quoi qu'il en soit, des nombreux emprunts que devait leur faire l'autorité ecclésiastique, le premier qu'on puisse citer

serait rapporté, parait-il, par Grégoire de Tours (1).

Saint Simplice avait été fait évêque étant marié. Sa femme, qui était très chaste, ne put se résoudre à quitter son époux, quoique évêque, et continua à vivre auprès de lui. Entendant le peuple en murmurer et accuser le saint de... *ne pas rester célibataire*, l'épouse se fit apporter du feu le jour de Noël et, l'ayant tenu dans ses habits près d'une heure, le mit ensuite dans ceux de l'évêque en lui disant : « Recevez ce feu qui ne vous brûlera point, afin qu'on voie que le feu de la concupiscence n'agit pas plus sur nous que ces charbons n'agissent sur nos habits. » (*Dictionnaire des sciences ecclésiastiques* par le R. P. Richard et autres religieux dominicains, Paris, 1760, art. *Epreuves*, p. 565.)

Comment donc condamner l'épreuve du duel, alors qu'on approuvait l'épreuve de l'eau, l'épreuve du feu et d'autres encore qui, sans avoir aucun rapport avec le but poursuivi, sans jamais rien prouver en faveur de l'innocence ou contre le crime, n'en étaient pas moins certifiés conformes aux arrêts du ciel, aux JUGEMENTS DE DIEU (2).

(1) *De glor. confess.*, cap. LXXVI.

(2) « Nous ne voyons pas, dit Voltaire, qu'aucun peuple de l'Asie ait jamais adopté les jugements de Dieu par l'épée ou par la lance. Ce fut une coutume inventée par les sauvages qui détruisirent l'empire romain. En revanche, les épreuves si connues autrefois sous le nom de l'eau bouillante et du fer chaud étaient très pratiquées dans l'Inde. Tout nous vient d'Orient, le bien comme le mal... » (Fragments sur l'Inde.)

On lit aussi dans les livres de voyages que chez les Siamois on

Tout le monde sait de quelle façon les choses se passaient. Un individu était-il accusé d'avoir commis un crime :

On allait le chercher chez lui pour le conduire processionnellement à l'église ; on disait pour lui une messe solennelle ; on l'exhortait au nom de la sainte Trinité et par les reliques des saints de ne point approcher de l'autel, s'il était coupable ; on lui donnait ensuite la communion, en lui disant : « Que le corps et le sang de Jésus-Christ soient aujourd'hui en épreuve pour vous, à la gloire de Dieu et à l'édification de l'Eglise. » Après cela on bénissait de l'eau que le prêtre portait au lieu de l'épreuve. Il en donnait à boire à tous les assistants qui étaient à genoux en prières, et surtout à celui qu'on allait jeter dans l'eau en lui disant : « Cette eau bénite vous soit en épreuve par Notre Seigneur Jésus-Christ qui est le véritable et seul juge. » On dépouillait l'accusé ; on exorcisait l'eau dans laquelle il devait être plongé ; on revenait ensuite à l'accusé en lui faisant de nouvelles augurations ; on lui donnait l'Evangile à baiser ; on le liait, et après l'avoir arrosé d'eau bénite, on le jetait à l'eau, et ceux qui le plongeaient devaient être à jeun aussi bien que lui. (*Dictionnaire des sciences ecclésiastiques*, Paris, 1760, t. II, p. 561.) (1).

se servait il n'y a pas encore bien longtemps, en vue de faire ressortir la justice dans les affaires civiles et criminelles, de certaines pilules purgatives qu'on faisait avaler aux deux parties : celle qui les gardait le plus longtemps dans son estomac sans les rendre gagnait son procès.

(1) Consultez encore l'*Histoire générale de l'Eglise* rédigée d'après Bérault Bercastel à l'usage des séminaires et du clergé par le baron Henrion, commandeur de l'ordre de Saint-Grégoire-le-Grand, Paris, 1839, t. IV, p. 81.

Restait à observer maintenant comment se comportait le patient et à en déduire la considération qu'on devait avoir pour lui. Or rien n'était plus simple. Allait-il au fond, il était innocent ; surnageait-il, il était coupable. Pour ce qui est des personnes auxquelles quelques explications feraient plaisir, nous leur conseillerons tout simplement de s'adresser à un archevêque de Reims.

Le baptême, dit Hincmar (*Divorce du roi Lothaire et de la reine Thetberge*), est le conseil de Dieu et un jugement par lequel il convainc de mensonge le père du monde et le jette dehors comme coupable de mensonge... Des hommes divins ont inventé le jugement de l'eau froide pour la manifestation de la vérité. Celui qui ose la cacher sous le mensonge ne peut aller au fond de l'eau sur laquelle la voix de Dieu s'est fait entendre avec éclat, parce que l'eau, étant pure de sa nature, n'admet pas dans son sein celui qui est souillé d'un mensonge : c'est pour cela que, ne le recevant pas, elle le rejette comme quelque chose qui lui est antipathique.. ..L'industrie *chrétienne* (?) a inventé le jugement de l'eau et l'a mis en usage à l'imitation de ce qui s'est fait sous Noé dans l'arche de la foi, où les innocents furent sauvés et les coupables exterminés.

Hâtons-nous de dire que pareille doctrine ne ralliait pas alors tous les esprits ; qu'il se rencontrait déjà des dissidents, mal pensants ou hérétiques, à en croire certains évêques déclarant bel et bien au deuxième concile d'Aix-la-Chapelle, à propos précisément de l'accusation d'inceste dont la reine Thetberge, épouse de Lothaire, était l'objet, que toutes ces épreuves n'étaient que des inventions humaines, n'ayant le plus souvent d'autre résultat que de faire triompher le faux au préjudice du vrai (1).

Il faut convenir du reste que la comparaison d'Hincmar était quelque peu risquée, puisque, contrairement à ce qui se passait dans l'épreuve en question, les mauvais, lors du déluge, périssaient engloutis, tandis que les bons voguaient à la surface de l'abîme. Mais il y a des choses sur lesquelles il serait puéril d'insister. Estimons-nous seulement très heureux de ce que l'eau n'ait plus aujourd'hui les propriétés qu'elle avait au IXe siècle, car si elle se refusait toujours à ne rien admettre de souillé dans son sein, on sortirait du bain dans l'état où l'on y est entré ; il faudrait renoncer aussi à établir des lavoirs, ce qui pour d'aucuns ne laisserait pas de constituer une grande lacune.

Le savant bénédictin Mabillon, qui fouilla tous les parchemins, attribue au pape Eugène IV (an 825) les rites concernant l'épreuve de l'eau froide, pour en avoir trouvé les preuves dans un très ancien manuscrit de Reims.

(1) *Ad inventiones humani arbitrii in quibus sæpissimè per maleficia falsitas locum obtinet veritatis.*

Le chanoine Juret, commentateur d'Yves de Chartres, partage son opinion. Il parle des oraisons auxquelles donnait lieu l'apport de l'eau, oraisons où l'on faisait allusion au miracle de Cana et à celui des trois compagnons de Daniel dans la fournaise, dans l'espoir sans doute que Dieu consentirait à faire quelque chose de semblable.

Le concile de Lillebonne, tenu en 1080, veut que lorsque l'épreuve du feu sera ordonnée, elle ait lieu devant la *mère Eglise* qui en est le juge.

Bref, c'était d'observance générale.

Dans l'épreuve de l'eau bouillante, l'accusé plongeait son bras au fond d'un chaudron pour en retirer un anneau bénit qu'on y avait fait tomber, et c'était d'après les traces laissées par l'opération que s'établissait sa culpabilité ou son innocence. L'épreuve du feu n'était pas beaucoup plus réjouissante. Il fallait empoigner une barre de fer incandescente, fourrer la main dans un gantelet rougi, passer au travers de fagots enflammés, marcher pieds nus sur des socs de charrue brûlants, etc.

Avec le temps, parait-il, des accommodements devinrent possibles avec les préparateurs des instruments de supplices; mais au début, il y avait, c'est le cas de le dire, à faire appel à tout son sang-froid, car malheur à ceux qui ne montraient pas assez de force ou d'adresse pour se tirer tant bien que mal du mauvais pas ; ils étaient déclarés coupables, et de nouvelles tortures plus sérieuses cette fois leur étaient réservées. Comment nier que Dieu voulût rattacher les résultats de ces épreuves à la manifestation de la vérité ou de l'innocence quand les docteurs l'affirmaient leurs livres en main ? N'était-ce pas dans l'Ecriture sainte elle-même qu'on lisait en toutes lignes :

> Nous avons passé par le feu et l'eau et vous nous avez conduits dans un lieu de rafraîchissement.
>
> Seigneur, vous m'avez éprouvé... vous m'avez examiné par le feu, et l iniquité ne s'est point trouvée en moi.
>
> Il les a éprouvés comme l'or s'éprouve au creuset, et il les a trouvés dignes de lui.

Si l'interprétation de ces versets n'avait pas été manifestement abusive, il en résulterait alors forcément que ces passages de la Bible n'auraient plus aucun sens depuis que les jugements de Dieu ont été rejoindre dans le passé les sacrifices humains.

Que de circonstances, hélas ! au cours de notre histoire où d'infortunées victimes ont été sacrifiées à des textes impudemment détournés d'une signification qui n'était pas déjà bien précise ! Pour n'en citer qu'un exemple, est-ce que le président d'Oppède, traduit devant le parlement de Paris pour les effroyables excès commis en Provence, ne fut pas absous à la suite d'une plaidoirie où prenant pour texte ce verset du psaume : *Judica me Deus et discerne causam meam de gente non sancta*..., il avait prouvé avec l'emportement du fanatisme que le massacre de tous les Vaudois trouvait sa justification dans l'ordre donné par Dieu à Saül d'exterminer, et jusqu'au dernier, les Amalécites!...

II

1. Du *duel judiciaire*. C'était une sorte de jugement de Dieu impliquant dans ses dispositions comme dans le but poursuivi la plus étrange conception de la justice. — 2. Réflexions que suggère le concours donné aux épreuves par une autorité prête encore aujourd'hui, selon les circonstances, à qualifier le Créateur de Dieu de paix ou de Dieu des armées. — 3. Tentatives de Charlemagne dans lesquelles ne peuvent persévérer ses successeurs. Premiers symptômes de réaction contre un droit de la force que tendent à maintenir les goûts belliqueux de la noblesse et le souci de ses intérêts.

1. — Les hommes qui n'hésitaient pas à lire la solution d'une question dans des échaudures ou des noyades devaient trouver non moins sensé, je le répète, de puiser des arguments décisifs dans des embrochements réciproques. Ils devaient accepter sans difficulté la loi des Francs restés maîtres de la Gaule de par ce droit du plus fort dans lequel se reconnaissait alors la source ou la garantie de n'importe quel autre.

Tout conspirait alors à en faire la seule puissance légitime : ignorance, superstition, guerres sanglantes où les fils des chefs militaires se disputaient les lambeaux de la succession de leurs pères, où les seigneurs s'extorquaient la possession des fiefs. Il est d'observation constante que des mœurs les abus passent dans les lois, et nous-mêmes, hélas ! sommes payés pour n'en pas douter.

En prétendant remplacer la raison et la conscience par ses règles générales, c'est-à-dire brutales et mécaniques, le législateur ne fait bien souvent que légitimer une erreur qui autrement s'userait plus vite ; il ne fait que lui donner de la portée et de la durée. C'est ce qui arriva du moins pour le duel. Est-ce la loi salique, est-ce la loi Gombette, promulguée à Lyon en 501 par Gondebaud, roi des Bourguignons, qui vint consacrer une coutume très en vigueur dans le nord de l'Europe ? La question, qui n'est pas tranchée, ne saurait d'ailleurs nous préoccuper. Ce qu'il nous importe seulement de savoir, c'est qu'au VIe siècle du mélange du droit du plus fort et de superstitions grossières résultèrent des doctrines aussi folles que celles-ci : à savoir que tout débat devait se trancher par le fer, attendu que l'homme qui se laisse vaincre n'est pas digne de foi ni de considération ; attendu que Dieu témoin d'un combat singulier ne peut pas laisser le coupable succomber sous les coups de l'innocent.

Admis désormais en justice comme preuve décisive, le DUEL JUDICIAIRE était institué : il supplantait chez un peuple essentiellement belliqueux les fameuses épreuves destinées précédemment je ne dirai pas à éclairer la justice, mais à y suppléer ; il allait désormais résoudre les importantes contestations des grands, en attendant qu'on le fît servir de suprême arbitre dans les classes inférieures pour les causes les plus insignifiantes. Ainsi, pour ceux qui ne voulaient pas s'en tenir à la déposition de témoins ou aux serments des adversaires, le plaidoyer se résumait en un combat, et c'est l'épée qui par une blessure ou le coup de la mort prononçait le jugement, jugement solennel qui était encore bel et bien le JUGEMENT DE DIEU.

Pareille qualification se trouve dans la loi Gombette, dans celle des Lombards (1).

Le canon 14e du concile de Selingstadt ordonne que si deux personnes sont accusées d'adultère et que l'une demande à se purger de l'accusation par le jugement de Dieu (qui n'est autre ici que le duel), on le leur accorde, et que si l'accusé périt, on condamne aussi la femme comme coupable.

Avait-on à se plaindre d'un meurtre, d'un vol,

(1) V. Savaron, p. 38.

d'une injure ? On amenait l'inculpé devant le tribunal qui siégeait généralement dans la cour du logis de l'évêque (1).

Les parties mises en présence, on visitait leurs armes et l'on s'assurait qu'ils ne cachaient dans leurs vêtements aucune herbe *propre aux enchantements*. On leur faisait verser des gages qui, remis primitivement aux vainqueurs, devinrent plus tard l'objet d'un droit seigneurial pour les seigneurs haut justiciers. Le plaignant, accusant ensuite publiquement l'incriminé, relevait le gantelet que ce dernier lui jetait en disant : « Vous en avez menti. » Après quoi les juges, sans laisser discuter autrement les parties, se bornaient à lancer l'un contre l'autre les deux bêtes féroces, sauf à se battre eux-mêmes à leur tour une fois le combat terminé. Et la lumière alors était faite devant la preuve concluante que fournissait la défaite : la cause était jugée sans appel. Aux formalités près, c'était le duel des barbares. Et comme il eût été vraiment

(1) A Paris, c'était dans la première cour de l'archevêché, où est le siège de l'officialité, que se battaient les champions, comme en témoigne le manuscrit de Pierre le Chantre datant de la fin du XIIe siècle. Cet auteur ajoute que le pape Eugène III, consulté au sujet du maintien de cette coutume, répondit : *Utimini consuetudine vestra*. « Tenez-vous-en aux usages établis. »

Voyez aussi *Traité des combats singuliers*, par le père Gerdil, barnabite, précepteur de Mgr le prince de Piémont, Turin, 1759, p. 155.

regrettable qu'une procédure aussi sage ne fût pas à la portée de tout le monde, on eut bien garde de déroger aux anciennes coutumes qui permettaient ou plutôt exigeaient que les individus hors d'état de se battre eux-mêmes pussent le faire par procuration. Les vieillards, les femmes avec l'autorisation de leurs maris, les enfants au-dessous de 15 ans avec celle de leur tuteur, et jusqu'aux clercs avec celle de leurs évêques dont ils savaient parfois se passer, se faisaient alors représenter par des avoués ou des champions, lesquels différaient les uns des autres en ce que les premiers offraient leurs services par dévouement et les seconds moyennant salaire. On vit beaucoup d'églises, d'abbayes, de monastères en armer au cours de contestations relatives à la légitime possession d'une terre ou d'un privilège ecclésiastique, quand ce n'était pas pour des motifs plus ou moins bizarres.

On peut rappeler à ce propos qu'Alphonse VI, roi de Castille, désireux de substituer dans son royaume l'office romain à l'office mozarabique, en dépit de l'opposition de le noblesse et du clergé, chargea deux chevaliers armés de résoudre la question. Elle aurait dû l'être par la défaite du champion de l'office romain, mais le roi au désespoir récusa l'épreuve et recourut à celle du feu. Sur son ordre, on exposa deux missels à la flamme d'un bûcher : le missel romain fut réduit en cendres ; le mozarabique n'ayant été, dit-on, que légèrement endommagé, prévalut.

Nous aurions bien tort de nous récrier trop bruyamment et pour deux raisons : c'est tout d'abord que, pour être saine et juste, notre appréciation exigerait que nous nous rendissions parfaitement compte de la mentalité de l'époque, supérieure sous certains rapports à la nôtre ; c'est aussi que beaucoup de nos usages donneront certainement lieu plus tard chez nos descendants à des stupéfactions encore plus grandes, ne s'agirait-il, par exemple, que de celui qui dans une assemblée nous fait voir la vérité non plus du côté de la force ou de l'adresse, mais du côté du nombre ; non plus du côté d'un poing, mais du côté d'un chiffre.

Assimilé en tout et pour tout à celui qui se battait pour son propre compte, le champion vainqueur était digne de triomphe ; vaincu, il était traîné en chemise sur la claie, brûlé, pendu ou, suivant les cas, réduit en esclavage et vendu à un tiers ; parfois même la personne représentée par lui devait alors subir le même sort.

Il ne faudrait pas conclure maintenant que le champion ou avoué, par cela même qu'il risquait sa peau, fût difficile à trouver : on n'avait, au contraire, que l'embarras du choix quand il fallait recourir aux hommes, très peu considérés du reste, qui, pour quelques pièces d'argent, se chargeaient de prendre votre cause en main, fût-elle bonne ou mauvaise. Les hommes seraient-ils toujours les mêmes ? Mais laissons de côté, si vous voulez, le terrain des luttes oratoires où se sont aujourd'hui réfugiés les *advocati*, les appelés à votre place (avoués ou avocats, c'est le même mot). Restons sur celui des joutes à main armée : vous aurez à vous rappeler les marchands d'hommes qui, il y a cinquante ans à peine, vous fournissaient le remplaçant prêt à se battre en votre lieu et place. C'était bien la même chose, à cela près cependant qu'on ne subissait plus le sort de son remplaçant quand il recevait le coup de la mort.

Quelle étrange conception que ce dogme du jugement de Dieu, dans une société surtout où l'on enseignait que le créateur du ciel et de la terre, l'Être sans tache aucune n'en avait pas moins succombé quelques siècles auparavant sous les mauvais traitements d'hommes coupables ! Voyez-vous un homme obligé d'en passer un autre au fil de l'épée devant des juges pour se faire déclarer par eux incapable de tuer, de voler ou d'injurier quelqu'un ! Voyez-vous la justice divine réduite aux moyens mis à sa disposition par ces mêmes juges pour assurer le triomphe du droit et de l'innocence !

N'eût-elle pas été exorbitante, pareille prétention cependant devait être contredite encore à tout instant par les faits de chaque jour. Quand un homme ou une femme avaient trouvé la mort dans quelque guet-apens, que les parents de la victime assignaient le meurtrier devant le juge, il est clair que Dieu avait en pareil cas laissé périr l'innocent. Si l'innocent n'avait pas été défendu contre la ruse d'un assassin, pourquoi devait-il l'être forcément contre la force ou l'adresse d'un duelliste ? Et d'abord il eût fallu tout au moins être conséquent. Etant données les convictions sur lesquelles on se basait, il n'y avait pas lieu d'empêcher les femmes ou les vieillards de se battre comme les hommes, puisque leur faiblesse, une fois l'intervention divine admise, devait, dans les cas où elle aurait triomphé, donner d'autant plus d'éclat à leur innocence. On pouvait très bien aussi se dispenser de visiter les vêtements et les armes des combattants, ce qu'on faisait toujours avec un soin minutieux, dans la crainte qu'une pratique frauduleuse, que l'emploi d'un onguent, d'un charme quelconque, à la vertu desquels on ne croyait pas alors qu'à demi, ne rendit les chances inégales. Ainsi Dieu veut que la droiture du cœur dépende de la fermeté du poignet, que la justice d'une affirmation résulte de la justesse du coup d'œil ; il veut que la vérité soit du côté du vainqueur, et sa volonté resterait sans effet devant une supercherie !

2. — A quoi bon insister ? C'est perdre so temps ! Contentons-nous de faire remarquer qu ce qu'il y a peut-être encore ici de plus frappan de plus propre à faire ressortir le besoin que nou avons d'en appeler à la raison, et de tout lui ra porter sans exception, c'est le rôle que font jou au sentiment religieux ceux qui se donnent mission de diriger le genre humain, quand i l'appellent à reconnaître de pareils usages, à l légitimer et par là même à les mettre plus lon temps à couvert de la désuétude. Après avoir e pour le duel la condescendance qu'il a aujourd'h pour la guerre, l'avoir qualifié par la bouche d ses prélats de combat légitime, de conflit autori par les lois, le clergé plus tard s'y opposera, c'e entendu, mais il ne le fera que quand la raison e aura dégoûté les esprits. Et l'on ne peut s'expli quer qu'il ait attendu de longs siècles pour pro tester. Y aurait-il eu pour lui impossibilité absolu de s'y opposer, à une époque où les lumières fai saient défaut, encore pouvait-il se refuser à ratifie l'erreur par le concours qu'il lui prêtait.

Et l'épreuve du duel, comme celles dont il a ét question précédemment, avait, on le sait, son ritue observé tout aussi sérieusement que celui de no solennités actuelles. En fait de mise en scène, d reste, les anciens nous rendraient certainemen des points. C'était sur les Evangiles apportés en grande pompe que se prêtaient les serments des deux adversaires, venus l'un et l'autre *à bonne et juste cause.*

Les prêtres, dit Savaron, quand ce n'était pas les évêques, ainsi qu'en témoigne le duel des ducs de Lancastre et de Brunswick, recevaient les serments de ceux qui devaient se battre en duel ; ils les exhortaient, voire les communiaient après les avoir ouïs en confession, et étaient présents au combat (1).

Il existe des recueils de prières et de rites usités en pareil cas, et l'on trouve même encore dans de vieux missels, sous le titre de *Missa pro duello*, le propre des messes qu'on disait alors pour les futurs combattants et qui devaient ressembler à celles qu'on célèbre encore de nos jours lors d'une déclaration de guerre, messes au début desquelles, à droite comme à gauche, à tort et à droit par conséquent, nos deux champions avaient juré la main sur les saints Livres, sur le Sauveur Dieu, sur Notre-Dame, sur Monseigneur saint Georges le bon chevalier, qu'ils avaient le bon droit pour eux, étaient purs comme l'enfant qui vient de naitre. Pour couronner ensuite ses hauts faits par un

(1) *Traité contre les duels, avec les ordonnances et arrêts du roi saint Louis*, 1614.

acte de dévotion, le vainqueur, en homme pieux qui connaît ses devoirs, se croyait généralement obligé d'entrer à l'église pour y suspendre les armes de son ennemi ou *faire quelque offrande*. Sa foi vaillante lui faisait tenir pour certain qu'il était agréable à Dieu en se montrant à lui tout sanglant. C'est ainsi qu'après avoir tué en duel le capitaine espagnol de Soto Mayor, Bayard, à une époque cependant bien plus récente, crut devoir encore, après avoir refusé le triomphe, prendre le chemin de l'église pour remercier Dieu de sa victoire.

Il n'y a encore rien là dont nous ayons beaucoup à nous étonner, car enfin s'il nous plaît en temps de paix d'appeler Dieu *auctor pacis et amator*, en temps de guerre nous nous empressons de lui donner nos goûts en le qualifiant de *Deus exercituum*. Les luttes sanglantes ne sont répréhensibles de nos jours qu'en petit comité ; mais pratiquées sur une grande échelle, elles sont toujours légitimes aux yeux même de l'autorité ecclésiastique. N'est-ce pas elle qui dut lors de la dernière guerre attirer les bénédictions du ciel sur les actes de sauvagerie du lendemain, au moyen de cérémonies rappelant celles que comportaient les épreuves judiciaires et les gages de bataille ? Ne la vit-on pas bénir des drapeaux comme elle bénissait autrefois les armes, et se tenir prête en cas de succès à entonner des *Te Deum* et à faire fumer les encensoirs ? Hélas ! nous n'avons même pas su tirer d'utiles leçons d'un sort qui nous fut contraire. Au lieu de nous enseigner que pour les vaincus aussi bien que pour les vainqueurs la guerre est une négation du vrai sentiment religieux, un affront à la raison, une honteuse ignorance des lois destinées à régir les rapports entre êtres humains, on nous réédita ce vieux refrain qui fait dériver d'un Dieu infiniment bon les maux qui ne sont imputables qu'à nos aberrations ; on osa nous répéter que c'est le Père commun qui met ses enfants aux prises quand bon lui semble, pour se ranger du côté de ses amis, et punir en les laissant écraser ceux dont il est mécontent. Comme au temps de Charlemagne, les battus avaient encore tort : dans notre défaite, nous devions voir la preuve évidente d'une incontestable culpabilité.

3. — Puisque nous venons de nommer l'illustre empereur, rendons-lui justice en reconnaissant qu'il voulut bien songer à mettre un peu d'ordre dans une procédure qui ne voyait de coupables que dans les faibles. Malheureusement, loin de disparaître, le duel se confirme sous son règne et prend même de l'extension, à cela près toutefois que *pour estourdir plutost que occire* les adver-

saires, au lieu et place de l'épée, ne pouvaient se servir que du bâton. La bosse devait remplacer la plaie. Digne ou non de la reconnaissance de la postérité, cette mesure, que la noblesse d'ailleurs ne pouvait admettre, ne fut pas longtemps en vigueur. A l'avènement de Louis le Débonnaire, les anciennes coutumes reprenaient déjà le dessus ; la plaie l'emportait de nouveau sur la bosse. Et l'on y recourait si fréquemment, pour des contestations si minimes, que Louis le Jeune en 1168 se voit forcé de mettre le holà en l'interdisant quand il s'agit d'un litige où les intérêts engagés sont inférieurs à *cinq sols*.

Quoi qu'il en soit, le jour commençait à poindre. Dans la classe pensante, si peu nombreuse fût-elle, on entrevoyait déjà que les hommes sont faits pour vivre en paix ; on se sentait fatigué, honteux même d'être réduit en fait de droits à ceux que donne le hasard d'un combat, c'est-à-dire à des droits qui n'en sont pas, et ne subsistaient déjà plus d'ailleurs qu'en principe. C'est si vrai que dès 716 Luitprand, roi des Lombards, supprime la confiscation des biens du vaincu tout en maintenant dans le duel une institution qui lui paraît peu utile. *Nous ne sommes pas assurés*, porte sa loi, *du jugement de Dieu, et nous avons appris que des innocents ont péri en défendant une cause juste ;*

mais cette coutume est si ancienne dans la nation des Lombards que nous ne pouvons la changer, malgré son impiété.

C'est alors que, cherchant à créer un état de choses comportant avec un commencement d'industrie et de commerce la culture des sciences et des arts, des villes et peu après des provinces entières obtinrent de leurs souverains le privilège de recourir dans leurs différends à d'autres voies que celle des armes. Réservé d'abord aux grands, alors que les petits étaient toujours obligés de se battre, ce privilège ne fit guère que flatter au début la vanité de ceux qui en jouirent ; s'ils consentirent d'ailleurs à en user, ce ne fut jamais qu'au sujet d'affaires jugées par eux tout à fait secondaires ; mais dans toutes celles où leur dignité leur paraissait engagée, dans ce qu'ils appelaient matières d'honneur, le duel conserva sa pleine autorité. Ce n'était pas non plus de guerroyants que se pouvaient attendre d'heureuses réformes, d'hommes habitués à trancher avec leur épée les difficultés aussi bien que les vies. Se piquant alors, comme on le sait, de ne pas même savoir signer leur nom, résumant au maniement des armes, à la guerre, à la chasse, et plus tard au tournoi, les seules capacités dont il y ait lieu de s'enorgueillir, les grands ne pouvaient voir de bon œil se constituer un état de choses tendant à remettre la force à sa place, laissant par là même entrevoir le déclin d'une indépendance dont ils se targuaient même vis-à-vis du roi, qui n'était alors que le premier gentilhomme du royaume. Au lieu de s'intéresser à des créations nouvelles répondant à des besoins nouveaux, au lieu de s'emparer de positions lui revenant en quelque sorte de droit, et qu'on lui eût confiées du reste avec empressement, la noblesse, comme elle devait le faire depuis en maintes circonstances, comme elle le fait encore injustement de notre temps en privant le pays d'un très utile concours, la noblesse, dis-je, se contenta de bouder, et tout ce qu'elle sut faire fut de tourner en ridicule des institutions dont les charges et l'honneur passèrent ainsi à la bourgeoisie et aux ecclésiastiques de rang subalterne. Entravant même dans la mesure du possible les premiers essais de magistrature, elle réussit à obtenir que le juge demeurerait responsable de sa sentence et ne pourrait refuser le gage de bataille, s'il plaisait au condamné de le lui présenter. Une fois que l'erreur s'est emparée de l'esprit humain, il faut des siècles pour l'en extirper. L'épée, dans un certain monde, allait longtemps encore être seule à connaitre de la moindre injure, et donner comme humiliant, déshonorant même, le fait de s'en remettre à un magistrat du soin d'obtenir justice.

La question de fierté allait encore, selon toute apparence, se doubler d'une question d'intérêt, puisque la coutume des duels judiciaires, formant un des privilèges des seigneurs, leur donnait des droits à toucher sur tous les combats se livrant sur leurs domaines, droits s'élevant à 60 livres pour un gentilhomme et à 60 sous pour un roturier.

Les vices et les folies rapportaient déjà de bons revenus aux gouvernements. Qu'était-ce cependant à côté du parti qu'on en tire de nos jours !

III

1. Influence considérable qu'eurent sur l'établissement du point d'honneur l'institution d'une *chevalerie* dont les abus devaient faire bientôt oublier le louable but, et l'immixtion des scholastiques et des jurisconsultes. — 2. Sagesse de saint Louis dont devaient s'inspirer plus tard les édits et mandements de Philippe le Bel. — 3. Nouvelle signification du duel au XVe siècle : il ne sert plus de preuve de justice, mais de moyen de réparation d'une offense. — 4. Duel de La Châtaigneraie et de Jarnac.

Arrivons maintenant au temps de la chevalerie dont les rangs se serrent de plus en plus. Certes, ce n'est pas à elle qu'il faut avoir la prétention d'imposer une législation quelconque. Elle ne connaît que la sienne, et c'est dans ce mépris de toute autre que le duel va précisément puiser la force qui l'a conduit jusqu'à nous. Dans son traité contre la fureur des combats singuliers qui, sous le titre de *Science de la Chevalerie*, parut à Rome au commencement du XVIIIe siècle, le célèbre marquis de Maffei fait observer avec la compétence d'un savant que l'usage de faire des chevaliers eut une grande influence sur l'établissement du point d'honneur, et par l'établissement du point d'honneur sur celui du duel. Parmi les preuves que de patientes recherches lui font découvrir, nous en voyons une de prime abord dans cette obligation, imposée à celui qu'on armait à l'instar des guerriers germains dont parle Tacite, de ne souffrir aucun affront. En lui donnant la *colée* ou l'*accolade*, c'est-à-dire un coup d'épée sur l'épaule ou sur la nuque, le seigneur disait : *Ce coup est le dernier que tu souffriras patiemment.* Le prêtre par ailleurs, en lui suspendant l'épée au cou, lui faisait promettre *de maintenir le droit et faire justice par la voye des armes.* Qu'on se reporte dans Basnage aux recommandations que Guillaume, comte de Hollande, au XIIIe siècle, se fait adresser en pareille occurrence par le cardinal légat : nous aurons à constater qu'il doit *entendre tous les jours dévotement l'office de la Passion, exposer hardiment son corps pour la foi catholique, garantir la sainte Eglise et ses ministres de ceux qui les pillent, protéger la veuve, les pupilles et les orphelins,* ***et se battre en duel pour la défense de tous les innocents.***

Les cérémonies se simplifièrent en s'affranchissant de la consécration de l'Eglise : toujours est-il qu'elles étaient faites pour exciter les passions d'une jeunesse bouillante et lui inspirer le désir de se signaler. Etant donnés l'éducation qu'elle recevait et les exemples qu'on lui mettait sous les yeux, la patience ne devenait plus que lâcheté : c'est dans la vengeance que devait se chercher le devoir. On ne se montrait digne de l'honneur reçu qu'à condition de donner des preuves de valeur dans un combat singulier à défaut de bataille, et quand ces occasions ne se présentaient pas, il fallait avoir à cœur de les faire naître !

Il serait injuste de méconnaître le louable but dont l'institution pouvait justifier à ses débuts ; mais ce qu'on ne saurait nier d'autre part, c'est qu'on ne laissa pas de s'en détourner bientôt, en raison peut-être de cette susceptibilité exagérée dont nous pouvons d'autant mieux parler encore aujourd'hui qu'il nous en est bien resté quelque chose. L'épée des chevaliers eut sans doute à son actif de nombreux actes de générosité. L'emportent-ils maintenant sur les actes d'orgueil ou de... galanterie ? La question se pose. Car enfin donner la chasse aux brigands ou défendre l'orphelin n'aura jamais autant de charmes que de se mettre au service de la dame de ses pensées, que de lui reconnaître toutes les vertus sans exception aucune, et de la soutenir dans toutes ses querelles, quelles qu'elles soient. Il n'y avait rien qui ne fût permis au preux, rien qui ne lui fût possible quand, jetant les yeux sur le ruban dont l'avait gratifié sa

Dulcinée, il jurait de le lui rapporter teint du sang de l'infidèle... plus souvent encore de l'insolent qui avait osé risquer un doute sur l'une ou l'autre de ses perfections.

La chevalerie, quoi qu'il en soit, se transforma bien vite, notamment en Italie et en Espagne, en une foule d'ordres soi-disant militaires recrutés dans les basses classes, celles des Carmagnole et des Sforza, qui ne tardèrent pas à mériter la dénomination de compagnies de brigands.

On sait ce qu'étaient, lors de la guerre de 1870, certains *corps francs* portant des noms très pompeux mais visant des buts quelque peu louches, sous le beau prétexte de défendre le sol français et d'en expulser l'étranger. Ils rappelaient un peu tous ces ordres de chevaliers errants ou de visionnaires, renchérissant sur la marotte à la mode, se donnant comme toujours prêts à redresser les torts, courant le monde en quête d'aventures et d'occasions de montrer leur courage, serait-ce contre des moulins, mais en fin de compte cherchant querelle à tout le monde et ne vivant que de rapines. C'est le beau temps des Amadis des Gaules, des Tancrède, des Roland, et autres cerveaux brûlés emboîtant le pas à Don Quichotte, le héros du fameux roman avec lequel Cervantès eut l'heureuse idée de guérir les Espagnols de leur folie.

Si les romans à cette époque, en vantant les prouesses des hommes du Nord, les hauts faits de la noblesse et l'excellence de la chevalerie, firent beaucoup pour exalter l'esprit de la jeunesse, il y eut une cause qui contribua plus encore peut-être à lui fausser le jugement : ce fut l'immixtion des scholastiques et des jurisconsultes qui, s'occupant du duel à leur manière et s'appliquant à en faire une science soumise à des règles, allaient non pas le discréditer, mais le donner plutôt comme nécessaire. Quelle répulsion peut-il inspirer une fois qu'il devient matière juridique ; que, soumis à l'étude de savants comme Balde, Bartole... il soulève une foule de questions tenues désormais pour intéressantes, provoque avec la solution d'une quantité de problèmes la distinction des cas où l'on est obligé de défendre ce que nous aurons à définir ailleurs et qu'on commence à nommer déjà *honur* ou *honor :*

> Mais cil qui pert honor vaurrait mieux mors que vie,

disait-on au XIIe siècle.

Belle scolastique, ma foi ! inférieure et de beaucoup à l'ignorance que celle qui forme ces hommes *doctement absurdes et orgueilleusement stupides*, ne craignant pas de s'appuyer sur l'autorité des martyrs et des pères pour soutenir que Dieu avait autorisé le duel de Caïn et d'Abel, examinant et très sérieusement qui doit être regardé comme vainqueur quand l'un des combattants perd un œil et que l'autre a le nez coupé, voulant aussi, pour égaliser les forces, que le plus vigoureux des deux se laisse préalablement affaiblir par le jeûne et l'abstinence !... etc.

Belle jurisprudence, ma foi ! que celle qui va, au mépris de toute morale, inaugurer la dissection des injures à la loupe de la dialectique et tenir compte, en les analysant, de la qualité, de la quantité, de la relation, de l'action, de la passion, de la situation, du mouvement, du lieu (1) ; qui livre à d'interminables disputes non seulement les conséquences des combats, mais encore les causes y donnant lieu, puisqu'il faut établir tout d'abord, et juridiquement, si la rencontre doit être autorisée, si Dieu, autrement dit, a oui ou non à intervenir !...

2. — Il faut arriver au XIIIe siècle pour constater les premiers efforts sérieux tentés contre le duel judiciaire et les guerres privées. C'est à saint Louis, « le modèle des hommes, dit Voltaire, le premier roi de France, puisqu'il en fut le premier magistrat, » que revient l'honneur d'avoir le premier songé à discréditer le jugement de Dieu. S'il ne

(1) Basnage, *Dissertation sur les duels.*

put l'abolir dans les pays soumis à l'autorité de ses barons, de ses grands vassaux, trop indépendants, trop intéressés aussi pour se ranger à cette sage opinion de leur roi : ***Bataille n'est pas voie de droit***, il sut toutefois substituer dans ses domaines la preuve par témoins à la preuve par combat et s'opposer aux défis en champs clos des juges dont on pouvait avoir à incriminer le jugement. L'usage d'en appeler en pareil cas à la cour du roi est dû à ses ***Etablissements***, et c'est un grand pas de fait (1). Entreprise pour la cause de la civilisation, cette croisade glorieuse entre toutes n'acquit pas seulement à ses lois l'autorité d'une pieuse vénération : elle lui vaut encore aujourd'hui ses plus beaux titres à la reconnaissance des peuples.

Nonobstant son désir de marcher dans la voie suivie par son grand-père, Philippe le Bel arrive seulement à obtenir qu'aucune autorisation de combat ne sera donnée pendant les guerres du roi. Tant qu'elles durent, tous les différends sont soumis aux règles ordinaires de la raison, de l'équité et du droit, et comme ces guerres se succèdent en somme à intervalles assez rapprochés, la mesure ne laisse pas assurément que de faire prendre un bon pli aux barons, en les familiarisant ainsi peu

(1) Genaudet, p. 11.

à peu avec les modes de preuve ordinaires. Malheureusement, elle ne fut pas toujours observée, en raison de l'insuffisance et de l'imperfection des procédures; il fallut même, et pour des motifs dont l'appréciation nous entraînerait bien loin, reconnaître bon gré mal gré qu'il y avait plus d'inconvénients, vu l'état des mœurs, à interdire complètement le combat qu'à le soumettre à certaines règles. Aussi l'édit de 1306 détermine-t-il les conditions auxquelles les gages de bataille, *gagia duellorum*, peuvent être reçus en même temps que les formes judiciaires et les cérémonies religieuses destinées à leur donner de la solennité. Fait plus remarquable encore : le mandement de 1307 ne concède le droit de les autoriser qu'au parlement de Paris, décision d'une politique assez heureuse, puisqu'elle restreint d'autant l'étendue du territoire où se commettait l'abus et tend aussi à créer l'uniformité de la réforme qui s'impose. Les gages de bataille, du reste, vont devenir de plus en plus rares : c'est ainsi que de Philippe le Bel jusqu'à Henri II on n'en compte que quelques-uns, comme celui de Jacques le Gris et de Jean de Carrouges qu'avait mis en présence une accusation d'adultère.

3. — Au commencement du XVe siècle, l'usage du combat légal qui, contrairement au duel proprement dit, avait aussi bien lieu entre *gens de poote* ou roturiers qu'entre nobles et chevaliers, commence à tomber en désuétude, ou tout au moins à prendre une signification nouvelle. La noblesse, en persistant sous prétexte d'honneur à le maintenir, ne vise guère qu'à sauver en lui le reste de ce droit de guerre privée qui fut jusqu'à présent son privilège exclusif : en tous cas ce n'est plus des preuves de justice qu'elle recherche dans le jugement de Dieu, et si l'autorité royale se réserve toujours le droit de lui permettre d'y recourir, ce n'est plus qu'à titre de réparation d'une offense. *Il n'y a plus que le roi qui puisse décerner le combat*, dit Etienne Pasquier, *et encore entre gentilshommes, lesquels font profession expresse de l'honneur, car il n'est plus question de crime, mais seulement de se garantir d'un desmentir, quand il est baillé.*

L'autorisation donnée, le combat a lieu au milieu d'une affluence considérable. Le roi prend place au milieu d'une brillante assistance, dans une tribune rappelant celles qu'on élève aujourd'hui pour les courses, et c'est plus encore la curiosité qui l'y appelle que l'intention de s'interposer, d'exiger la modération, d'être la sauvegarde du vaincu. Il préside avec autant de tranquillité que s'il s'agissait d'un tournoi. Louis XII à Gênes, François Ier à Moulins, honorent de leur présence des drames émouvants qui, au fait et au prendre, ne sont que des combats de gladiateurs.

C'est devant Henri II que Jarnac porte à son adversaire ce coup fameux qu'il avait appris d'un de ces escrimeurs italiens réputés alors les premiers maîtres d'armes, coup plus inattendu que traître, puisque tous les coups, quels qu'ils fussent, étaient alors licites.

Le récit de ce duel célèbre ne laissant pas que d'être tout à fait de circonstance ici, je n'ai pas à craindre, il me semble, d'en rappeler les principaux épisodes, puisés dans le récit de l'historien Scipion Dupleix, conseiller du roi Louis XIII.

Présentons d'abord les deux adversaires.

François de Vivonne, seigneur de la Châtaigneraie, « fort recogneu honnoré et redoubté tant pour la faveur qu'il avoit du roi Henri II, de ses naturelles beautés et perfections et mesmes la riche stature de son corps que pour son cœur généreux et invincible, son asseurée desterité, expérience aux armes et hardiesse incomparable entre les plus vaillans admirable », « et Guy de Chabot, seigneur de Montlieu, Jarnac et Saint-Aulaye, beau frère de la duchesse d'Etampes, que le roi François Ier appelait Guichot pour la particulière affection qu'il lui portait. »

Ces deux jeunes hommes, quelque peu cousins

et liés depuis leur enfance de l'étroite amitié unissant déjà leurs pères qui avaient fait la guerre ensemble, vivaient l'un et l'autre à la cour, et rien ne semblait devoir altérer leur mutuelle sympathie quand un jour Guy de Chabot, quittant la cour pour retourner chez son père, dut répondre à une question que ce dernier dès l'arrivée lui posa d'un ton sévère. Il s'agissait de savoir si, comme le bruit en courait, il s'était réellement vanté à La Châtaigneraie, dans un moment d'expansion et alors qu'ils étaient seuls, d'avoir les faveurs de sa belle-mère et de leur être redevable du luxe qu'il déployait à la cour. Guy s'indigne, jure ses grands dieux qu'on lui paiera cher pareille imposture (qui n'était peut-être qu'une imprudente indiscrétion, on n'a jamais pu savoir !) ; il répond de prouver son innocence aux dépens de sa vie ou de celle de son ami et demande à son père de l'accompagner à la cour d'où il ne veut revenir que justifié.

Là, il déclare à qui veut l'entendre « *que quiconque aurait dict qu'il s'étoit vanté d'avoir...* » comment dirai-je pour remplacer l'expression par trop nette de l'historien, d'avoir eu vis-à-vis de sa belle-mère de rares expansions, « *estoit méchant et malheureux et en avoit menty* ».

L'autre, averti, saisit d'autant plus vite l'occasion

de se mesurer avec Chabot que sa grande habileté dont la réputation courait partout lui assurait en quelque sorte la victoire et lui faisait déjà prendre des dispositions relativement à l'éclat à donner à son triomphe. Aussi s'empresse-t-il de « *poursuivre l'octroi du combat à toute outrance et à se pourvoir par devers le roi François Ier sur la fin de son règne, comme fit pareillement le jeune Iarnac.* »

Mais le roi, déjà très souffrant, après avoir fait peser le pour et le contre en son conseil, finit par refuser son autorisation « *pour plusieurs grandes et belles raisons qu'il allégua, discourant sagement sur cette proposition qu'un prince ne doibt permettre chose de l'issue de laquelle on ne peut espérer bien, comme de tel combat* ».

Il s'ensuit que jusqu'à la mort du roi, on n'entend plus parler de rien. Mais cette mort ne s'étant fait attendre que quelques mois, les deux adversaires reviennent à la charge aussitôt après. A peine Henri II est-il monté sur le trône que François de Vivonne lui fait connaître par écrit en bonne et due forme son intention formelle de maintenir et résolument tout ce dont son ami, à l'entendre, s'était réellement vanté. La démarche émeut la cour, et comme on reproche à son auteur de toucher ainsi à l'honneur des dames, « *mesmement d'une qu'on honnoroit et prisoit pour ses vertus entre les plus recommandables* », Vivonne adresse au roi pour se justifier un cartel que nous reproduisons pour donner une idée du style de l'époque :

AU ROY MON SOUVERAIN SEIGNEUR.

Au différent qui est entre Guichot Chabot et moy, iusqu'à présent i'ay seulement regardé à la conservation de mon honneur, sans toucher à l'honneur des dames desquelles i'aimerais mieux estre défenseur qu'accusateur, et mesme de celle dont est question en notre différent. Mais voiant que, pour ma iustification, il est bien requis que je die que le dict Chabot a faict de sa belle-mère à sa volonté, sans regarder à l'honneur de son père et de son devoir, et qu'il m'a dict avoir... avec elle, et l'avoir... ; pour cete cause, Sire, ie vous supplie tres humblement me donner champ à toute outrance, dedans lequel i'entens prouver par armes au dit Guichot Chabot ce que i'ay dict ; et avec ce qu'il vous plaise me permettre que ie lui puisse envoier lettres de combat, avec le contenu de la preuve que ie lui veux faire sur ce que dessus, afin que, par mes mains (puis que le cas ne se peut prouver autrement), soit vérifiée toute l'offense qu'il a faicte à Dieu, à son père et à justice.

Signé : FRANÇOIS DE VIVONNE.

Et le jeune Jarnac, à son tour, de s'adresser sans plus tarder à son souverain :

AU ROY MON SEIGNEUR.

Sire,

Avec vostre bon plaisir et congé je dy que François de

Vivonne a menti de l'imputation qu'il m'a donnée, de laquelle je vous parlay à Compiègne ; qu'il a aussi menti de la seconde imputation qu'il m'a faicte au premier escrit qu'il vous a présenté ; et davantage qu'il a méchamment et malheureusement menti de la tierce orde et sale imputation qu'il m'a faicte par le second escrit qu'il vous a présenté. Et pour ce, Sire, ie vous supplie tres-humblement qu'il vous plaise lui octroyer le combat à toute outrance et quant et quant de vouloir premièrement déclarer laquelle des dites trois imputations le dict François de Vivonne est tenu de me prouver ; et s'il est quitte de la première imputation, par la seconde ; et de la seconde, et de la tierce, par la première.

Signé : Guy Chabot.

L'évêque de Béziers, alors près du roi et de ses favoris, recevait en même temps la lettre suivante :

Monsieur,

La signature de cette lettre vous fera croire et dire en asseurance, partout où vous vous trouverez, que touchant le différent d'entre la Chasteneraye et moy, s'il plaict au Roy nous donner lieu en un coing de son royaume pour vider nostre différent par armes, ie les porteray si braves, et moi encore plus que je monstreray dedans le lendemain, au combat, la bonne nourriture que i'aye eu du feu Roy François et que ie tiens du Roy mon seigneur, que la Chasteneraye n'a la bouche si forte que ie ne l'arreste d'une livre de fer.

Votre serviteur très humble,
Guy Chabot.

La Châtaigneraie, à qui l'on communique le cartel et la lettre ci-dessus, envoie incontinent au roi cet autre cartel :

Sire,

Il vous a pleu par icy devant entendre le différent d'entre Guichot Chabot et moy sur lequel i'ay leu une lettre signée de son nom par laquelle il offre d'entrer dez demain dedans le champ et porter armes si braves, et lui encore plus qu'on cognoistra la nourriture qu'il a receue du feu Roy et de vous, se vantant de m'arrester d'une livre de fer. Et pour ce, Sire, qu'il monstre venir au point que tousiours i'ay pourchassé, ie vous supplie tres-humblement qu'il vous plaise me donner champ en vostre royaume à toute outrance, pour combattre sur nostre différent, ou permission de l'appeler.

Signé : François de Vivonne.

Bref, après l'échange de quelques autres lettres, après les significations réciproques faites à la diligence, poursuite et sollicitation des parties par l'entremise des hérauts d'armes qui faisaient alors office d'huissiers, après l'accomplissement de formalités sans fin sur lesquelles on devait encore renchérir par la suite des temps relativement à d'autres affaires, le roi, nonobstant son conseil privé qui était plutôt opposé au combat, se décida néanmoins à donner son autorisation par considération pour La Châtaigneraie qu'il avait toujours favorisé et dans le triomphe duquel il avait plein espoir.

Et la lettre patente du roi si longtemps attendue se libelle ainsi :

Henry par la grâce de Dieu Roy de France à tous ceux qui ces présentes verront, salut.

Comme ci devant François de Vivonne, seigneur de la Chasteneraye, et Guy Chabot, seigneur de Monlieu, soient entrés en différent sur certaines paroles importantes et touchant grandement l'honneur de l'un et de l'autre ; lequel différent pour la iustification de leur honneur a esté par nostre ordonnance mis en délibération devant les Princes estant prez de notre personne, nos très chers et très amés cousins, le sieur de Montmorency, connestable, les sieurs de Sedan et de S. André, mareschaux de France, et autres Seigneurs, chevaliers, capitaines et grands personnages estant à nostre suite ; lesquels après avoir tout considéré nous ont fait entendre que les causes du dict différent estoient hors de preuve au moyen de quoi la vérité ne peut être sceue ni l'innocent d'eux deux justifié de son honneur que par les armes. Sçavoir faisons que nous sommes protecteur des gentilz hommes de nostre royaume ; désirons pour cette cause que la vérité du dit différent soit entendue à la descharge de celui d'entr'eux qu'il appartiendra. Et après avoir pris sur ce dessein le conseil des Princes et personnages dessus dicts, avons permis et octroyé, permettons et octroyons par ces présentes, voulons et nous plaist pour vuider entre le dit de Vivonne comme demandeur sur le dit cas d'honneur et le dit Chabot, défendeur, le dit debat et différent que dans quatre iours, à compter du iour de la signification des présentes, ils se trouvent en personne là par où nous serons : pour là en nostre présence, ou de ceux lesquels à ce faire nous commettrons, se combattre l'un l'autre à toute outrance en champ clos et faire preuve de leurs personnes l'une à l'encontre de l'autre pour la iustification de l'honneur de celuy auquel la victoire en demeurera, et sur peine d'estre reputé non noble lui et sa postérité à iamais, et d'estre privé des droicts, prééminences, privileges et prerogatives dont iouissent et ont accoustumé iouir les nobles de nostre royaume et autres peines en tels cas accoustumées. Et leur sera notre présente permission, vouloir et intèntion signifié par l'un de nos hérauts et roy d'armes, à ce qu'ils n'en puissent prétendre cause d'ignorance. Si donnons en mandement à tous nos iusticiers et officiers que cette nostre présente permission, vouloir et intention ils entretiennent, gardent et observent, fassent garder, entretenir et observer de poinct en poinct, sans aucunement l'enfreindre ; car tel est nostre plaisir. En témoing de quoi nous avons signé ces présentes de nostre main et à icelles faict mettre et apposer nostre séel. Donné à Sainct-Germain en Laye le 11e jour de Iuin l'an mil cinq cens quarante sept et de notre regne le premier. Signé : Henry ; et sur le repli, par le roy : de Laubespine. Et séellé en placard de cire rouge du séel du secret.

La lettre une fois communiquée avec toutes les formalités requises aux parties intéressées, celles-ci s'occupent immédiatement de leurs préparatifs. C'était à Jarnac, *défendeur et soustenant*, à déterminer de quelle façon et avec quelles armes on combattrait, à donner aussi la liste des équipages et appareils de combat jugés nécessaires. A Vivonne, *assaillant*, appartenait le choix du camp. Et quand il organisait une petite fête, Jarnac n'était pas homme à faire les choses à demi. C'est ainsi qu'il fait signifier à son adversaire d'avoir à se pourvoir de quatre chevaux dont il désigne la race, de plusieurs selles de rechange toutes différentes et minutieusement décrites, de divers harnachements bardés et non bardés de fer, employés à la guerre, en joute et en champ clos, enfin d'une quantité d'armes offensives et défensives qui évidemment ne devaient pas servir et dont il serait bien trop long de donner la liste détaillée. Obligé d'en écouter la désignation en présence de plusieurs gentilshommes de ses amis et de deux notaires royaux, Vivonne se contente de dire : « *Jarnac en veut donc autant à ma bourse qu'à ma vie !* »

Il ne reste plus maintenant qu'à fixer le jour du combat et à s'entendre définitivement sur le lieu où il se livrera. D'un commun accord on décide que le camp sera dressé le 10 juillet, près du parc de Saint-Germain en Laye, où était alors le roi. Le champ clos délimité, on l'entoure des clôtures employées en pareil cas, et de chaque côté se dressent ensuite en face l'une de l'autre les tentes destinées aux combattants. Arrive enfin le jour fixé, et le soleil n'est pas plus tôt levé que retentissent déjà des deux côtés du camp aux oreilles d'une foule considérable des bans et publications imposant de suite un grand silence :

Au jour d'huy dixiesme de ce présent mois de iuillet le Roy notre souverain seigneur a permis et octroyé le camp libre et seur à toute outrance à François de Vivonne, sieur de la Chasteneraye, assaillant, et à Guy Chabot, sieur de Montlieu, défendeur et assailli, pour mettre fin par armes au différent d'honneur dont entr'eux est question. Par quoi je fais à sçavoir à tous de par le Roy que nul n'ait à empescher l'effet du présent combat, ni ayder ou nuire à l'un ou à l'autre des combatants sur peine de la vie...

Quelques instants après, on voit s'avancer l'assaillant accompagné de son parrain, le comte d'Aumale, et qu'escortent trois cents hommes « *accoustrés de ses couleurs qui estoient de blanc et d'incarnat* ». Il fait extérieurement le tour du camp, « *trompettes et tambourins sonnants* », et y pénètre par la porte de droite donnant accès à sa tente. Marchant à côté de M. de Boize, grand écuyer, l'assailli arrive ensuite, suivi de cent et quelques hommes accoutrés de blanc et noir, et le cortège, après avoir également contourné le camp, y accède par la porte de gauche. Conduits l'un et l'autre en leurs pavillons, les adversaires n'en doivent plus sortir que pour se livrer bataille. C'est alors qu'après avoir produit et déposé nombre de pièces signées et paraphées, les parrains auxquels s'adjoignent de part et d'autre de nombreux confidents procèdent à la reconnaissance du champ clos et à la concordance des armes, formalité qui impliquait l'examen attentif et comparé de toutes les pièces qui pouvaient servir au combat, formalité très longue qui dans la circonstance ne laissa pas de donner lieu à des contestations jugées alors par les sieurs connétables et maréchaux de France présents.

L'accord obtenu, on ordonne à l'un des hérauts de « *faire de par le Roy exprés commandement à tous que tantost que les combatans seront au combat, chacun des assistants ait à faire silence, et ne parler, tousser ny cracher, ny faire aucun signe de pied, de main ou d'œil qui puisse aider, nuire ny préjudicier à l'un ny à l'autre des dits combatans. Et davantage de faire exprès commandement de par le Roy à tous de quelque qualité et grandeur qu'ils soient, que pendant et durant le combat ils n'aient à entrer dans le camp ny à subvenir ny à l'un ny à l'autre des dits combattans, pour quelque occasion et nécessité que ce soit, sans permission de Messieurs les connétables et maréchaux de France, à peine de la vie.* »

De leurs tentes sortent alors les deux hommes

qui fixent à ce moment tous les regards. Précédés des hérauts, de leurs parrains, de gentilshommes porteurs de leurs armes, ils font l'un après l'autre intérieurement cette fois le tour du champ clos, « *trompettes et tambourins sonnants, s'arrêtant devant le Roy, les Princes de son sang et autres seigneurs estans près de lui pour faire le serment au commandement de Monsieur le connétable, sur les saincts Evangiles estant sur un carreau de velours et drap d'or trainant iusques à terre, en la manière qui s'ensuyt* :

Moi, François de Vivonne, iure sur les saints Evangiles de Dieu, sur la vraye croix de Nostre Seigneur et sur la foy du baptesme que ie tiens de lui qu'à bonne et iuste cause ie suis venu en ce camp pour combattre Guy Chabot, lequel a mauvaise et iniuste cause de se défendre contre moy. Et outre que je n'ay sur moi ni en mes armes paroles, charmes ni incantations desquels i'aie espérance de grever mon ennemy et desquels ie me veuille aider contre luy, mais seulement en Dieu, en mon bon droit, en la force de mon corps et de mes armes.

Chabot à son tour prononce mot pour mot le même serment ; après quoi on ramène les deux combattants à leur tente pour leur remettre les armes identiques de part et d'autre dont il a été décidé qu'ils doivent se servir. Et ces armes consistent en « *une espée commune et portative tant à pied qu'à cheval et deux daguettes attachées sçavoir est la plus grande sur la cuisse droite à une aiguillette et entrant dedans la botine, et la plus petite mise à la jambe gauche entre la botine et la chausse, sans estre attachée.*

« *Et ainsy armez et équipez, estans à pied, à jeu pareil de toutes armes, estant le hérant d'armes au milieu d'entr'eux deux, après que leurs parrains eurent pris congé d'eux, et iceux recommandez à l'expérience de leurs vertus, aurait esté crié par trois fois* : ***Laissez les aller, les bons combatans !*** »

Le signal est donné, c'en est fait ! ils se mettent en marche, les bons combattants ; ils courent ; ils s'abordent furieusement ; ils se portent plusieurs grands coups tant d'estoc que de taille dont l'un d'eux, porté par Jarnac, atteint le jarret gauche de La Chataigneraie qui, croyant sans doute au premier moment à quelque fausse manœuvre de son adversaire, continue à « *lui tirer une estocade* », mais pour en recevoir aussitôt un second coup au même jarret, duquel coup « *il aurait commencé à s'esbranler* », ce qui n'avait rien d'extraordinaire, le sang coulant abondamment.

Quoy voyant, le dit de Monlieu se serait desmarché, appercevant la Chasteneraye navré qui tout incontinent serait tombé par terre. Et le voiant de telle sorte que sa vie estoit à sa discrétion, lui aurait dict : « Rens moy mon honneur ! » Et ce dict cognoissant le dit de Monlieu que la Chasteneraye ne se pouvoit relever, l'aurait laissé là, sans luy rien faire ny dire autre chose : et s'en serait allé droit devers le roy qui estoit sur son eschaffaut, et lui adressant la parolle, mettant le genoüil en terre, luy auroit dict : « Sire, ie vous supplie que ie sois si heureux que vous m'estimiez homme de bien. Ie vous donne la Chasteneraye ; prenez-le, Sire, et que mon honneur me soit rendu ! Ce ne sont que noz ieunesses, Sire, qui sont cause de tout ceci. Qu'il n'en soit rien imputé aux siens, ny à luy aussi pour sa faute, car ie vous le donne.

Pour s'expliquer ce langage tant soit peu bizarre au premier abord, il est bon de se rappeler que le vaincu à l'époque était complètement à la merci de son vainqueur qui pouvait le tuer, à moins que l'autorité souveraine ne s'interposât, ou en tirer une rançon considérable, laquelle se vendait même comme créance quand elle ne pouvait être payée de suite. Mais Vivonne se serait cru perdu de réputation à demander grâce. Jarnac, de son côté, ému sans doute d'un reste de pitié, ne veut pas achever son ami et c'est ce qui lui fait demander au roi d'intervenir. Le roi cependant, ne croyant pas son favori définitivement hors de combat, veut sans doute lui laisser le temps de se remettre et ne donne aucune réponse. Revenant alors du côté du blessé qu'il ne suppose pas encore incapable de se relever, Monlieu l'aperçoit dans la même position, et dans un de ces moments d'expansion que donne la certitude de la victoire, il fait quelques pas vers lui, se jette à genoux les yeux et les mains levés vers le ciel, et s'écrie tout en se frappant la poitrine de son gantelet : *Domine, non sum dignus ! Ce n'est pas de moi, ie te rens grâces, mon Dieu !* »

S'approchant tout à fait de La Châtaigneraie, il lui demande encore de reconnaitre ses torts ; mais l'autre, loin de vouloir donner satisfaction, fait pour se lever un effort qui lui permet à grand'-peine de se mettre sur un genou. L'épée encore à la main, il tente de se ruer sur Monlieu, mais en vain !

— « *Ne te bouge, ie te tueray,* » lui dit ce dernier, en lui montrant son épée.

— « *Tue-moi donc,* répond La Châtaigneraie en faisant un suprême effort qui cette fois le fait retomber de côté.

— « *Sire, ie vous le donne,* s'écrie Monlieu qui est revenu devant le roi. *Prenez-le, ie vous en supplie, au nom de l'estime que vous avez pour moi. Il me suffit que mon honneur me soit rendu, et que ie demeure vostre, et si vous avez jamais bataille à faire que j'y sois emploïé ou en quelque autre occasion... Sire, prenez-le.* »

Le roi restant toujours silencieux, Monlieu retourne encore vers La Châtaigneraie qui, cette fois, est couché de tout son long, l'épée hors de la main.

— « *Chasteneraye, mon ancien compagnon*, lui dit-il, *recognoy ton Créateur et que nous soïons amis.* »

Et voyant que le vaincu fait appel à ce qui lui reste de force pour se redresser, il tire à lui par prudence du bout de son épée celle de La Châtaigneraie ainsi qu'une des daguettes qui était sortie du fourreau ; il les ramasse et les fait porter au roi à qui il s'adresse derechef, en disant :

— « *Sire, prenez-le, que ce soit pour l'amour de Dieu, puisqu'autrement vous ne le voulez prendre.* »

A ses instances se joignent alors celles de M. de Vendôme qui en déterminent bientôt de nombreuses parmi l'assistance. Sollicité tant par les personnes de son entourage que par les connétables et les maréchaux, le roi finit par s'émouvoir et, s'adressant à Monlieu, lui dit :

— « *Me le donnez-vous ?* »

Qui luy respondit, mettant le genouïl à terre : « *Ouy, Sire, suis ie pas homme de bien ? Ie vous le donne pour l'amour de Dieu et pour l'amour de vous.* »

Sur quoy le roy lui dict : « *Vous avez faict vostre devoir et vous est votre honneur rendu.* »

Aussitôt sur un ordre donné, plusieurs gentilshommes de la compagnie de La Châtaigneraie s'empressent de le débarrasser de ce qui peut le gêner et le transportent dans sa tente, « *où il aurait été trouvé fort mal de sa personne* », l'hémorragie ayant été abondante. Son rôle, certes, devenait bien différent maintenant de celui qu'il s'était plu à rêver. L'infortuné était tellement sûr du succès qu'il avait fait apporter dans le voisinage immédiat du camp tous les meubles comme tout l'attirail qu'impliquait alors l'ordonnance du grand festin dont il voulait faire les honneurs à ses amis aussitôt après le combat. Mais l'ironie du sort ne voulut pas que les invités fussent les consommateurs. Le personnel préposé à la garde des vivres vint-il à se départir de sa surveillance dans le désarroi causé par l'événement? le blessé donna-t-il l'ordre de distribuer aux assistants ce qui ne devait plus servir? Toujours est-il que la foule envahit le lieu désigné pour la fête et fit main basse sur tout ce qui se trouvait sur les tables et jusque dans les buffets.

Monlieu, au même moment, gravissait les degrés de l'estrade royale pour aller s'agenouiller devant le roi qui, l'embrassant, lui disait : « *Vous avez combattu en César et parlé en Aristote.* » Les honneurs du triomphe lui revenaient, bien entendu, de droit, mais Monlieu les décline ; il préfère ne pas être reconduit chez lui en grande pompe, avec tous ceux de sa compagnie, avec les hérauts, trompettes et tambourins sonnants. Le roi a beau l'engager à se conformer à l'usage : « *Sire*, lui répond-il, *ie ne demande pas cela, tout ce que ie désire est d'estre vostre serviteur.* » Et si le souverain n'insiste pas, c'est grâce aux sages conseils qu'on lui donne en attirant son attention sur un groupe de cinq cents gentilshommes environ qui, furieux de l'échec de La Châtaigneraie, ayant grand'peine à se contenir, semblent tout prêts à se précipiter sur les partisans de Jarnac. Il s'en fallut, en effet, d'un rien qu'un choc formidable n'eût lieu et ne transformât le champ clos en champ de carnage. Et puis, s'il était encore beau sous Henri II de donner satisfaction à sa vengeance, peut-être ne tenait-on plus tant à faire parade du sang dont elle vous décorait. Quoi qu'il en soit, pareils motifs sont assurément plus vraisemblables, plus croyables que ceux qu'il faudrait trouver dans les sentiments religieux du vainqueur, à en croire le docteur ès duels Brantôme qu'il est imposssible de ne pas rencontrer aux abords des champs clos, et dont il est toujours distrayant de constater l'étrange façon d'apprécier les choses. Autant faire de suite sa connaissance en l'écoutant parler :

Il n'est bien séant que le vainqueur fasse par trop sa parade de sa courtoisie de vie donnée et ne publie tant sa victoire au mespris par trop du vaincu et trop vaine ostentation pour luy, *car ce seroit par trop prophaner la grâce que Dieu luy a faicte*, comme de triompher de ses armes et chevaux, les montrer à un chascun, les appendre à une église en signe de trophée ou par bravade, ou dévotion, ou vœu que l'on a faict à Dieu, lequel ne se soucie guières de ces offrandes comme jadis les dieux Mars et Neptune se plaisoient fort en tels présents d'armes, il faut donc en cela se gouverner sagement et recognoistre en autre façon la grâce que Dieu vous a faicte. *J'en parle maintenant en chrestien* (*!!!*) sans alléguer ne recognoistre le dieu Mars, mais nostre souverain qui veut que l'on ne se hausse pas trop en sa victoire, mais qu'on s'humilie et qu'on lui rende très humbles mercys de tout ; autrement il sçait bien rabaisser ces hautains comme j'en alléguerois force exemples. *Voyla comment un bon chrestien se doit gouverner, et s'il est tant contraint par la voye et devoir chevalleresque de se rebattre, il faut se recommander à Dieu, et le supplier de luy estre autant favorable ceste fois comme l'autre, et qu'il ne retourne au combat pour abuser de sa première grâce qu'il a reçeue de luy, ni pour vengeance ou inimitié animée, ains pour l'amour de la loy de l'espée qu'il luy a mise au costé, et pour le debvoir de la noblesse ou il l'a colloqué.*

Trouvera maintenant qui pourra les rapports existant entre les préceptes du gentilhomme et d'autres comme celui-ci : « Homicide point ne seras. »

Pour en finir avec le coup de Jarnac, ajoutons que ce dernier refuse de prendre rang dans le cortège prêt à l'escorter ; il n'en reçoit pas moins les compliments empressés des princes, gentilshommes, grands seigneurs et grandes dames qui, témoins de la lutte, le félicitent maintenant non seulement d'avoir eu raison d'un adversaire dont l'habileté, la force, la hardiesse, défiaient toute discussion, mais encore de s'être montré en lui conservant la vie grand et généreux.

Singulière grandeur, singulière générosité que celle qui fait suivre un coup mortel d'une longue agonie !

La blessure faite à l'amour-propre de La Châtaigneraie lui avait été bien plus cruelle encore que l'autre. Mortellement atteint plus encore au moral qu'au physique, il se promit dès les premiers instants de ne pas survivre à sa défaite, et mourut peu de jours après, s'obstinant à refuser toute espèce de soins comme de nourriture.

IV

1. Le combat de La Châtaigneraie Jarnac est le dernier duel reconnu par un ordre social que vont bientôt modifier le retour au droit romain et la découverte de l'imprimerie. Banni des lois, l'abus se réfugie dans les mœurs et ne s'en montre que plus déplorable. — 2. Folles exigences du code d'honneur dont les hautes classes se réservent le monopole. La France, à partir de Henri II, n'est plus qu'un vaste champ clos où l'on se tue pour les causes les plus futiles. — 3. Parallèle entre le duel judiciaire et le duel moderne. Ce que sont les mœurs au temps de la grande vogue du point d'honneur. Intervention des seconds dans les combats des Raffinés et des Mignons.

1. — Indépendamment de l'intérêt que peut avoir cette page d'histoire, elle mérite encore l'attention en ce sens qu'elle marque, et de façon précise, une époque dans l'histoire du duel. Celui que nous venons de rappeler est, en effet, le dernier qu'autorisent les rois. Henri II, qui aimait beaucoup La Châtaigneraie, fut tellement affecté de sa triste fin qu'il jura non pas malheureusement de s'opposer dorénavant à tout combat, mais seulement de ne recevoir à cet égard aucune requête, de laisser en conséquence ceux qui voudraient se

battre organiser les choses à leur guise. Et ses successeurs, par souci plutôt encore de leur propre tranquillité que du bien de l'Etat, ne trouvent rien de mieux à faire que de suivre la même ligne de conduite. Il va sans dire que les usages courants n'allaient pas disparaître du jour au lendemain. Et toutefois au XVIe siècle on entrevoyait déjà très bien en haut lieu que droit et victoire sont des choses de nature différente ; que le succès, se rangeant souvent du côté du coupable, ne saurait être en aucun cas l'expression de la justice divine. Pour ne pas révolter encore les consciences, du moins n'était-elle plus prise au sérieux la loi qui autorisait deux êtres moraux à s'arracher la vie comme deux bêtes féroces en présence de leur souverain, de leurs parents et de leurs amis. Ajoutons que l'attention commençait se porter sur une petite cause qui n'en devait pas moins avoir de grands effets sur la marche des événements. Retrouvés en Italie où des troubles perpétuels les avaient ensevelis dans l'oubli, les Pandectes et les Novelles s'apprêtaient à remettre en vogue le droit romain, à lui permettre aussi, grâce à la découverte de l'imprimerie, de se répandre dans toute l'Europe. Il n'y a que les tribunaux malheureusement qui renonceront peu à peu à l'application de lois barbares, car l'erreur, hélas! au lieu de disparaître complètement, ne fera que sortir de la légalité. Pour ne plus s'entourer du cérémonial des gages de batailles, se voir banni des formes de la procédure, le duel, proscrit des lois, se réfugiera dans les mœurs. En se bornant à le traiter avec indifférence, l'autorité royale n'aura finalement abouti qu'à le débarrasser de toute entrave.

Qu'importe à l'ordre social qu'un usage reconnu mauvais soit délaissé par ici, du moment qu'il doit être conservé par là sous une nouvelle forme ! Que lui importe que le clergé et la magistrature le rejettent, si la noblesse le leur prend pour en faire sa propriété exclusive et l'appuyer, à défaut de dispositions légales, sur les passions du cœur humain, forces vives qu'il est toujours facile de mettre en œuvre et de rendre puissantes ! Qu'importe à l'humanité qu'on la débarrasse d'un code barbare, si c'est pour le remplacer par un autre qui, laissant au vulgaire les *sophistiqueries des gens de loi*, appellera *fermeté de caractère, gentillesse chevaleresque* le dédain de la morale et l'émulation de férocité, qui faisant de l'irascibilité de caractère un sentiment élevé, de la modération un manque de cœur, décidera que toute plainte au magistrat n'est qu'un aveu tacite de lâcheté !

2. — Il est venu, le moment de parler du code d'honneur, car le voilà qui luit enfin sur le monde !

c'est lui qui va régler les cas où tout homme bien né ne peut pas décemment ne pas se mettre en colère ; c'est lui qui fera précéder et suivre l'exécution de sa vengeance de formalités hypocrites destinées à enlever à une action honteuse sa vraie physionomie pour lui donner les apparences d'une action louable et régulière ; c'est lui qui établira les catégories d'offenses en leur proportionnant la quantité de sang qu'en exige la réparation.

S'il fallait faire ressortir l'affinité du duel des temps modernes avec le duel juridique manifestement accepté sans bénéfice d'inventaire, rien ne serait plus facile. Pourquoi le coup de bâton, par exemple, qui déjà du temps des Romains était une grave injure, à en juger par un texte des *Institutes* de Justinien (1), vit-il à un moment donné augmenter sa gravité ? Parce qu'il assimilait celui qui le recevait au vilain qui se bat le visage découvert et n'a le plus souvent en fait d'arme qu'un bâton, tandis que le noble combat le visage couvert d'un casque et l'épée à la main.

Admettons qu'elle ait pu se donner comme acceptable dans un temps, l'explication aujourd'hui ne saurait plus l'être du tout. Puisqu'à notre époque

(1) *Atrox injuria æstimatur vel ex facto veluti si quis ab aliquo vulneratus fuerit, vel furtibus cæsus vel ex loco veluti si cuis in theatro vel in foro vel in conspectu prætoris.*

il n'y a plus de nobles... oh ! attendez! de nobles combattant le visage couvert !!! que de vilains, puisque le bâton, banni de tous les rangs de l'armée comme beaucoup trop innocent, ne peut plus être qualifié d'arme roturière, les procédés infamants autrefois devraient et depuis longtemps ne plus avoir sous ce rapport de portée. Ils en conservent nonobstant, de par la vénération que nous devons à toutes les vérités que nos pères nous ont transmises. C'est encore à ce que le démenti dans le duel juridique précédait invariablement l'assaut qu'on aura pendant des siècles à rappeler cette inflexible règle : tout démenti donné rend le combat inévitable.

Dire que le fameux code d'honneur exclut toute sensibilité, ce serait peut-être exagérer. Ainsi vous pouvez tuer votre adversaire, c'est entendu, mais si vous vous êtes contenté de le mettre hors de combat, il ne peut plus, du moins dans la même affaire, se battre contre vous. « *Ce serait vouloir combattre son second père et son bienfaiteur*, nous dit Brantôme avec le bon sens dont il dispose ; *ce serait offenser Dieu qui est grand ennemi des ingrats.* » Par contre, ce n'est pas l'offenser du tout que d'occire parents et amis, et qui plus est votre dignité brille d'un éclat d'autant plus vif qu'elle sait mieux étouffer les sentiments qu'on doit à la nature. Des amis, de hauts personnages viennent-ils à s'interposer en vue d'amener une réconciliation, il est permis par égard pour eux de s'embrasser en leur présence, mais sous la condition tacite de s'égorger aussitôt qu'on sera libre.

Ainsi c'est par les classes ayant la prétention d'indiquer aux autres le chemin du devoir que l'assouvissement d'un instinct brutal est donné comme sacrifice fait à l'honneur, sacrifice nécessaire et en même temps si glorieux qu'elles s'en réservent avec un soin jaloux le monopole comme un privilège attaché à la naissance.

Pierre de l'Etoile raconte dans ses mémoires que deux commis, un beau jour, à Chaillot, s'étant avisés non pas de s'assommer à coups de poings, mais de se battre en duel, s'il vous plaît, de s'ouvrir réciproquement les veines comme si du sang noble y eût coulé, toute la haute classe indignée se plaignit hautement de ce qu'elle regardait comme un empiétement sur ses droits. Il fallut à toute force infliger un châtiment exemplaire à des roturiers assez effrontés, assez impudents pour se mettre dans la tête qu'ils avaient de l'honneur et faire mine de le prouver.

Jamais on ne se rendra compte des désastreux effets que produisit en Europe la belle législation du point d'honneur, quand elle parvint à s'y établir.

La France, pour ne parler que d'elle, se transforme en un vaste champ clos où l'on se blesse, où l'on se tue pour les prétextes les plus futiles. Passer en revue tous les cas de nature à motiver le maniement des armes serait beaucoup trop long : mieux vaudrait assurément rechercher dans quelles circonstances on ne se battait pas. Le moindre mécontentement, la moindre contestation, vous conduisent sur le pré. Ce n'est plus sous le couvert d'un usage féodal, d'un droit exercé par l'autorité royale, qu'opère maintenant l'instinct sauvage : il a perdu les airs graves et solennels qu'il se donnait comme auxiliaire de la justice. Ses allures désormais sont celles d'une mode, d'une partie de plaisir, de bon goût et de beau style, d'un passe-temps cruel et frivole à l'usage d'une noblesse désœuvrée. Encore une fois c'est partout et à tous moments que les fers se croisent, donnant libre cours à de mesquines vengeances, à des rivalités d'antichambre ou de boudoir, quand ils ne masquent pas des métiers de chevaliers d'industrie. Les susceptibilités ne connaissent plus de bornes. On voit des seigneurs se rencontrer dans une étroite galerie et ne pas se pardonner les plis que leurs manteaux se font en se touchant. On en voit s'embrocher jusque dans les églises après s'être donné l'eau bénite, pour qu'on sache qui doit être à l'avenir encensé le premier.

Le besoin de ferrailler est tel qu'on arrête parfois dans la rue des inconnus pour les mettre en demeure de se battre séance tenante. Que faudra-t-il par la suite pour motiver un défi ? Qu'on ait mal compris quelque chose qui ne voulait rien dire, qu'on soutienne contre l'avis d'un interlocuteur que tel vêtement n'est pas de mise le soir, que le cheval n'a pas plus de résistance que la jument, qu'on ait à reprocher à l'ami qui a passé près de vous de vous avoir regardé trop en face, quand ce n'est pas de travers, ou de ne pas vous avoir regardé du tout.

Napoléon, en arrivant à Schœnbrunn, a tout juste le temps de s'interposer entre deux officiers qui se battaient, et pourquoi ? pour savoir quelle est de la brune ou de la blonde la mieux pourvue de... puissance affective ! Grave affaire pour la solution de laquelle il fallait tout au moins la vie d'un homme.

Amusez-vous du reste à remonter dans l'histoire des duels à la cause déterminante du grand nombre, et comme les chasseurs qui au désert entendent se battre des bêtes aussi mâles que féroces, vous pourrez dire : la... femme n'est pas loin !

3. — Bien que la durée du duel judiciaire ait été environ de dix siècles, du sixième jusqu'à Henri II, il n'y a pas cependant à s'en exagérer les conséquences, et ce n'est certainement pas lui qui mérite les plus vives indignations. Ainsi que le fait très bien remarquer le baron de Montesquieu, « vu l'accord régnant alors entre les mœurs et les lois, il produisit moins d'injustice qu'il ne fut injuste et se montra plus déraisonnable que tyrannique » (1).

Plus rare d'abord qu'on ne serait tenté de le croire, il n'était guère autorisé que pour des causes très graves entre personnes de haut rang, susceptibles de donner un pompeux appareil au combat et de réunir une nombreuse assistance. Etant données les déclarations, informations, formalités de tout genre que comportait l'autorisation royale, il en résultait de telles longueurs et de tels frais que les parties pressées n'ayant pas grand argent étaient bien forcées de chercher en dehors d'une vengeance aussi éclatante que coûteuse le moyen de régler leurs querelles.

Tout récemment encore, il n'y avait également que les privilégiés de la fortune qui pouvaient se promettre d'obtenir la bénédiction nuptiale à la chapelle de la nonciature.

Déjà redoutable quand elle ne s'appuie que sur un texte de loi, l'erreur l'est bien plus encore quand c'est aux mœurs qu'elle emprunte sa vitalité. Les codes sont comme les maisons : ils peuvent se

(1) *Esprit des lois*, t. III, ch. XVII.

construire ou se détruire du jour au lendemain ; les mœurs, au contraire, qu'elles aient à se développer ou à disparaître, ont toujours à compter avec le temps. Aussi le duel, en s'y retranchant solidement, pourra-t-il se donner dorénavant libre carrière et braver toutes les menaces dont il se verra l'objet, soit qu'on veuille l'attaquer de front ou parlementer avec lui. Encore sont-elles bien tardives les mesures s'essayant à enrayer un mal qui prend alors d'effroyables proportions ! Car si le combat judiciaire prend fin sous Henri II, le premier édit contre les duels ne date que de 1599. Il s'écoula donc cinquante ans pendant lesquels ces duels, ne connaissant aucun frein, se livrèrent impunément à leurs folies et à leurs fureurs, et ce qui est bien avéré, c'est qu'ils firent couler plus de sang dans ce court espace de temps qu'on en peut reprocher dix siècles durant à la loi Gombette.

A l'époque où Michel de Montaigne écrit : « *Mettez trois Français au désert de Lybie, ils ne seront pas un mois ensemble sans se harceler et s'esgratigner* », on n'a souci en haut lieu que de fêtes, de tournois et de mascarades; le pays est aux mains de Henri III, de ce monarque presque toujours déguisé en femme, qu'on appelle le *roi femme* ou l'*homme reine*, de ce monarque qui ne se plaît qu'au milieu de ses mignons, compagnons de débauche recrutés parmi des gentilshommes dégénérés et désœuvrés, d'autant plus susceptibles en fait de point d'honneur qu'ils perdent plus complètement de vue l'honneur véritable. Et quelles sont les causes des provocations incessantes que s'adressent les *raffinés ?* Le besoin de mériter les faveurs des dames galantes de la cour ou d'écarter un rival des faveurs du maitre.

On sait aussi ce qu'il en est de leurs principes si délicats ; on sait qu'ils leur font admettre entre autres belles choses qu'on peut tuer son adversaire par ces feintes savantes auxquelles les barons de Vitaux et les marquis d'Amboise doivent leur triste célébrité, comme aussi qu'il est permis en certains cas d'appeler son père sur le terrain, parce « qu'*un père*, disent-ils avec Brantôme, *vous fait beaucoup plus de mal en vous enlevant l'honneur qu'il ne vous a fait de bien en vous donnant la vie* ». C'est la belle époque des vilenies de toutes sortes commises sous le couvert des sentiments religieux, à la suite de propos galants, de propos de table ou de sales débauches, l'époque des embuscades, des guets-apens où derrière les portes du Louvre on se fait justice par le poignard aussi bien que par l'épée, où la manie meurtrière s'aggrave encore de l'usage d'admettre des seconds dans les combats, de se mesurer quatre contre quatre, dix contre dix et plus encore. La mode en était venue d'Italie, de Naples, à la suite des Médicis, comme celle des ruses et des pratiques funestes.

Les appelants ou seconds, voyant se battre leurs compaignons, s'entredisoient entr'eux, bien qu'ils n'eussent débat ensemble, mais plutôt amitié que haine : « Et que faisons-nous, nous autres, pendant que nos amis et compaignons se battent ? Vrayment il nous faict beau veoyr ne servir ici que de spectateurs à les veoyr entretuer. Battons-nous comme eux. Et sans aultre cérimonie se battoient et s'entretuoient bien souvent tous quatre. Cela estoit plus de gayeté de cœur que de subject et d'animosité (1).

L'un de ces combats restés particulièrement célèbres fut celui de Jacques de Quélus, l'un des mignons *frisés et fraisés* du roi, et le plus cher. Humilié, ridiculisé même dans une circonstance quelconque par Charles de Balzac d'Entragues, de la maison de Guise, Quélus avait appelé le mauvais plaisant sur le terrain qui fut choisi place du Marché aux chevaux, dans le voisinage de la Bastille. Les seconds de Quélus étaient Livarot et Maugiron, ceux d'Entragues, Riberac et Schomberg.

Lorsque les deux adversaires en furent venus aux mains, Maugiron dit à Riberac : « Il me semble que nous devrions plutôt accorder ces gentilshommes que de les

(1) *Discours sur les duels.*

laisser entretuer. » A quoi l'autre répartit : « Je ne suis pas venu pour enfiler des perles ; je veux me battre. — Et à qui veux-tu te battre ? — C'est à toi ! — A moi ! Prions donc Dieu ! » Riberac croisa son épée avec son poignard et, se jetant à genoux, fit une prière assez courte, mais que le bouillant Maugiron trouvait encore trop longue. Piqué au jeu, il se releva précipitamment et fondit avec fureur sur ce dernier. Quelques minutes après, ils tombaient tous deux mortellement blessés. Honteux de rester là les bras ballants, Schomberg avait dit à Livarot : « Ils se battent, que ferons-nous ? — Battons-nous aussi pour notre honneur. » Une autre lutte s'engagea. Schomberg, qui était Allemand, procédant à la mode de son pays, enleva la moitié de la joue gauche de Livarot, qui riposta par une violente estocade dans la mamelle. C'en était fait de Schomberg ; il expira sur l'heure ainsi que Maugiron, le blasphème aux lèvres. Riberac succomba le jour suivant. Livarot ne guérit de ses blessures que pour se faire tuer peu après dans un autre duel. Quant à Quelus, l'auteur de la noise, dit Pierre de l'Estoile, de dix-neuf coups qu'il reçut il languit trente-trois jours, et mourut à l'hôtel de Boissy, et ne lui profita la grande faveur du roi qui l'alloit voir tous les jours et ne bougeoit du chevet de son lit et lui avoit promis cent mille écus, et aux chirurgiens cent mille livres en cas qu'il vînt à convalescence. Il mourut ayant toujours en la bouche ces mots, même entre ses derniers soupirs : « Ah mon roi, mon roi !... » sans parler autrement de Dieu ni de sa mère..

Le roi à la vérité portait une merveilleuse amitié (tout à fait extraordinaire, Dieu merci !) à Quelus et à Maugiron. Il baisa leurs cadavres sanglants, fit tondre leurs têtes et serrer leurs blondes chevelures, et ôta à Quelus les pendants de ses oreilles que lui-même lui avait donnés. Exposés sur des lits de parade, les mignons furent ensuite l'objet de funérailles princières ; des mausolées magnifiques, détruits dix ans après par le peuple à la journée des Barricades, leur furent élevés dans l'église Saint-Paul, pendant qu'un prédicateur s'écriait en chaire qu'il fallait *traîner le corps de ces renégats à la voirie* et qu'on chantait par les rues :

En la place des Maquignons,
Ont trespassé trois des mignons.
Le peuple dit : « C'est grand dommage,
Qu'on n'en a tué davantage. »

V

1. Les inquiétants progrès du fléau émeuvent Henri IV, mais sans le décider toutefois à prêcher d'exemple — **2.** Attitude du cardinal de Richelieu. Ses sévérités visent moins les aberrations de la noblesse que la suppression de la noblesse elle-même. Leur exagération les rend d'ailleurs inutiles. Remède inefficace contre l'erreur en général, l'effusion du sang était, en outre, souverainement illogique en matière de duel. — **3.** Impuissance de l'autorité pendant les guerres de la Fronde.

Il faut arriver au règne de Henri IV pour voir la législation faire quelques sérieux efforts en vue de remédier aux meurtres qui ensanglantaient le royaume et décimaient la noblesse, car les essais tentés jusque-là ne méritent vraiment pas l'attention. Ce n'est pas des ordonnances de Charles IX que pouvaient s'attendre d'heureux effets, quand le pays était déchiré par des guerres de religion, que chaque parti, tenant pour saintes les représailles dont il prétendait user au nom du ciel, ne faisait en réalité qu'utiliser ses divergences d'opinion religieuse au profit de rancunes privées. Quelles peuvent être aussi sous Henri III la valeur d'ordres aussitôt rapportés que donnés et dont l'incurie royale ne doit faire que lettre morte?

L'autorité du monarque commence cependant à prendre quelque forme, à se rendre compte de ses responsabilités, grâce au bon roi Henri qui prend les choses plus à cœur en reconnaissant la nécessité d'opposer une barrière au préjugé dont les excès, il faut le dire, deviennent singulièrement inquiétants. Dans son ouvrage sur la *Légitime défense de l'honneur*, Sclicher nous apprend que pendant la seconde moitié du XVIe siècle on ne vit guère de famille qui n'eût à payer son tribut à cette sorte de boucherie. « Les veuves, dit-il, ont amèrement pleuré leurs maris, les enfants leurs pères, les pères dans un âge avancé pleuraient leurs fils. Jamais illusion ne fut plus funeste au genre humain... etc. » Mais l'édit de 1602 eut beau déclarer criminels de lèse-majesté et punir des mêmes peines tous ceux qui appelaient les autres au combat ou y jouaient un rôle plus ou moins actif ; l'édit de 1609 eut beau, lui aussi, après avoir créé ce qui fut appelé depuis un tribunal d'honneur, dégrader les agresseurs de noblesse, les priver de leurs charges, grades, offices, dignités et pensions, affecter la moitié de leurs biens à la nourriture des pauvres, à la construction d'hôpitaux, à la réparation des églises ; il a beau, suivant les cas, les condamner soit à la prison perpétuelle, soit à une mort infamante, il arriva que l'excès des rigueurs devint un titre en quelque sorte inévitable à l'indulgence et au pardon. Qui du reste n'en a pas besoin ? S'il est défendu de tuer son prochain, il l'est également de désirer sa femme ou sa servante, et sous ce rapport le roi galant a bien des petites infractions à se faire pardonner, infractions qui ne sont pas les seules : il en a même vis-à-vis de ce commandement de ne pas tuer en champ clos qu'il prêche l'épée à la main !

S'étant épris après la mort de Gabrielle d'Estrées de la belle Henriette d'Entragues qu'il devait doter du marquisat de Verneuil, il s'ouvrit un jour au duc de Guise de la rage qu'il éprouvait de la voir courtiser par Bassompierre. Et le duc de Guise d'offrir immédiatement ses services à l'effet de venger le roi, de donner, autrement dit, satisfaction à sa jalousie. « *Cet après disner*, lui dit-il, *je romprai trois lances contre votre rival au lieu que marquera Votre Majesté !*

On choisit une cour du Louvre qu'on dépave promptement : les champions prennent deux seconds, et comme on avait toujours des armes prêtes pour parer à tout événement, Bassompierre parut avec ses assistants revêtu d'armes argentées avec des panaches incarnats et blancs, et M. de Guise s'étoit habillé et armé de noir et d'or, à cause de la marquise de Verneuil. Toute la cour, sans excepter le roi et la reine, étoit aux fenêtres sous lesquelles le combat se devait faire. Le duc de Guise rompit sa lance contre le casque de son antagoniste, et ensuite contre la tassète, elle entra dans le ventre, et il en resta un tronçon plus long que le bras attaché à l'os de la cuisse, et qui sortoit du ventre, tellement qu'on le crut mort. On le porta chez M. de Vendôme où un gentilhomme tirant le tronçon, les entrailles sortirent. Cependant on les réunit, et Bassompierre guérit d'une si fascheuse plaie. Ce spectacle fit horreur à la cour et le roi ne voulut plus en donner de semblables (1).

S'il faut en croire quelques auteurs contemporains, Pierre de l'Estoile entre autres, depuis l'avènement de Henri IV jusqu'en l'année 1608, sept mille lettres de grâce furent expédiées et scellées en matière de duel, ce qui n'empêcha pas huit mille gentilshommes de périr en combat singulier. D'Audiguier accuse même des chiffres plus importants.

2. — Ainsi, loin d'être efficacement combattue, la manie des duels sévissait donc avec fureur à l'avènement de Louis XIII, et pendant les trente-trois années de son règne la confirmation des anciens édits comme la promulgation de nouveaux se seraient vraisemblablement bornées à des

(1) Basnage, *Histoire des duels.*

tentatives d'intimidation, si le cardinal de Richelieu n'avait apporté dans la poursuite du but la ténacité et l'inflexibilité de son caractère. Celui que Chateaubriand appelle *le grand maître des échafauds* savait, longtemps avant le fameux démagogue Danton, qu'*en politique il n'y a que les morts qui ne reviennent pas.* La tâche, il faut le dire, ne pouvait lui répugner ; elle donnait satisfaction à sa haine pour une haute aristocratie dont il avait juré l'abaissement, sinon la ruine totale, dans un but que l'ambition seule pouvait faire rêver, dans le but d'arriver à fonder cette unité monarchique, cette centralisation fatale qui, n'en déplaise à tous les pères Loriquet passés et présents, devait si peu faire la grandeur de notre pays qu'elle le mit à deux doigts de sa ruine sous Louis XIV, le gangrena sous Louis XV, pour le laisser s'effondrer sous Louis XVI dans la pire anarchie.

Quand le grand Richelieu disait à Louis XIII pour secouer sa torpeur : « *Il faut couper la gorge aux duels ou aux édits de Votre Majesté,* » ce n'était pas l'homme religieux qui s'opposait à un abus, c'était le politique qui s'attaquait à ses ennemis. Sévir contre les duellistes, c'était frapper la noblesse. Et cependant, bien que les menaces soient suivies cette fois d'exécution, en maintes circonstances du moins, l'état de choses auquel on s'attaque ne se modifie guère, et c'est le cardinal lui-même qui en fait plus tard la constatation.

Les duels, dit-il dans ses mémoires, étaient devenus si communs que les rues commençoient à servir de champ de combat, et comme si le jour n'étoit pas assez long pour exercer leur furie, ils se battoient à la faveur des astres, ou à la lumière des flambeaux qui leur servoient d'un funeste soleil. La multitude de ceux qui se battoient étoit si grande et les peines ordonnées par les édits précédents si rigoureuses que le roi avoit peine de les faire punir, d'autant que ce n'eût plus été un effet de justice qui est d'en châtier un petit nombre pour en rendre sages beaucoup, mais plutôt un effet d'une rigueur barbare qui est d'étendre la punition à tant de personnes qu'il semble n'en rester plus qui puissent s'amender par l'exemple.

S'écharper selon les règles était alors de si bon ton dans les classes dirigeantes qu'on vit certains membres du clergé, tels que le fameux Paul de Gondi, depuis cardinal de Retz, ne s'en faire aucun scrupule. Les corps d'état, les paroisses elles-mêmes s'en mêlaient.

A quoi se résumaient-ils en fin de compte, les effets les plus certains des mesures sanglantes ? A donner aux duels beaucoup de sonorité en même temps que l'attrait du fruit défendu, à les multiplier ainsi de plus en plus « *Tu seras le dixième que j'aurai tué,* » dit au chevalier d'Andrieux un gentilhomme qu'il avait provoqué ! — « *Et toi le soixante-*

douzième ! » La menace n'était pas plus tôt lancée que mise à exécution.

Piqués au jeu sous la menace du danger, les duellistes ne s'en montraient que plus chatouilleux ou plus ardents. On en vit, comme le marquis de Beuvron et le comte de Boutteville, lequel, condamné plusieurs fois par contumace, avait déjà *crevé plus de vingt poitrines*, venir se battre en plein midi sous les fenêtres du cardinal, bravant ainsi l'un et l'autre un jugement qui devait leur enlever la tête, mais non pas ce faux honneur que leur promettait l'obéissance à un préjugé grandissant toujours sous les coups qu'on lui portait.

Tyrannique de sa nature, la violence froide et raisonnée n'a jamais rallié de disciples : elle n'a fait que des exaltés et des martyrs. Quand deux dogues se jettent l'un sur l'autre et se mordent à belles dents, les coups de trique ne font qu'augmenter leur rage. Il n'y a rien de tel pour enraciner une erreur et lui donner de la force que de lui en opposer une autre, que de l'arroser par exemple avec du sang, remède décidément détestable au point de vue de l'amélioration des mœurs, puisqu'il développe et vivifie fatalement tous les chancres qu'on veut lui faire détruire.

A première vue d'abord, en ce qui concerne les duels, n'était-il pas réellement bien singulier de condamner à mort des gens coupables de mépriser la vie, de leur infliger précisément en fait de châtiment celui qu'encouraient à l'armée les déserteurs, les soldats qui, aimant la vie, refusaient de se battre ! Du moment qu'on ne reculait pas devant les moyens extrêmes, n'aurait-on pas pu trouver, se demande Montesquieu, des peines plus infamantes et par conséquent plus efficaces ? « *Peut-être aurait-il suffi*, dit il, *d'ôter à un guerrier sa qualité de guerrier par la perte de la main, n'y ayant rien ordinairement de plus triste pour les hommes que de survivre à la perte de leur caractère* (1). »

3. — Quoi qu'il en soit, alors même qu'on voudrait bien reconnaître avec certaines personnes de bonne volonté que le mal ait été quelque peu enrayé à la fin du règne de Louis XIII, on ne l'en voit pas moins reprendre son cours pendant la régence d'Anne d'Autriche, à la faveur des troubles qui, énervant l'autorité, enlèvent du même coup toute espèce de portée à ses édits. L'esprit de discorde et de faction avait passé de la cour jusqu'aux moindres villes. Et là où n'existait aucune règle, tout était matière à dispute. Les corps d'état, les paroisses de Paris elles-mêmes, en vinrent aux mains. On vit se battre et pour des motifs insignifiants, pour l'honneur de

(1) *Esprit des lois.*

leur bannière, des processions se rencontrant dans la rue. On vit les chanoines de Notre-Dame recourir au même moyen d'entente pour régler leurs difficultés avec ceux de la Sainte-Chapelle. Le jour où Louis XIII mit son royaume sous la protection de la Vierge Marie, le Parlement et la chambre des comptes décidaient les armes à la main qui devait « avoir le pas » dans l'église de Notre-Dame.

La Fronde, cette guerre qui prête peut-être plus à rire encore qu'à pleurer, ne fut en somme qu'un duel collectif entre de mesquines et ridicules rivalités de cour pour lesquelles se passionnait alors une noblesse très gaie, mais non moins frivole dans la vie publique qu'elle l'était dans la vie privée. Le bon ton permettait alors aux personnages les plus qualifiés, à commencer par le duc d'Orléans, d'aller après des dîners plus que copieux s'amuser à détrousser les passants sur le pont Neuf, sauf à se faire arrêter par le guet. Plus amusantes qu'édifiantes sont les histoires que le comte de Rochefort raconte à ce sujet dans ses mémoires. On ne se faisait pas faute non plus malheureusement d'ensanglanter ses loisirs ! C'est ainsi que pendant les huit années seulement que dura la minorité de Louis XIV, le nombre des victimes du point d'honneur s'élève encore à quatre mille, parmi lesquelles, d'après un auteur contemporain, il en faut compter trois cents du plus haut rang. Un nouvel édit cependant était venu confirmer toutes les dispositions des précédents. Mais plus la loi répétait ses prohibitions, plus elle s'ingéniait à prévoir les infractions et à les punir, plus on s'enhardissait à la braver. Si les uns le faisaient publiquement et en face, les autres, moins hardis, essayaient de donner le change en couvrant leurs attentats d'une dénomination nouvelle, en appelant leurs duels *des rencontres* de pur hasard et sans dessein prémédité. L'abus fut tel qu'il fallut en 1644 *publier à cor et à cris par les carrefours* une déclaration assimilant ces combats aux duels et les punissant des mêmes peines.

VI

1. Considérations motivant les mesures prises par Louis XIV contre les duellistes dont le nombre est toujours considérable. Duel du marquis de Sévigné et du chevalier d'Albret, beau-frère de Mme de Heudicourt. Classe de coupables qu'atteignent surtout les foudres royales — 2. C'est en frappant le préjugé dans sa vanité qu'on arrive à jeter sur lui quelque discrédit, mais la bonne voie ne sera pas suivie en raison des inconséquences d'un monarque dont les déclarations solennelles ne sont suivies d'aucun effet. Témoignage du comte de Toulouse. — 3. A toute époque, la sincérité des gouvernements est la même. Mot plaisant de Montesquieu.

1. — Trop abaissée à la mort de Richelieu pour oser se poser désormais vis-à-vis du trône en pouvoir rival, l'aristocratie n'en est pas moins encore une grande puissance dont Louis XIV, dès le début de son règne, s'applique à tirer parti en en faisant une institution purement militaire qui devait l'aider à restituer à la France ses limites naturelles, comme elle avait aidé Charles VII à délivrer le territoire de l'invasion anglaise. Or, par l'indépendance qu'il affiche, le duel ne peut que porter ombrage au tout-puissant monarque qui prend

à tâche de soumettre ses sujets à ses ordres, et d'affermir avant tout la discipline dans ses armées. Comme ses prédécesseurs, il s'attaque tout d'abord à l'abus par des ordonnances où le duel est déclaré crime imprescriptible, entraînant flétrissure, dégradation de noblesse, déchéance des armoiries qui devront être noircies et brisées par la main du bourreau, bannissement, confiscation de tout ou partie des biens au profit de la couronne ou des parents de la victime, peine de mort, privation de la sépulture ecclésiastique, procès faits à la mémoire des défunts dont les cadavres sont traînés sur la claie et jetés à la voirie...

On crée des huissiers ou sergents d'armes dans toutes les juridictions du royaume, pour veiller à l'exécution des mesures prises contre les duellistes; on n'hésite même pas à recourir à la délation. Dans le code militaire de 1686, 150 francs de gratification et son congé sont promis à tout soldat qui dénoncera un cas de duel arrivé dans son régiment.

Ces dispositions, renouvelées à tous les combats un peu marquants, comme le furent ceux des deux la Frette, de Saint-Aignan et du vicomte d'Argenlieu, du prince de Chalais et du marquis de Noirmoutiers, de Flamarens et du marquis d'Antin, frère de Mme de Montespan, etc., ces dispositions, dis-je, ne visaient, bien entendu, que des gentilshommes, puisque le duel était alors considéré comme leur apanage exclusif. Dans le nombre je ne puis m'empêcher de distinguer le marquis de Sévigné, et ce qui lui vaut mon attention, c'est qu'il fut tué par le chevalier d'Albret, beau-frère de Bonne de Pons, marquise de Heudicourt, qui comptait alors dans l'essaim de jeunes et de jolies femmes tourbillonnant autour du Roi Soleil.

Ce n'étoit pas un honnête homme, nous dit Tallemant des Réaux ; il ruinoit sa femme, cette jolie Marie de Rabutin Chantal, une des plus aimables et des plus honnestes personnes de Paris. Elle a l'esprit fort vif et fort agréable ; elle est brusque et ne peut se tenir de dire ce qu'elle croit joli, quoique assez souvent ce soit choses gaillardes, comme elle en affecte et trouve moyen de les faire venir à propos...

Sévigné avait fort peu de biens ; il faisait des marchés qu'après il rompait : on les fit séparer. Cependant par amitié elle s'engagea jusqu'à cinquante mille écus. Elle disait : « M. de Sévigné m'estime et ne m'aime point ; moi je l'aime et ne l'estime point. »

Ménage lui faisant observer qu'elle avait tort de mettre tant de biens sur la tête de son mari : « Pourvu, dit elle, que je ne lui mette que cela sur la tête!... »

Le marquis et le chevalier se rencontraient chez Mme de Gondran et ils « lui en contaient » ; mais il s'en fallait de beaucoup que le dernier fût aussi bien traité que l'autre. Sévigné en fit des railleries dont le chevalier lui envoya faire éclaircissement par le marquis de Soyecourt. Ils se battirent et le chevalier le tua aussi franc que Miossens avait tué Villandry. Saint Mégrin disait : « Ma foi, ce chevalier d'Albret est un fort joli garçon, bien fait, bien spirituel, et *qui tue fort bien le monde...* »

On lit dans le préambule de l'édit de 1643 :

N'ayant rien de plus à cœur que la conservation de notre noblesse dont la valeur, si célèbre et si redoutable par toute la terre, n'est ternie que par les déréglements d'une si monstrueuse frénésie ; après avoir demandé à Dieu comme nous faisons et ferons tous les jours de tout notre cœur qu'il veuille lui ouvrir les yeux pour dissiper ces damnables illusions qui la transportent de l'amour d'une fausse gloire, nous sommes résolus... etc.

Pour ce qui est de la classe roturière, on la laisse explicitement sous l'empire du droit commun, attendu qu'en ce qui la concerne les cas de duel ne sauraient se présenter. L'édit de 1651 contient même à cet égard des dispositions assez curieuses :

D'autant qu'il se trouve des gens de naissance ignoble et qui n'ont jamais porté les armes qui sont assez insolents pour appeler des gentilshommes, lesquels refusant de leur faire raison, à cause de la différence des conditions, ces mêmes personnes suscitent et opposent contre ceux qu'ils ont appelés d'autres gentilshommes, d'où il s'ensuit quelquefois des *meurtres d'autant plus détestables qu'ils proviennent d'une cause abjecte ;* nous voulons et ordonnons qu'en tels cas d'appel ou de combat, principalement s'ils sont suivis de quelque grande blessure ou de mort, les dits ignobles ou roturiers qui seront dûment atteints et convaincus d'avoir promeu *de semblables désordres* soient sans rémission *pendus et étranglés*, tous leurs biens meubles et immeubles confisqués... permettant en outre aux juges d'ordonner sur les biens confisqués telles récompenses qu'ils aviseront convenables aux dénonciateurs et autres qui auront découvert les dits cas, afin que dans un crime si punissable chacun soit invité à la dénonciation d'icelui.

Remis à la mode, le système de délation se pratique de nos jours sur une bien plus vaste échelle. Il n'est pas sans intérêt maintenant de faire remarquer à propos des édits, de celui de 1679 notamment, appelé l'*Edit des Duels*, que la disposition la plus consciencieusement appliquée de beaucoup fut toujours celle qui condamnait au fouet, à la marque, aux galères en cas de récidive, les commissionnaires porteurs de cartels ou domestiques assistant leurs maîtres.

2. — Bien qu'on eût pu former sous Louis XIV une petite armée avec le nombre des gentilshommes tués en duel, nombre que Saulx-Tavannes estime à 6.000, il faut néanmoins reconnaître que le fléau pendant la seconde moitié du règne avait sensiblement diminué. Jointe à un sentiment plus développé de l'ordre, l'unité de gouvernement et son éphémère prestige encourageaient peut-être

l'apaisement des querelles : c'est possible. Ce qu'il y a de sûr, c'est que l'honneur des résultats ne doit pas être attribué à une sévérité se réduisant à de banales formules dépourvues d'effets, mais plutôt au parti qu'on fit prendre au roi de tenter une expérience à laquelle n'avaient pas encore songé ses prédécesseurs. En dégradant le duelliste de noblesse, en lui enlevant ses armoiries, en le menaçant des disgrâces royales, on va chercher à le frapper dans sa fierté et dans sa vanité ; on va s'appliquer, en faisant appel à la peine morale, à prévenir le mal au lieu de songer à le punir. Ce n'était encore qu'une tentative, mais qui mettait dans la voie la plus sûre pour nuire à un préjugé, celle du discrédit. Du reste, pour n'être encore que bien faible, le revirement d'idées ne laisse pas déjà que d'être sensible, et la preuve, c'est qu'on voit des hommes comme le duc de Navailles entre autres, pair et maréchal de France, prendre l'engagement de ne plus répondre aux provocations. Le tribunal des maréchaux, dont Henri IV avait eu déjà l'idée, se réorganise et devient l'arbitre souverain, le juge suprême quand il s'agit de statuer sur toutes questions relatives aux défis, de concilier les parties, de prévenir les rencontres, de fixer aussi les réparations d'honneur qu'il est convenable d'accorder.

Bien meilleure que celle des sévérités, cette nouvelle voie malheureusement ne sera pas beaucoup plus suivie. Sans doute, avec la lenteur que mettent les mœurs à se transformer, le préjugé devait encore se faire quelque temps un bouclier d'une longue approbation ; mais non, ce n'est pas là que se doit chercher la principale cause d'insuccès. Elle fut due à ce que les mesures de rigueur n'étaient ni franches ni sincères. Bien qu'invoquant le droit divin, le pouvoir, qui eût eu déjà fort à faire d'être humain, se montrait alors ce qu'il devait rester plus tard, quand fantaisie lui prit de se donner comme représentant effectivement les volontés du peuple : il manquait de bonne foi en imposant aux autres les obligations dont il entendait bien s'affranchir lui-même. Quel que soit le droit invoqué, les maîtres sont toujours les mêmes ; c'est le métier qui le veut ! Bref, tout en condamnant le duel devant les sujets, on n'en restait pas moins par derrière son complice ; on conservait sur le duel les idées que le grand monde professe encore de nos jours. Peut-être eût-on mieux aimé que l'idole ne fût pas en vénération, mais du moment qu'elle l'était, il fallait tenir à honneur d'être au fait de ses exigences et, pour le condamner en théorie, s'incliner cependant dans la pratique devant ce besoin de victimes humaines qui d'ailleurs leur est commun à toutes. Quelle concordance y a-t-il donc entre les solennelles déclarations du puissant monarque et la façon piteuse dont on les applique ? Il semble qu'il n'y a pas de miséricorde à attendre du potentat qui fait écrire :

Et combien que nos sujets ne puissent sans crime être estimés avoir manqué en leur honneur en obéissant à notre présent édit et recevant en la forme susdite la réparation et satisfaction qui leur sera ordonnée par nos susdits cousins les maréchaux de France, ou gouverneurs, ou lieutenants généraux de provinces, néanmoins, afin qu'il ne puisse rester aucun scrupule en l'esprit même du plus pointilleux, *nous déclarons que nous prenons sur nous* tout ce que l'on pourrait imputer pour ce regard à celui qui, étant offensé, n'auroit pas fait appeler son ennemi au combat, ou qui, étant appelé, aura par la considération de ce qu'il doit *à Dieu et à nous* refusé d'y aller et de se rendre coupable d'une désobéissance divine et humaine... Et d'autant que ce faux point d'honneur, qui par l'artifice du démon a passé jusqu'ici dans l'esprit de notre noblesse pour une inévitable quoique cruelle nécessité, est cause de la maudite honte qu'ils ont de refuser ces duels abominables, comme s'il pouvoit y avoir de la honte à obéir aux lois les plus saintes de Dieu et de son Eglise et aux ordonnances les plus justes de leurs princes et de leur patrie, *nous déclarons et nous protestons solennellement que nous tiendrons non seulement pour impies et pour criminels,* mais aussi pour lâches et sans courage ceux qui n'auront pas assez de générosité et de vertu pour surmonter ces faibles opinions qu'un abus détestable a établies contre toute sorte de droit, justice et conscience...

Et cependant, après avoir signé, fait parapher, afficher et publier d'aussi énergiques résolutions, le majestueux législateur n'en était pas moins bien résolu à rester le premier gentilhomme du royaume, à compter, autrement dit, avec l'esprit et les habitudes de sa cour. Aussi le voit-on octroyer des lettres patentes aux maitres d'armes, et regarder de travers ceux qui seraient tentés de le prendre au sérieux. Mettre du style dans ses édits, c'est fort bien, mais à condition de ne pas porter atteinte aux bonnes traditions, à celles qui attachent le déshonneur au refus de se battre. Aucun colonel à cette époque n'eût permis, le cas échéant, qu'on abandonnât, pour donner dans des utopies, les saines idées des ancêtres. Quelque officier honnête, ce qui sous tous les gouvernements signifie généralement naïf, se faisait-il chasser du régiment pour avoir cru que l'édit signifiait quelque chose, il perdait absolument son temps en voulant se plaindre au maitre qui la veille avait déclaré « *réputer pour la plus grande injure qui puisse être faite à son autorité et même à sa personne cet insolent mépris du pouvoir qui lui a été donné d'être juge souverain de l'honneur de ses sujets* », qui avait juré de « *considérer le refus du combat comme une preuve de valeur rendant digne des fonctions militaires les plus importantes* », qui dans son code militaire allait même jusqu'à promettre de honteuses gratifications aux délateurs.

Que restait-il en fin de compte au malavisé pour prix de sa simplicité ? La honte « *de demander justice quand on porte au côté ce qui permet de se la faire rendre* », le ridicule de vouloir se décharger des conséquences morales d'un refus sur les foudres royales sans s'être aperçu qu'elles étaient de carton.

A cet égard, du reste, nous avons le témoignage d'un des fils du roi, le comte de Toulouse, troisième fils légitimé de Mme de Montespan : « *J'ai vu le feu roi,* écrit-il, *bien sévère sur les duels, mais en même temps si dans son régiment qu'il approfondissait plus que les autres, un officier avait une querelle, et ne s'en tirait pas selon l'honneur mondain, il approuvait qu'on lui fit quitter le régiment.* »

3. — Les temps ne sont pas changés. Qu'un officier de nos jours, se rappelant le mot inscrit en premier sur le drapeau, ne veuille pas prêter son concours à des actes que réprouve l'honneur, qu'il se refuse à violenter des citoyens parfaitement inoffensifs ou à commettre de honteuses effractions, on lui fait aussi « *quitter le régiment* ».

Comme au XVIIe siècle ce n'est pas l'honneur que nous avons à tenir pour respectable, c'est ce que les passions des maîtres leur permettent d'en faire !

Il arrivait parfois qu'un confident croyait devoir conseiller au roi de faire semblant de sévir pour sauver les apparences : on ordonnait alors à grand fracas de rechercher les coupables, mais après les avoir fait secrètement avertir de disparaître pendant les poursuites. C'est ce qui fut cause du mécontentement de Monsieur, frère du roi, après le duel des la Frette. Il se plaignait de ce qu'on tolérait leur séjour à Paris, alors qu'on fouillait tout le Palais Royal pour rechercher son premier maître d'hôtel, gentilhomme qui, en tirant l'épée, ne s'était cependant pas montré plus coupable que les autres.

La tactique fut la même après les duels des comtes de Brionne et d'Hautefort, des ducs de Luxembourg et de Richelieu, du prince de Conti et du grand-prieur de Vendôme, arrière-petit-fils de Gabrielle d'Estrées et de Henri IV, des comtes d'Uzès et d'Albert, etc., etc. (1).

(1) Louis XVI devait un peu plus tard témoigner de dispositions d'esprit semblables lors de l'aventure arrivée au comte d'Artois au foyer de l'Opéra, aventure que motiva la jalousie d'une grande dame. Tout en s'opposant à la rencontre de son frère avec le duc de Bourbon, il fit en sorte qu'on ne tînt pas compte de la défense.

Le duc de Navailles s'était mis, nous l'avons dit, à la tête de la première ligue contre les duels. Provoqué un jour par le prince Eugène-Maurice de Savoie, comte de Soissons, à la suite d'un démêlé survenu entre leurs femmes, dames d'honneur de la reine, qui comme telles se disputaient l'honneur de lui présenter la chemise à l'heure de la toilette, Navailles, dit Mme de Motteville dans ses mémoires, refusa comme chrétien. Et qu'arriva-t-il ? Que le roi feignit d'exiler le comte de Soissons, mais que ce fut le duc de Navailles qui fut réellement puni. Après avoir essuyé les plus humiliantes disgrâces, sa femme et lui se virent encore obligés de quitter la cour.

Montesquieu avait donc bien raison de s'écrier : « Si l'on suit les lois de l'honneur, on périt sur un échafaud ! si l'on suit celles de la justice, on est banni de la société des hommes ! il n'y a d'autre alternative que de mourir ou d'être indigne de vivre (1) ! »

(1) *Lettres persanes*, LXXX.

On peut lire dans un règlement du XVIIIe siècle concernant la cavalerie prussienne cette disposition plus que bizarre : « Si un officier souffre une injure sans y paraître sensible, le colonel en informera le roi qui le fera casser, sans déroger cependant à l'édit concernant les duels dont Sa Majesté confirme ici toute la force. »

VII

1 Attitude du clergé devant les combats singuliers. Les protestations contre le duel judiciaire ne peuvent se donner que comme faits isolés. Solennellement condamné au concile de Trente, le duel moderne n'en reste pas moins absous par l'opinion, comme le meurtre commis sur le champ de bataille. Aux yeux des croyants, ce n'est que dans la contravention à une défense que consiste sa criminalité. — 2. Regrettable consécration que lui donnèrent les études dont il fut l'objet de la part des canonistes et des jurisconsultes. Opinions de quelques jésuites que ne ratifie pas la doctrine de l'Eglise.

1. — Demandons-nous maintenant quelle était en somme l'attitude du clergé, de cette grande puissance rivale bien souvent de celle du roi, mais du côté de laquelle il n'en faut pas moins se tourner dans les ténèbres des premiers siècles de notre histoire pour apercevoir un peu de lumière, recevoir quelque instruction, retrouver ces monuments de jurisprudence ancienne qui devaient servir un jour à reconstituer un code conforme aux grands principes d'équité. Soucieuse avant tout d'assurer sa suprématie, elle adoptait la ligne de conduite qu'elle devait suivre constamment

depuis, en suspendant son jugement dans un prudent silence, en attendant que la lumière se soit faite dans son esprit, comme le disent ses apologistes, c'est-à-dire que le bon sens appelé toujours à triompher ait donné à la question pendante une solution dont elle puisse s'attribuer l'honneur.

A quelle époque se produisirent les premières protestations dénonçant comme « *illicites et n'aboutissant qu'à tenter Dieu* » les moyens qu'approuvait la foule, il est bien difficile de le dire. Ce qu'il y a de sûr, c'est qu'elles furent tout d'abord bien isolées, et le fait seulement de quelques personnalités plus clairvoyantes que les autres.

Au IXe siècle, saint Agobard, archevêque de Lyon, demande à Louis le Débonnaire de supprimer dans la loi Gombette une détestable erreur, un horrible désordre qui fait de Dieu le protecteur du fort. Quelques papes, comme Célestin III, Innocent IV, défendent avec plus ou moins de succès aux clercs d'abord, aux fidèles ensuite, de se battre par eux-mêmes ou par champions. Yves de Chartres, saint Bernard, au XIIe siècle, font des efforts pour inspirer une juste horreur de ce qu'ils appellent une cruelle superstition. Quand le progrès des mœurs fait récuser le duel comme épreuve judiciaire, que les rois ne veulent voir désormais en lui qu'un moyen de sauvegarder l'honneur laissé à la volonté de l'individu sous sa propre responsabilité, le clergé alors n'hésite plus à condamner ce que désavoue la loi, et dans une circonstance solennelle comme le fut le concile de Trente, il anathématise « *l'usage détestable introduit par le démon pour perdre les âmes par la mort sanglante des corps.* » (25e session, ch. XIX.)

L'usage détestable malheureusement n'était anathématisé que du haut de la chaire dans la société ecclésiastique, comme il ne l'était que du haut du trône dans la société civile. D'un côté comme de l'autre, les condamnations n'étaient qu'officielles; l'opinion, qui ne les ratifiait pas, n'en avait nul souci. Et nous en sommes toujours là. Pour être répréhensible sans doute devant je ne sais quelle morale éthérée, transcendante, imperceptible à l'œil nu, l'effusion du sang sur le terrain, alors même qu'elle vous vaut un châtiment, chose extrêmement rare, ne vous en fait pas moins toujours reconnaitre des qualités vraiment viriles. C'est si vrai que ceux qui à une époque ou à l'autre osent émettre sur le préjugé des appréciations aussi justes que sévères, ont à se faire pardonner une indépendance dont leur réputation ne laisse pas que d'avoir à souffrir. Prétendre que ces appréciations étaient courantes dans les hautes classes, ce serait nous tromper tout autant qu'on le fera plus tard, si de ce que l'abbé de Saint-Pierre, Fénelon, Léon XIII hier encore et quelques autres soutinrent qu'aucune guerre ne peut être taxée de légitime, on voulait conclure que le clergé a toujours été antimilitariste. Dieu l'en garde! Dieu le garde aussi, n'est-ce pas? de donner aujourd'hui du moins dans les idées avancées de ces pauvres confrères égarés qui se refusent à croire que la justice sociale et la paix ont donné tout ce que le monde en peut attendre quand elles ont servi de thèses à des conférences plus ou moins applaudies, mais que ne doit suivre aucune application.

Non, tuer son ami en duel ne vous déshonore pas plus jusqu'à présent que ne le fait le massacre du champ de bataille ou l'assassinat de l'épouse à laquelle on croit avoir à reprocher des écarts de conduite. Pour être taxés d'illicites, ces actes n'en sont pas moins tenus pour excusables. Que le duelliste aujourd'hui tombe sous le coup des censures ecclésiastiques, c'est entendu ; mais ce n'est pas, remarquez-le bien, parce que son acte fait affront à la raison et à la morale : c'est purement et simplement parce qu'il se rend coupable d'une désobéissance, désobéissance qui sera demain, soyez-en sûr, tout aussi bien reprochée aux guerriers une fois qu'on se sera rappelé que le précepte : *Non occides* prohibe tous les meurtres.

2 — Les dirigeants sous la monarchie étaient les bons amis du clergé : si ce dernier l'avait regardé comme déshonorant, on n'eût certainement pas songé en haut lieu à s'en faire un devoir ; s'ils avaient redouté d'autre part les censures ecclésiastiques, jurisconsultes et canonistes, qui s'amusaient alors à faire des sujets les plus étranges et les plus scabreux l'objet d'études aussi frivoles qu'approfondies, n'auraient pas fait servir une science de mauvais acabit, née de leurs déréglements d'esprit, à donner de ce qu'ils appelaient honneur vingt définitions différentes qui, bien entendu, étaient toutes contestées, à peser la cause efficiente, la cause formelle, la matérielle et la finale, à classer aussi les mensonges et les démentis en affirmatifs et négatifs, universels et particuliers, conditionnels et absolus, positifs et privatifs, certains et douteux, pour les subdiviser ensuite en démentis généraux pour la personne, généraux pour l'injure et la personne, etc., etc (1).

Il n'aurait jamais été question non plus des élucubrations des jésuites Laman, Sanchez, Baunez, prédécesseurs d'Escobar, dans lesquelles il est enseigné qu'on ne doit pas condamner le duel-

(1) Basnage, *Dissertation sur les ordres de chevalerie.*

liste quand il dirige bien son intention ; quand, le moment venu de pourfendre son adversaire, il se dit qu'il ne le fait pas pour le tuer ou se venger, mais seulement pour ne pas compromettre son honneur, sa réputation ou sa fortune, ne pas démériter aux yeux du prince, ne pas perdre son office à l'armée ou à la cour. Procédé très pratique à l'usage de ceux qui, lorsque leur conscience les gêne, ne demandent pas mieux que de la remplacer par une autre. En résumé, tout est permis pourvu qu'on vise un but utile. Le sens moral, Dieu merci, regimbera toujours contre pareilles doctrines dont souriait Pascal, quand il disait : « J'admire que la piété du roi emploie sa puissance à défendre et à abolir le duel dans ses États et que la piété des jésuites occupe leur subtilité à le permettre et à l'utiliser dans l'Église. » (*Provinciales*, lettre 7.)

C'est le cas, ma foi, de se rappeler le conseil de saint Jean Chrysostome, de se le rappeler et de le suivre : « *Propter bonos sacerdotes etiam malos honora. Respectez même les mauvais prêtres par égard pour les bons* » qu'a vus le passé et que voit encore le présent.

VIII

1. Désuétude des rigueurs sous la régence et sous Louis XV. Au lieu de luttes à outrance, il ne sera plus question que de premier sang. — 2. Conséquences de la Révolution au point de vue du point d'honneur qui, de par le principe de l'égalité, va, comme le port de l'épée, descendre l'échelle sociale. — 3. On ne saura plus dorénavant de quelle juridiction relèvent les coupables, la législation prétendant s'en remettre au progrès de la moralité du soin de les rappeler à la raison. — 4. Silence inexplicable du Code Napoléon en ce qui regarde le duel. Sa recrudescence pendant la Restauration, les Cent Jours et la révolution de 1848.

1. — Les voies de rigueur adoptées contre le duel vont être en quelque sorte abandonnées après la mort de Louis XIV. Philippe d'Orléans, que le grand roi son oncle appelait encore peu de temps avant de mourir un *fanfaron de vices*, n'a guère le temps de songer au maintien du bon ordre ou de veiller à l'exécution des édits. Il est bien trop occupé de remplacer la galanterie cérémonieuse de l'ancienne cour par cette licence effrénée des mœurs, cette débauche cynique qu'allait bientôt ennoblir l'exemple du monarque. Se plaçant entre la justice et les prévenus, il prétexte que le duel ne mérite pas les

rigueurs dont il a été l'objet, qu'*il passe de mode*. Aussi le laisse-t-il relever la tête, crier à la barbarie, à la superstition, à l'injustice, annuler aussi toutes les tentatives antérieures de répression. Au lieu d'avoir à subir comme par le passé des procédures et des condamnations, d'en appeler du moins à la clémence royale en cherchant une excuse dans la tyrannie du préjugé, les coupables en font maintenant une puissance devant laquelle vont abdiquer les autres. Ce n'est plus dans l'emportement de la passion qu'on sacrifie à l'idole, mais en vertu de délibérations présidées parfois par les personnages les plus qualifiés. Deux officiers aux gardes françaises se battent un jour en plein midi sous la terrasse des Tuileries, et l'un d'eux est grièvement blessé. Comme c'était la possession d'un chat angora qui avait motivé la querelle, le régent, en les chapitrant, se borne à leur reprocher de ne pas s'être contentés de leurs ongles, et les tient quittes avec quinze jours de prison.

La fureur des duels, dit la marquise de Créqui, était si fort encouragée par la faiblesse et l'incurie du duc d'Orléans, qu'on n'entendait parler que de jeunes gens tués ou blessés, et toutes les familles en étaient dans l'inquiétude et la désolation. La nôtre eut à regretter la perte du chevalier de Breteuil, qui était le plus aimable jeune homme et qui fut tué par un de ses camarades au régiment des gardes. C'était encore un des amis les plus favorisés de Mme de Parabère, et l'on ne saurait imaginer combien elle en avait perdu de cette manière. (*Souvenirs*, t. I, ch. xv.)

Louis XV, à son sacre, avait bien juré *par le grand Dieu vivant* de n'exempter personne de la rigueur des peines ; il avait bien pris à tâche, sans recourir à de nouveaux édits, de renouveler les anciens ; c'est en vain cependant qu'on chercherait dans les archives de cours de justice des traces de l'efficacité de ses déclarations, s'agirait-il même des duellistes les plus tapageurs, comme le fut par exemple le duc de Richelieu, qui n'avait pas encore vingt ans quand il commença la série d'innombrables affaires dont les motifs ne sauraient plus se donner de nos jours comme très édifiants. Qu'on en juge par un exemple :

Le comte Albani, neveu du pape Clément XI, se trouvant à la cour de France, cherchait à s'introduire près de la marquise de Créqui Blanchefort, parente de l'auteur des *Souvenirs*, et dont l'accès n'était pas aussi facile que celui qu'on trouvait auprès de la plupart des dames de ce temps. Ne sachant comment s'y prendre, il alla trouver Richelieu, qui le fit habiller en domestique et l'adressa comme tel à la marquise avec les plus puissantes recommandations. Elle le prit à son service, et bientôt une entreprise des plus hardies de son prétendu laquais à laquelle elle n'échappa que par une rare présence d'esprit vint lui apprendre à qui elle avait affaire. Le duc de Richelieu fit l'étonné et ne voulut pas convenir de cette nouvelle rouerie. On l'envoya encore une fois à la Bastille. A sa sortie, le marquis d'Aumont, parent de Mme de Créqui, à peine âgé de seize ans, le gratifia d'un bon coup d'épée dans la hanche. Il en faillit mourir et l'on crut longtemps qu'il en resterait boiteux. (Fougeroux de Campigneulle, *Duels anciens et modernes*, t. I, p. 259.)

Il faut se borner, autrement on aurait à rappeler bien des histoires comme celle de Lancelot du Vighan, vicomte de Létorière, surnommé le Charmant, redevable de son titre et de sa fortune à des moyens renouvelés de l'époque de Henri III, et qu'on trouva mort un matin dans le cloître de l'abbaye de Montmartre, où la maréchale de Soubise avait cru devoir, et pour cause, faire enfermer sa nièce, Victoire de Savoie-Carignan. Entre autres escrimeurs célèbres, on aurait à citer le fameux chevalier d'Eon ; Saint-Evremont, dont le nom faisait autorité dans toutes les salles d'armes ; Saint-Foix, l'auteur des *Essais sur Paris*, toujours en quête d'*affaires d'honneur* comme d'autres le sont de bonnes fortunes... etc. On aurait à rappeler aussi les nombreux duels auxquels donnèrent lieu en Bretagne les démêlés de son triste gouverneur le duc d'Aiguillon et de M. de la Chalotais, démêlés qui divisèrent toute la noblesse du pays et se terminèrent pour le duc par une condamnation devant le Parlement à laquelle il n'échappa que par la protection de Mme du Barry.

Les mœurs cependant s'adoucissent et font renoncer aux combats à outrance que vont remplacer maintenant des rencontres où la plus fine politesse est de rigueur, où la réparation n'exige que le *premier sang*. Nous voici du reste arrivés à l'heure des grandes transformations, à l'heure où, embrassant d'un regard le long passé du peuple sous la monarchie pour n'y voir qu'arbitraire et sang répandu, on va vouloir à tout prix qu'il y ait une raison supérieure au caprice, un droit supérieur à la force. Oh ! sans doute, en ne laissant pas à l'intelligence des masses le temps de se rallier à de sages réformes, en donnant trop tôt comme inutile l'autorité séculaire qu'une autocratie de seconde main, profitant de la faute, va s'empresser de restaurer à son profit, les esprits généreux et bien intentionnés n'empêcheront pas que la conquête de la liberté ne tourne à cette ivresse, à ce délire frénétique qu'ils redoutaient quand ils disaient : « *La liberté serait encore trop chèrement achetée si elle ne devait coûter que le sang d'un homme* (1). » N'importe ! leur philosophie trop

(1) Rousseau, *Contrat social*.

railleuse peut-être, trop inflexible parfois, n'en devait pas moins, dit Chateaubriand, nous dégager des préjugés et nous faire revenir au véritable christianisme. De nos jours, du reste, les efforts des pharisiens ne laissent pas que de dissiper à cet égard tous nos doutes.

2. — Est-ce au travail qui se faisait alors dans les esprits, à la grande place qu'y tenaient alors les théories politiques et sociales, qu'il faut attribuer l'intermittence qu'il est alors donné de constater dans la fièvre des duels ? La chose est probable : ce n'est pas en tous cas à l'influence de l'infortuné Louis XVI qui, mal compris du peuple dont les excès du règne précédent justifiaient les préventions, le fut trop bien d'une cour fastueuse et dissolue, mettant tout en œuvre pour paralyser la volonté déjà bien débile d'un monarque auquel on ne pouvait pardonner l'austérité de ses mœurs et son désir sincère de remédier à des abus sans nombre.

Que ce soit par raison ou pour plus de commodité, la noblesse va renoncer maintenant à l'habitude de porter l'épée ; mais le bourgeois malheureusement, avec son manque d'initiative qui le pousse invariablement à imiter les grands, revendiquera de suite le privilège réservé à la noblesse. L'épée, pour quelque temps du moins, va devenir une conquête des classes émancipées, un signe d'égalité civile. Loin de le voir diminuer, les gentilshommes verront leur nombre s'augmenter ; mais au lieu de sacrifier en se battant à une vanité qualifiée de point d'honneur, ils voudront tout simplement maintenant se montrer à la hauteur des exigences d'une société jalouse d'élever ses traditionnelles erreurs à la hauteur de devoirs. Les idées d'égalité soufflant partout décideront même les princes du sang à se mesurer avec des inférieurs. C'est ainsi qu'on voit le comte d'Artois se battre avec le duc de Bourbon, le prince de Condé croiser le fer avec un simple capitaine de ses gardes, au grand scandale des pieux et fidèles conservateurs des anciennes traditions qui, devant ce triste oubli des distances, cette création de dangereux précédents, cette déplorable concession aux idées nouvelles, cette écœurante promiscuité, ne manqueront pas de crier, bien entendu : « O temps, ô mœurs ! »

3. — A dater de la Révolution, le duel entre dans une phase nouvelle. Il jouera toujours sa comédie, mais sur un plus vaste théâtre et devant une tout autre galerie. Ce ne sera plus de tendres regards qu'il s'agira de mériter, mais les applaudissements de ses collègues ou la fidélité de ses abonnés. De quelle juridiction maintenant les

combattants relèveront-ils ? Grave question qui reste en suspens et ne doit pas d'ailleurs être résolue. Aux tribunaux d'exception dont la suppression de la noblesse entraînait fatalement la disparition, devaient se substituer des dispositions nouvelles; mais ces dispositions malheureusement seront toujours ajournées. Et ce n'était pas faute d'affirmer leur nécessité. La noblesse, en 1789, lors de la convocation des États généraux, s'était bien abstenue d'émettre un avis au sujet de la législation du duel; mais un grand nombre de bailliages du clergé et du tiers état en avaient demandé dans leurs cahiers le maintien ou la modification. Pour s'abstenir d'y donner suite, on crut devoir objecter que les sévérités avaient toujours été inutiles, et que c'était des progrès de la moralité qu'il fallait désormais tout attendre. C'est bien sur eux, en effet, qu'il fallait compter, mais encore y avait-il en attendant quelques mesures à prendre, car pour descendre peu à peu l'échelle sociale, le duel ne devait rien perdre du tout à un état de choses où l'ordre manquant complètement, bon nombre de braves ne trouvaient rien de mieux à faire pour soutenir leur opinion que de se battre. C'est même de cette époque que date l'apparition de ces effrontés qui, qualifiés alors de bretteurs, se faisaient un jeu d'insulter les autres pour se donner le plaisir de disposer de leur vie. On lit dans le *Moniteur* du 28 février 1870 ce curieux petit récit :

Les combats au pistolet se multiplient, et quand ils sont annoncés ils deviennent spectacles. Quelques voitures élégantes étaient ces jours derniers dans le bois de Boulogne, théâtre ordinaire de ces sortes de drames. MM. de P... et de B... se sont battus au pistolet. Les balles ont seulement effleuré les champions et on les a séparés. Mlle Arnould, célèbre par ses mots connus, disait en revenant de cette partie de plaisir : « D'honneur, ils m'ont fait un mal horrible ; je n'y reviendrais pas, quand même je serais sûre qu'ils se tueraient tous les deux. »

Et cependant, à la suite des duels que déterminèrent les événements entre certains membres de l'Assemblée nationale, tels que Mirabeau, Barnave, Cazalès, Charles de Lameth, le duc de Castries, l'opinion s'émut encore et réclama une nouvelle législation. Des projets de loi présentés alors celui qui mérite d'être mentionné fut celui de Lanjuinais, *si pieux, si honnête, si impatient dans son amour du bien public*, a dit de lui M. le procureur général Dupin. Bien que sa motion aussi sage que modérée ne tendît qu'à priver le duelliste de l'honneur de servir dans la garde des citoyens ou de concourir à la défense de la patrie, on n'y attacha pas plus d'importance qu'on ne devait en accorder peu après aux articles proposés par le Comité de législation de l'Assemblée constituante, articles dont la pénalité du reste était ridiculement exagérée. Bref, le code pénal de 1791 ne s'occupe absolument pas du duel. Il y a plus : les décrets de 1792 et de messidor an II laisseraient même entendre qu'il ne constitue plus par lui-même un crime susceptible d'être puni. Consulté à ce sujet par l'éditeur du recueil des lois militaires, le citoyen Lambrecht, ministre de la justice, lui répond :

Il est évident que le duel n'est pas qualifié crime par les lois actuellement existantes, et qu'il ne peut par conséquent donner lieu à une poursuite criminelle, conformément à l'article général qui est à la fin du code pénal ordinaire. Il faut espérer cependant que la commission du conseil des Cinq-Cents chargée de préparer un travail sur la revision des lois criminelles s'occupera bientôt des peines à infliger à ce délit, reste immoral de l'anarchie féodale.

4. — Pour paraître surprenante au premier abord, l'insouciance de la législation d'alors peut s'expliquer toutefois de deux manières. Il faut bien se dire en premier lieu que les combats singuliers devaient passer pour bagatelles au temps où l'assassinat était élevé à la hauteur d'une institution, où les prisons ne servaient que de passages à l'échafaud, où, pour se défaire d'un ennemi, on n'avait même plus à le provoquer, mais seulement

à le dénoncer. Il est bon de rappeler d'autre part qu'une législation contre les duels semblait, et non sans quelque raison, s'appliquer exclusivement à des nobles faisant seuls, suivant l'expression de Pasquier, *profession expresse de l'honneur ;* or l'opinion était alors absolument défavorable à ce qui de près ou de loin était censé servir la cause d'une caste ne devant plus exister.

Qu'en raison de ces considérations et de l'espoir qu'on fondait, nous l'avons dit, sur une prochaine transformation des mœurs, le pouvoir législatif ne se soit pas prononcé sur la question du duel pendant le cours de la Révolution, que le code des délits et des peines de brumaire an IV et la loi de frimaire an VIII n'aient pris à son égard aucune disposition, passe encore ; mais le fait réellement extraordinaire, c'est que le code pénal de 1810, élaboré après la tourmente, ait lui-même gardé le silence sur un acte qui, pour n'avoir jamais été pour ainsi dire atteint, ne s'en était pas moins vu depuis des siècles en butte à toutes les législations ecclésiastiques ou civiles, ordinaires ou extraordinaires. Le motif de ce silence va nous être donné par Treilhard, l'un des rédacteurs du code. Comme on lui demandait pourquoi l'on n'avait pas fait mention du duel, il répondit : « *Nous n'avons pas voulu lui faire l'honneur de le nommer* », réponse bien bizarre, il faut en convenir, vu qu'il n'y a jamais avantage à ne pas jeter les yeux sur un acte répréhensible, à ne pas l'appeler par son nom, ou bien encore à laisser la fantaisie se substituer à la raison dans la législation qu'il s'agit de lui appliquer. Et le duel en 1810, bien que perdant toujours du terrain, ne pouvait assurément se donner comme définitivement abandonné. Il avait bien désarmé devant d'autres violences pendant la période révolutionnaire et les grands massacres du premier Empire, alors qu'il ne restait guère dans le pays que des femmes pleurant leurs fils et leurs maris, des enfants pleurant leurs pères, des prêtres chantant des *De Profundis* ; mais une fois le calme revenu, le monstre, estimant sans doute que le sang n'avait pas suffisamment coulé, sut trouver un regain de vie pour rattraper le temps perdu. On se battit ferme pendant la Restauration, surtout après les Cent Jours. Les causes de discorde n'étaient pas difficiles à faire naître entre des émigrés revenus de voyage avec leurs parchemins et des officiers pensant tout haut que la valeur personnelle dépensée sur vingt champs de bataille laisse bien loin derrière elle toute espèce de titres honorifiques.

De 1816 à 1820, on put se croire revenu au temps de Louis XIII. Le sang appelle le sang. Ce ne fut donc alors de par la contagion de l'exemple que querelles et provocations, entraînant des affaires où la bêtise le disputait à la férocité. Les combats se livraient dans les rues, dans les passages, jusque dans des voitures, le jour, la nuit, à la clarté des réverbères. Ce fut une véritable frénésie qu'assoupit un peu le règne de Louis-Philippe, mais que raviva la révolution de 1848, moins dans la noblesse, semblant enfin décidée à passer ici comme ailleurs sa défroque aux autres, que parmi les remueurs d'idées, je veux parler des poètes, des journalistes, des littérateurs, des avocats, des philosophes, de ceux qu'on dénomme législateurs.

« Rien qu'entre représentants du peuple souverain, groupés sous la bannière de la fraternité, il y eut 27 duels en cinq mois dont les héros furent entre autres Gent, Léo Laborde, Bourbousson, Goudchaux, Baraguay d'Hilliers, Grimard, Ledru-Rollin, d'Aujoy, le débonnaire Raspail, le catholique Veuillot, Pyat, Proudhon... et jusqu'à M. Thiers qui, à en croire une mauvaise langue, dut de ne pas être atteint par son adversaire à ce que celui-ci avait visé à hauteur d'homme, mot piquant mais non mortel dont M. Thiers eut le bon esprit de sourire, s'évitant ainsi un nouveau duel » (1).

(1) Sénémaud, *Etudes sur le duel.*

IX

1. L'histoire des lois relatives au duel fournit une preuve concluante de l'impuissance des gouvernements en fait de progrès. Exagérée avant la Révolution, la pénalité n'a même pas été définie depuis. Divergences qui devaient en résulter dans les jugements des divers tribunaux. Pour s'en remettre au droit commun, l'arrêt de 1837 ne fait pas abandonner aux cours d'appel la jurisprudence admise jusque-là par la Cour de cassation. Incohérences qui en résultent encore à l'heure actuelle. — 2. Le mutisme du code, nonobstant toutes les discussions qu'il a motivées, n'implique pas l'intention de laisser le duel impuni. Mais le tiendrait-on pour licite ou excusable, il n'en serait pas moins criminel devant une raison et une conscience dont les lois doivent être un jour les seules respectables.

1. — Le préjugé s'usera vraisemblablement de lui-même dans une caste comme dans l'autre, tout abus devant forcément finir, sauf, hélas ! à être supplanté par un autre. Ce qu'on peut toujours donner comme certain, c'est que sa disparition ne sera jamais le fait des gouvernements qui, en fait de preuves d'impuissance, nous en fournissent déjà, sans que nous ayons à les chercher plus loin, de très concluantes sur le chapitre du duel. Leurs lois dans le temps faisaient grand tapage pour

n'aboutir à rien ; elles dépassaient le but. Aujourd'hui, elles ne l'atteignent plus ; elles laissent dans l'ombre depuis cent ans un point qui, faute d'être éclairci, devait fatalement égarer l'opinion, donner lieu à toute sorte d'interprétations et de débats, porter enfin dans la justice une confusion et un désordre qui seraient intolérables si le duel, à l'heure actuelle, n'était pas en train de mourir de sa belle mort.

Le duel aujourd'hui est-il oui ou non un fait tombant sous l'application d'une peine, a-t-on oui ou non omis de le nommer pour le faire rentrer dans les dispositions générales relatives aux voies de fait ordinaires ? Personne ne le sait, encore une fois ! Après avoir donné lieu à des discussions sans fin, la difficulté n'est nullement tranchée ; aussi devait-il en résulter entre les tribunaux depuis la promulgation du code des divergences déplorables et non moins ridicules. Là où les cours royales voulaient voir un crime de droit commun et le punir, la Cour de cassation acquittait les coupables en se fondant sur ce que leur acte, bien que contraire à l'ordre public, ne tombait sous le coup d'aucune disposition pénale et ne constituait par là même ni crime ni délit. Peu à peu les cours d'appel et les tribunaux de première instance se rangeaient fatalement à cet avis, lorsqu'en 1837 l'opinion publique finit nonobstant par s'émouvoir de ce singulier état de choses qui faisait du duel un crime devant la religion, la morale et l'humanité et n'en faisait pas un devant la loi. Et à qui fut dû ce revirement d'idées ? Au réquisitoire d'un éminent magistrat, d'un légiste consommé dont on a pu dire qu' « *il eut des bouffées de bon sens plus grosses qu'il n'en arriva jamais à aucun homme de France* ».

La cour royale d'Orléans avait eu à juger un cas de duel suivi de mort, et il en était encore résulté une ordonnance de non-lieu, arguant comme d'habitude de ce que le fait, ne rentrant dans l'application d'aucune loi pénale en vigueur, ne constituait ni crime ni délit. Renvoyée après appel devant la cour de Bourges, l'affaire avait encore été déclarée ne devoir entraîner aucune poursuite, vu qu'elle n'était *entachée ni de déloyauté ni de perfidie*. La question est alors portée aux chambres réunies. Le procureur général Dupin y parle avec une ardeur et une lucidité qui le font triompher de ses contradicteurs. Il établit tout d'abord que la législation jadis privilégiée du champ clos avait été forcément comprise en 1789 dans l'abolition des privilèges de la noblesse ; qu'à partir de cette époque les Français devant tous être régis par la même loi, les duels entre nobles devenaient en conséquence punissables comme ils l'avaient été entre roturiers. Il soutient que le Code ne reconnaît que les distinctions qu'il a faites lui-même et défend qu'on en admette d'autres ; qu'il relègue, en n'en parlant pas, le privilège d'autrefois dans le droit commun, anéantissant ainsi non pas sa criminalité qui subsiste toujours, mais la pénalité exceptionnelle dont il avait été jusque-là l'objet.

La loi, dit-il, ne s'attache qu'au fait matériel d'homicide volontaire; l'arrêt, au contraire, allègue le préjugé ; il a égard pour excuser le duelliste à une prétendue moralité d'intention qui ne permet pas de le confondre avec le meurtrier. Le préjugé, grand Dieu ! et qu'est-ce donc pour qu'un arrêt consente à y voir une excuse ? A quelles fins sont donc institués les magistrats ? Est-ce pour céder au préjugé ou pour y résister? Prêtons-nous serment au préjugé ou à la loi ? Il est évident qu'il n'y a là que la pire des allégations... etc., etc.

Et la Cour de cassation rend un nouvel arrêt décidant :

Que c'est une manière inviolable de notre droit public que nul ne peut se faire justice à soi-même ; que la justice est la dette de la société tout entière, et que toute justice émane du roi au nom duquel cette dette est payée ; que c'est une maxime non moins sacrée de notre droit public que toute convention contraire aux bonnes mœurs et à l'ordre public est nulle de plein droit ; que ce qui est nul ne saurait produire d'effet et à plus forte raison paralyser le cours de la justice, suspendre l'action de la vindicte publique, et suppléer au silence de la loi en excusant une action qualifiée crime par elle et condamnée par la morale et le droit naturel...

Mais la jurisprudence suivie par la Cour de cassation de 1810 à 1837 avait fait école. Nonobstant ce fameux arrêt de 1837, les cours d'appel conservèrent le pli de reculer devant une condamnation. C'est ainsi que de 1838 à 1843, sur quarante duels qui ont donné lieu à des poursuites, à part un seul, tous ont été suivis d'acquittement. Et depuis, de par la sacro-sainte routine, le même état de choses se perpétue. Il est sous la 3e République ce qu'il était sous le second Empire. Bref, on en est toujours au même point, c'est-à-dire qu'on ignore toujours si le duel honore ou avilit un homme ; s'il faut le qualifier d'homicide et le punir comme tel, ou en faire un délit spécial ayant droit à l'impunité, sinon aux égards. Thémis, ne pouvant avoir en fait de conscience que celle que lui donnent des textes de lois, ne sait plus naturellement à quoi s'en tenir quand ceux-ci lui manquent ; aussi y perd-elle son latin avec l'usage de ses balances : c'est à ce point qu'elle punit généralement le duelliste qui blesse son adversaire, mais l'acquitte invariablement quand il donne la mort.

2. — Ce ne serait qu'en abordant la question de

la répression qu'on pourrait tenter d'expliquer tant bien que mal cette confondante jurisprudence qu'aucun peuple ne nous envie. En attendant, bornons-nous à dire que pour toute personnne de bonne foi, il n'y a pas ici d'hésitation possible. Le mutisme de la loi de 1810, en ne donnant pas au duel une classification et une pénalité distinctes, n'implique nullement l'intention de le laisser impuni. Il ne fait que confirmer les dispositions de l'Assemblée constituante, laquelle, au nom du grand principe d'égalité récemment proclamé, avait voulu supprimer toute juridiction extraordinaire, réagir autrement dit contre une législation plus occupée de la qualité des coupables que du caractère du crime.

A cet égard le doute n'est pas possible. Tout prouve que l'assimilation du duel au meurtre fut chose parfaitement reconnue dans l'esprit des auteurs du code. Lanjuinais, qui dès le commencement de l'année 1791 avait présenté un projet de loi, sans attendre la revision du code pénal qui porte la date du 16 octobre, Lanjuinais, « *dont la ténacité pour le bien était inébranlable* », aurait-il renoncé à son dessein, laissé tomber sa proposition, si l'abus qu'il voulait détruire avait échappé à la répression? A qui fera-t-on croire aussi que Napoléon, qui témoigne à plusieurs reprises de son mépris pour les duellistes dans lesquels il voyait des insoumis, que Napoléon et les hommes éminents dont il composa la commission de législation civile et criminelle du Corps législatif aient eu la pensée de tenir désormais pour licite un crime contre lequel tous les grands capitaines avaient cru devoir sévir?

Comment ne pas se rappeler, d'autre part, les termes dans lesquels s'exprimait Monseignat, l'organe officiel de la commission de législation instituée en 1807, et destinée à remplacer le Tribunat dans la discussion préalable des lois :

Vous demandez pourquoi les auteurs du projet n'ont pas désigné particulièrement un attentat aux personnes trop malheureusement connu sous le nom de duel. C'est qu'il est compris dans les dispositions générales du projet de loi qui vous sont soumises. Nos rois, encréant des juges d'exception pour ce crime, l'avaient presque anobli ; ils avaient consacré les atteintes au point d'honneur en voulant les graduer et les prévenir. En outrant les sévérités des peines, ils avaient manqué le but qu'ils voulaient atteindre. Le projet n'a pas dû particulariser une espèce qui est comprise dans le genre dont il donne le caractère...

Remarquons du reste qu'il n'est pas toujours nécessaire de désigner nommément une chose pour la faire apercevoir ou la rendre compréhensible. Le sous-entendu parle parfois très bien.

C'est ainsi que le célèbre jurisconsulte Barbeyrac, qu'expatria la révocation de l'édit de Nantes, écrit dans ses notes si estimées sur Puffendorf (1) :

Il n'est pas nécessaire, à mon avis, que les lois défendent expressément les duels pour qu'on puisse les regarder comme des combats illicites où celui qui tue son homme est toujours un véritable homicide : cela suit de la constitution même des sociétés civiles.

Or l'article 7 du code pénal de 1791 est à ce point de vue des plus explicites :

Art. 7. — Hors les cas déterminés par les précédents articles, tout homicide commis volontairement envers quelques personnes, avec quelques armes, instruments et par quelques moyens que ce soit, sera qualifié et puni ainsi qu'il suit, selon le caractère et les circonstances.

N'étant pas mentionné dans les exceptions prévues, le duel est par là même forcément assimilé au meurtre ordinaire.

Non, notre code, en dépit de son silence, n'accorde certainement pas au duel un brevet d'impunité ; mais en serait-il ainsi, se risquerait-on à soutenir que l'homicide commis en champ clos est permis par cela seul qu'il n'est catégoriquement défendu par aucun texte, il n'y aurait absolument

(1) *Le droit de la nature et des gens*, Amsterdam, 1712.

pas à en tenir compte. Nous sommes d'âge à juger d'une chose par nous-mêmes, sans attendre pour la déclarer répréhensible qu'elle soit qualifiée telle par un législateur quelconque. Le crime ne nous répugne plus parce que la loi le proscrit ; nous voulons maintenant que la loi le proscrive parce qu'il nous répugne. Il n'y a donc pas, en somme, à se préoccuper des dispositions d'un code qui, bien que fabriqué d'hier,est déjà trop vieillot, bien trop caduc pour ne pas réclamer à bref délai une nouvelle édition revue, corrigée,considérablement diminuée, soigneusement collationnée tout d'abord d'après les notions du sens commun. Eh oui, pour conclure à l'illégitimité d'un abus, serait-il sanctionné ou toléré par les lois, nous n'avons désormais qu'à le rapporter aux deux autorités immuables et authentiques auxquelles doit être un jour bien heureusement rendue la place qu'usurpent depuis des siècles et sans aucun profit pour l'humanité des maitres ne tenant de titres au pouvoir que de la force ou de la ruse. Appelons-en donc à la raison et à la conscience dans les pages qui vont suivre. Laissons-les se prononcer sur le duel : leur jugement ne se fera pas attendre ; elles nous le donneront de suite comme une inconscience de la morale, un déni de la justice qui n'est autre que la « morale socialisée », une pitoyable faiblesse revêtue de la peau du lion, en attendant qu'elles nous le montrent un peu plus tard comme un affront éhonté à ce que tout être pensant doit regarder comme l'honneur véritable.

CHAPITRE II

IMMORALITÉ, EXTRAVAGANCE ET BARBARIE DU DUEL.

I

1. Contraire à la loi morale qu'ont connue tous les peuples et que le Christ est venu rappeler au monde, le duel s'inscrit encore en faux contre les conventions que les hommes appelés à vivre en sociétés ont dû baser sur les lois naturelles adoptées par eux comme mesure du juste et de l'injuste. Parallèle entre le duelliste et l'anarchiste. — **2.** Comme forme de justice, il est absolument inapplicable de nos jours, car il sert moins à punir des coupables qu'à faire d'innocentes victimes, et ne constitue, en fin de compte, qu'un genre d'assassinat pratique échappant à toute pénalité et valant, qui plus est, la considération à son auteur.

1.— L'homme n'eût pas eu, et sur toute espèce de points, hélas ! la malencontreuse idée de substituer son œuvre à celle d'une intelligence supérieure, il s'en fût rapporté pleinement aux enseignements si clairs du guide qui lui avait été primitivement donné, au lieu d'y laisser substituer des recueils de proscriptions plus ou moins heureuses, mais péchant toujours par des inconséquences, des lacunes et d'incessantes variations, le code en un mot n'existerait pas, que nous n'en serions pas moins tenus aujourd'hui, comme nous l'avons été à toute époque, de compter avec une loi essentiellement religieuse et obligatoire. Je parle de celle que les anciens, avec un sens profond du vrai, appelaient par la bouche de Cicéron *rectum naturæ* ou droit naturel, autrement dit « ***loi que Dieu fait et impose***, à laquelle il faut forcément obéir sous peine de se méconnaître soi-même, de renier la nature humaine et de s'exposer aussi à de terribles châtiments, dût-on d'ailleurs échapper à ce qu'on est convenu d'appeler supplices » (1).

Il faut que cette loi, inculquée en nous-mêmes avant notre naissance et que nous y sentons jusqu'à notre dernier moment, ne doive rien à notre histoire pas plus qu'à notre science ou à notre expérience ; il faut qu'elle vienne réellement de Dieu, puisque la conscience universelle de l'humanité l'adopte et la subit telle qu'elle est, sans songer jamais à discuter avec elle, et que toutes les législations d'autre part se plaisent à la proclamer. Il faut aussi que ce soit au respect qu'il a pour elle que l'homme doive sa dignité, puisque c'est

(1) *Lex cujus Deus inventor et lator : cui qui non parebit ipse se fugit, naturam hominis aspernabitur atque hoc ipso licet pœnas maximas, etiam si cætera quæ supplicia putantur effugerit.*

de ce respect conscient et voulu que se déduit sa supériorité sur les animaux. La chose, en effet, a beau surprendre quelque peu au premier abord, la liberté sans laquelle la moralité ne se conçoit pas ,implique forcément une dépendance, ou, si l'on veut, l'obligation stricte de conformer ses actes à une loi antérieure à toutes les conceptions humaines. Autrement nous serions finalement moins bien traités que les êtres inconscients qui, ne pouvant pas ne pas suivre la voie ouverte devant eux, n'abuseront jamais de prérogatives dont ils n'ont pas été gratifiés. Cette liberté, qui n'a pu nous être donnée qu'en vue d'un bon usage, ne pourrait plus être regardée que comme un don funeste, un instrument de destruction dans la main d'un enfant, un obstacle à notre bonheur. Elle ne tendrait qu'à nous faire mener « *une vie plus sauvage que celle des bêtes sauvages*, comme dit saint Jean Chrysostome. *On ne s'entre-mordrait pas seulement, on se dévorerait tout vifs les uns les autres.* »

De même que l'harmonie de la nature exige impérieusement que la matière soit régie par des lois fixes et invariables, de même est-il indispensable que l'exercice de nos facultés se subordonne également à des règles immuables ; qu'à côté des choses à faire ou si l'on veut des devoirs d'où naîtront nos droits il y ait des choses à éviter. Or ces règles immuables, auxquelles est intéressé notre bonheur, tendent bien certainement à nous faire réunir l'amour de nous-mêmes à celui d'autrui, à nous les faire compléter l'un par l'autre. De toutes leurs prescriptions, la première consiste évidemment dans l'inviolabilité de la vie humaine, de ce bien que Dieu est seul à prêter, et par là même seul en droit de reprendre. C'est de tout temps d'ailleurs que cette inviolabilité a été affirmée : NON OCCIDES,« tu ne tueras pas »,est-il écrit dans la Bible. Ai-je besoin de rappeler que tous les philosophes de l'antiquité ont regardé l'homicide comme incompatible avec un ordre social quelconque ?

« *L'action de tuer est de sa nature tellement mauvaise*, dit Aristote, *qu'aucune circonstance de temps ou de lieu, aucune règle, aucune modération ne peut la changer et la faire devenir bonne.* »

Les Grecs et les Romains avaient, comme on le sait, une telle horreur des assassins qu'ils les excluaient impitoyablement des cérémonies religieuses ; que non contents de rompre tous rapports avec eux, ils ne se croyaient même pas permis de les recevoir chez soi. Et leur crime, remarquons-le bien, ne se légitimait nullement pour avoir été motivé par l'une ou l'autre de ces injures dont nous allons avoir précisément à parler.

Platon veut qu'on ne tire vengeance d'aucune.

« *Un honnête homme*, dit Cicéron, *ne trempe jamais ses mains dans le sang d'un concitoyen. C'est un sentiment bien plus doux pour lui d'avoir respecté une vie dont il pouvait disposer que de l'avoir sacrifiée quand il pouvait l'épargner. C'est ainsi qu'en use un honnête homme envers ses plus cruels ennemis, et il le fait autant pour mériter la considération publique que par humanité* ».

La morale, cette notion du bien et du mal que nous devons à notre conscience, ne peut être évidemment aujourd'hui que ce qu'elle a été de tout temps et sera toujours, de même que le bien dont elle nous donne les règles n'est et ne sera jamais aussi — appelons-le vertu, justice, honnêteté, peu importe, que la convenance des choses avec nos facultés quand nous les dirigeons conformément aux vues de notre auteur. Si ce n'est plus *non occides* qui s'écrit aujourd'hui sur les tables de la loi, nous y écrivons : « Homicide point ne seras de fait ni de consentement, » ce qui en termes différents signifie exactement la même chose. Malheureusement, pour avoir été constamment admis en principe, le grand précepte a été constamment aussi perdu de vue dans l'habitude de la vie, et ce n'est pas aux époques d'armements à outrance qu'on peut le donner, n'est-ce pas ? comme se rappelant au souvenir des hommes. Ai-je raison maintenant de dire qu'il n'est jamais sorti du domaine de la théorie ? Non ! ce ne serait pas juste, car il y eut dans l'histoire une époque où l'on put se promettre de voir l'humanité entrer dans une ère nouvelle. Ce fut après la mort du Christ, venu, nous dit-il, non *pour abolir la loi* établie dès le commencement, mais pour l'accomplir, pour lui rendre, autrement dit, sa pureté primitive et la faire religieusement observer. Aussi put-on se croire pendant un certain temps, nous disent les écrivains contemporains, revenu à l'âge d'or, ou, si l'on veut, à cette période primitive pendant laquelle, d'après une tradition que tous les peuples se sont transmise, une humanité non dévoyée, non corrompue par conséquent, sut se rendre compte des conditions auxquelles son bonheur était possible. Où le cherchait-elle alors tout simplement, pour l'y trouver très sûrement ? Dans l'observation des deux préceptes qui nous suffisent, puisqu'ils résument tous les autres, dans l'amour de Dieu et celui du prochain, ce qui veut dire dans le respect des lois naturelles, œuvres du Créateur, et le culte d'une justice qui sera bientôt, il le faut, regardée comme le dernier terme de l'intelligence humaine.

Pourquoi ne put-on pas se défendre, hélas ! de revenir à de vieux errements ? La chose se constate plus facilement qu'elle ne s'explique.

Ce qu'il y a de sûr, c'est qu'il fallut chercher de nouveau sa voie en dehors du sentier tracé, compliquer ce qui était simple, pour en arriver au point où l'on est aujourd'hui, et qui ne fera jamais dire que tout est pour le mieux dans le meilleur des mondes. Il fallut concilier le faux avec le vrai, faire entrer l'injuste dans l'élément qu'implique la forme régulière d'association que réclament nos penchants et nos aptitudes, s'adonner enfin à un art dont les progrès provoquent invariablement ceux de la décadence. Lues dans nos codes, nos lois sont formelles ; leur texte ne comporte aucune restriction ; mais dans l'application, nous ne craignons pas plus que les anciens de les plier aux circonstances. Comme eux nous aimons toujours à nous persuader que le fait d'avoir été maltraité nous dispense vis-à-vis du coupable des devoirs qu'il n'a pas observés vis-à-vis de nous, et nous autorise en conséquence à commettre une faute à notre tour. En se multipliant à l'infini, les lois perdent toute espèce d'autorité ; elles entraînent même, hélas ! dans le discrédit celles qui, en nombre très restreint, il est vrai, s'harmonisent avec l'expression de la volonté divine, et sont par là même aussi respectables que nécessaires dans les sociétés où, ne pouvant plus se faire écouter, la conscience finit par renoncer à se faire entendre.

Les hommes ne peuvent vivre les uns à côté des autres qu'à la condition d'échanger quelques-uns de leurs droits *naturels* contre d'autres plus restreints peut-être, mais leur assurant d'autre part une jouissance plus certaine. Ils trouvent plus avantageux, se voient même contraints en quelque sorte de s'en remettre expressément ou tacitement à des droits *civils* du soin d'assurer leur liberté ou de poursuivre la réparation des torts commis envers eux. Ayant cette intuition que *l'intérêt commun, en groupant les intérêts particuliers, tend à les sauvegarder* (1), ils se plaisent à concentrer dans l'établissement d'un tribunal les forces de l'association pour les faire servir au bien général ou, si l'on veut, au maintien de conventions basées sur le droit naturel, et reconnues ainsi par tout le monde comme mesure exacte du juste et de l'injuste. La force du droit remplace alors le droit de la force dont se contentent les barbares ; on ne demande plus à l'adresse ou à la ruse d'être les arbitres d'une querelle. Se faire justice à soi-même peut assurément, dans une certaine mesure, passer pour chose très légitime, surtout quand on se sent

(1) Platon, *Leg.* IV.

maître de soi, mais ce qu'on ne saurait nier, par contre, c'est qu'il y a là une porte ouverte à bien des abus, qui vous mène très bien à l'injustice et même au renversement de tout ordre. Le fait est que, sous le coup de l'émotion que vous cause une offense, on est bien exposé à perdre la rectitude de son jugement, à se laisser par suite entraîner au delà des limites que des sens rassis vous feraient certainement respecter. C'est pour avoir compris combien il importe à des juges de rester en possession d'eux-mêmes que tous les peuples civilisés n'ont jamais voulu les voir intéressés personnellement aux affaires qui leur sont soumises. Et le sentiment sous ce rapport n'a jamais changé. Ne s'agirait-il encore aujourd'hui que de petits intérêts, on croit devoir, du moins en principe, ne négliger aucune précaution pour que les hommes appelés à prononcer aient tout le calme, toute l'impartialité qu'implique un examen consciencieux et réfléchi. Le plaignant a-t-il eu précédemment quelques difficultés avec eux, on l'autorise de suite à les récuser.

Je ne m'étendrai pas davantage sur les considérations qui précèdent. Telles que je les présente, elles me semblent suffire à faire apprécier comme il convient l'attitude de ceux qui ne croient pas devoir en tenir compte dans les satisfactions qu'ils réclament; qui, non contents de contrevenir à la loi naturelle ou divine, d'étouffer autrement dit la voix de leur conscience, ou plutôt de passer outre, ne voient encore qu'une quantité négligeable dans les institutions sur lesquelles, à défaut de mieux, les sociétés croient devoir s'appuyer.

A la veille du duel, pendant les quelques instants que le souci du qu'en dira-t-on vous laisse l'esprit en repos, qu'est-ce qui donne donc signe de vie par ce trouble, cette inquiétude, ces hésitations auxquels on n'échappe tant bien que mal qu'en se rappelant qu'on a l'approbation du monde ? Et le combat fini, que veulent dire maintenant ces remords qui naissent du fait d'avoir tué ou blessé ? Que veulent dire ces regrets, ce poids qui oppresse et dont la plupart du temps on n'arrive pas à se débarrasser ? Ils n'ont rien de commun, il faut en convenir, avec l'impression de joie et de tranquillité que vous laisse l'accomplissement d'une action juste. Et je ne parle pas encore de celui qui se voit dans l'obligation de fuir, d'abandonner sa famille pour échapper à des poursuites ? « *Les hommes*, disait un jour un duelliste qui avait tué son meilleur ami, *n'ont rien à me reprocher. Plût au ciel qu'il en fût de même de ma conscience ! Ce qu'elle me fait souffrir de tourments depuis la mort du chevalier est inexprimable. Les criminels à la torture ou sur la roue sont moins à plaindre que moi, si toutefois je mérite de l'être.* »

N'est-ce pas la conscience qui condamne ici le duel, qui force la passion honteuse à rougir d'elle-même ?

Quelle attitude prend-il donc, le duelliste, vis-à-vis des institutions sociales? Il juge dans sa propre cause, et qui plus est, sous l'inspiration de la colère. Il décide sur-le-champ et sans examen qu'il a raison et que l'adversaire a tort. Sous prétexte qu'il y a lâcheté à se soumettre aux lois, il se met en état de rébellion contre l'autorité qu'elles représentent, et cherche à y mettre les autres. Il dépouille l'association du droit de juger et du droit de punir, et sacrifie à son amour-propre pour des offenses le plus souvent imaginaires l'expression de la volonté de tous qui est celle de l'ordre public. En exécutant de son autorité privée la loi qu'il a faite, il use d'un pouvoir qu'il est seul à se donner, mais n'en continue pas moins à jouir encore contre tout droit des prérogatives dont il est redevable à des institutions qu'il renie. Sans se demander si le châtiment est proportionné à l'offense, sans admettre de circonstances atténuantes, il condamne un homme à mort, après avoir cumulé les fonctions d'accusateur, de témoin, de juge, et enfin d'exécuteur des hautes œuvres. Ainsi, pour une blessure dont la vanité seule a souffert, une simple plaisanterie, il faut réduire un homme à néant en se donnant le plaisir de lui plonger un fer dans le sein, de regarder son sang couler, de le contempler mort, de prêter ainsi l'oreille aux plaintes et aux sanglots de ceux qui lui devaient le bonheur, parfois aussi l'existence.

Je ne vois pas du tout de quel droit il viendrait jeter la pierre à l'anarchiste, qui, somme toute, n'est qu'un duelliste jetant un défi à la société. Les principes ici sont les mêmes. On veut d'un côté comme de l'autre qu'il soit permis de tuer quand les passions l'exigent, et que le fait de s'exposer soi-même à la mort légitime le droit qu'on s'arroge sur la vie d'un autre. Et encore est-ce dans le meurtrier qui agit et subit la peine qu'il faut voir le vrai coupable? N'est-ce pas plutôt dans le beau parleur qui pousse aux aventures des ignorants et des malheureux, dans le théoricien méprisable qui, vivant à l'abri de tout péril dans le luxe quand ce n'est pas dans la débauche, abuse et aveugle des natures généreuses sur les réformes que réclame l'organisation sociale et surtout sur l'efficacité des moyens auxquels il importe de recourir? En voulant faire sortir le bien d'un acte exécrable, l'anarchiste cède évidemment à une déplorable illusion; toujours est-il qu'il croit se dévouer au bien général, tandis que c'est au profit exclusif d'une misérable vanité personnelle que l'autre fait litière des lois divines et humaines.

2. — Mais quand bien même le duel serait une forme de justice, encore ne faudrait-il pas hésiter à la repousser, puisqu'il lui manquerait la première condition de toute justice régulière, celle dont parle Richelieu, « *qui est d'être rendue déterminément, de punir, autrement dit, le coupable sans péril et hasard pour l'innocent* », puisqu'elle serait contraire à un état social qui, en réclamant le sacrifice des égoïsmes au profit du groupe, entend substituer le règne du droit à celui de la violence privée, ou, si l'on veut, à l'état de guerre permanent entre les citoyens. Encore aurait-on à la repousser, cette forme de justice, parce que tout en condamnant l'assassinat, elle l'adopte sous un autre nom et une autre forme ; parce qu'elle mène par le droit de l'épée au droit du plus fort ou du plus habile ; parce qu'en assurant l'impunité à toute espèce d'injustices, elle compromet la paix des citoyens paisibles et tend, par la dissolution des liens sociaux, à la destruction de toute morale. Avec elle le progrès n'est qu'un mythe. Il est clair qu'entre ceux qui crient : « Œil pour œil, dent pour dent, » et ceux qui disent : « Mort pour une grossièreté ou une gifle, » il n'y a qu'une petite différence,

laquelle est encore à l'avantage des premiers par la raison que leurs violences ont un motif dont les autres se passent très bien.

Tenez-vous pour une raison ou pour l'autre à supprimer quelqu'un ? Cherchez-lui chicane pour un enfantillage, une chose qui n'est point son fait ou ne le regarde pas, et même sans raison aucune, rien n'est plus facile, et vous voilà maître de votre affaire (1).

Au lieu d'être la cause du combat, l'injure peut très bien en devenir le prétexte. Le moyen de réparation se change alors en moyen d'attaque qui ne

(1) M*** est assis au café de Foy, avalant par gorgées le contenu de son verre et parcourant en même temps d'un œil assez distrait les colonnes imprimées d'un journal.

Un inconnu s'approche et d'un ton fort poli :

— « Après vous *le Drapeau blanc*, s'il vous plaît. »

M*** s'incline en répondant :

— « Ce n'est pas *le Drapeau blanc*, c'est *le Constitutionnel.*

— « Vous dites ?

— « Je ne lis pas en ce moment la feuille que vous demandez, Monsieur, je tiens *le Constitutionnel.*

— « Alors j'en ai donc menti ?

— « Comment l'entendez-vous, Monsieur ?

— « C'est clair, je détermine un objet, vous opposez une négation : c'est me donner un démenti. Vous m'en rendrez raison. Ah ! vous prétendez que vous ne tenez pas *le Drapeau blanc* ?

— « Non, Monsieur, c'est *le Constitutionnel*. Vos armes, Monsieur, vos armes, il est urgent d'en finir au plus vite. »

De bons coups d'épée furent la suite de cette folle altercation. (D'Alembert, *Physiologie du duel.*)

livre pas seulement aux mauvais sujets la vie des honnêtes gens, mais souvent encore l'intelligence et le savoir aux caprices de l'ignorant et du nigaud. Allez donc reconnaître un tort ou rétracter une balourdise quand vous n'avez pour les appuyer qu'à provoquer votre contradicteur. Telle imputation devant laquelle on reculerait s'il fallait l'appuyer sur des considérants et des preuves ne coûte plus rien quand il est permis de les remplacer par un coup d'épée. Ne seriez-vous qu'un escrimeur médiocre, vous pouvez terroriser toute une région et envoyer dans l'autre monde les uns après les autres tous les individus qui ne vous reviennent pas. Vous pouvez ainsi ne plus avoir rien à redouter d'un rival gênant, épargner à un pouvoir tyrannique les soucis que lui cause un adversaire généreux et redoutable. N'est-il pas arrivé maintes fois qu'un intrigant ait cherché querelle au titulaire d'un emploi pour prendre la place qui était en même temps la bourse? Ne citerait-on pas nombre de personnages à qui fut faite par d'habiles tireurs la proposition de les débarrasser, moyennant la forte somme, d'un adversaire politique ou d'un compétiteur influent?

Ici, ce n'est plus comme sur le champ de bataille, où l'on peut à la tête de son peloton faire demi-tour devant une force supérieure. Sur le terrain, le point d'honneur qui se dit français donne pour règle, et règle n'ayant besoin d'aucune démonstration, que tout homme provoqué doit se battre, quelle que soit la supériorité de son adversaire. Il veut, l'inexorable tyran, qu'il y ait honte à ne pas lui obéir de suite ; vous êtes donc toujours sûr d'amener votre homme sur le terrain, et l'injure qu'il a reçue, fût-elle imméritée, n'eût-il pas dépendu de lui de l'éviter, son infériorité pût-elle se donner comme notoire en face de votre vigueur et de votre expérience, vous ne l'en exécutez pas moins lestement, sans autre forme de procès. Vous avez du moins toutes les chances pour vous ; on ne se risque guère, en effet, à des jeux de ce genre que quand on a conscience de ses capacités. Beaucoup de fanfarons qui s'y montrent de première force se garderaient bien de se présenter devant un adversaire qu'ils sauraient en mesure de se défendre, de même que les parties de bonneteau ne se proposent jamais aux joueurs connaissant le jeu ou les tricheries qui s'y commettent.

Jusque-là je ne dis trop rien si je n'en pense pas moins; mais ce qui me paraît, je l'avoue, réellement inexplicable, c'est que pareils procédés ne soient pas plus répandus qu'ils ne le sont dans certaines classes : les prisons seraient assurément beaucoup moins peuplées. Les Collignons, les Alphonses, les

Gugusses, ne sont rien moins qu'odieux, n'est-il pas vrai, quand, à la suite d'une discussion, ils vident leurs querelles avec des armes roturières telles que le bâton, qu'ils s'assomment à coups de poings et de cailloux ou se servent de l'arme vulgaire que tout le monde a dans sa poche. Oh alors ! jeux de mains, jeux de vilains ! Il n'y a que les gens sans éducation, les brutes, qui puissent se livrer aux actes qu'inspire la haine et qu'exécute la vengeance. Nigauds que vous êtes ! allongez donc un peu vos couteaux, et l'arme que vous aurez dans la main va s'ennoblir, et au lieu d'un pugilat de blousards méritant la rigueur des lois, vous aurez bel et bien l'affaire d'honneur ! Il n'y a pas ici à jouer l'indignation. Qu'on en convienne ou non, toujours est-il que le jour où les gens dits *du commun* voudront à cet égard, comme ils le veulent d'ailleurs à tant d'autres, être à la hauteur des gens dits *comme il faut* et feront admettre par l'usage qu'on peut se battre avec tout le monde sans distinction de profession ou de métier, les assassinats, cela va sans dire, deviendront du même coup beaucoup plus rares. Il faudrait être, en effet, bien maladroit pour recourir à des moyens difficiles et dangereux, tandis qu'on ne risque rien du tout avec d'autres beaucoup plus pratiques, et n'ayant cette fois que des avantages. L'emploi du procédé vulgaire ne laisse pas évidemment que d'être épineux. Il faut s'enquérir des habitudes de celui auquel il s'agit de régler son compte, faire le guet près de sa maison pour le surprendre quand il est seul, aller l'attendre au coin d'un bois, en être encore la moitié du temps pour ses frais. Comme il peut être armé ou défendu par des passants, on risque sa vie tout aussi bien que dans le duel, ce qui n'empêche pas toutefois les conséquences des deux faits d'armes d'être totalement différentes. L'assassin, qu'il ait ou non réussi, n'a plus qu'à fuir, qu'à se cacher, car on le dénonce à la justice, et s'il se laisse prendre, c'est la prison qui l'attend, c'est l'échafaud. Dans tous les cas, c'est la honte pour lui comme pour ses proches.

Le duelliste, au contraire, opère au grand jour sans se donner aucune peine et sans avoir rien de fâcheux à redouter. Il n'a besoin que d'un mot grossier ou d'un geste de mépris pour se mettre à l'abri de la résistance qui dans l'autre cas lui eût été offerte. Loin d'être défendu par les assistants, l'insulté se voit plutôt alors poussé par eux dans la voie où veut l'entraîner l'agresseur. Ici, le recours à la justice n'est plus possible, la démarche serait dégradante. Quand on est homme, homme à ne pas savoir souffrir une injure, on n'a qu'une chose à faire, je le répète : c'est d'offrir sa poitrine à percor, c'est de se laisser tuer, et le meurtrier cette fois, loin d'être l'objet d'une poursuite, passe encore pour un brave connaissant tous ses devoirs et méritant des témoignages de haute considération.

Le tout, comme on le voit, est de savoir s'y prendre. Comment donc ne fait-on pas en sorte de mettre tout homicide sur le compte du duel qui, certes ! a bon dos ! Je sais bien que le maréchal Clauzel a dit : « Quiconque se bat ayant tort est un assassin, s'il n'a fait ce que doit faire tout homme d'honneur quand il a tort. » Mais le maréchal oublie qu'il n'y a d'assassin pour notre société actuelle que ceux qu'elle ne croit pas devoir absoudre.

Vous vous récriez, cette fois, pour de bon ! Je m'y attendais ! Assassin ! le mot est insoutenable ! Assimiler le duel à l'assassinat, mais vous n'y pensez pas !

Permettez ! le mot ne m'appartient pas ; il est sorti de la bouche d'un militaire et qui, certes, était loin d'être le premier venu : ce n'est donc pas moi qui mérite le reproche. D'ailleurs, si l'expression vous déplaît, je ne demande pas mieux que d'y renoncer ; mais comme il faut absolument en trouver une autre, nous dirons, si vous voulez, que nous avons affaire dans l'espèce non pas à un assassinat, fi donc ! mais à un homicide volontaire se commettant au mépris de la loi divine et des lois humaines de tous les pays civilisés. Vous voilà satisfait ! Tant mieux ! Et vous allez l'être encore davantage quand j'aurai ajouté qu'au point de vue de la répression, il y a certainement une distinction à faire entre les deux cas ; qu'il existe, ainsi que nous le verrons plus tard, de sérieux motifs pour empêcher le code pénal d'assimiler le duelliste au meurtrier vulgaire. Pour ce qui est maintenant d'établir une différence entre eux au point de vue de la loi morale, j'aime mieux ne pas m'en charger et laisser ce soin à des gens de meilleure volonté, comme le sont par exemple ceux qui, pour juger de la gravité d'un crime, se contentent de s'en rapporter à la façon dont on le punit.

II

1. Le duel ne peut pas arguer de légitime défense. Considérations qui, au point de vue moral, permettent de l'assimiler à l'assassinat. Il comporte comme lui la préméditation et le guet-apens. Ce n'est pas d'ailleurs le fait de mettre l'homme attaqué en mesure de se défendre qui empêche une agression d'être criminelle. — **2**. Invoquée souvent à la décharge des duellistes, l'égalité des chances est chose absolument impossible, à tout point de vue, quelles que soient aussi les armes dont on se serve. Existerait-elle en dépit des conditions différentes d'aptitude, d'expérience, ou autres, ce ne serait pas une raison de la laisser tout autoriser en matière de tuerie.

1. — Qu'il y ait des différences entre l'assassinat et le duel suivi de mort, encore une fois c'est entendu; toujours est-il que je vois aussi de grands et nombreux rapports. Ainsi, pour commencer, nous n'avons pas à compter ici, vous en conviendrez, avec la seule circonstance qui puisse transformer le meurtre en acte sinon licite, du moins parfaitement excusable.

Il est clair que repousser, et de quelque manière que ce soit, l'attaque qui menace notre existence est chose des plus permises. En pareil cas, d'ailleurs, ne s'applique-t-on pas précisément à empêcher l'homicide ?

Les anciens ont toujours admis comme fondement de droit que tout ce qu'on fait pour se défendre doit être réputé conforme aux règles de la justice. C'est à ce sujet que Cicéron dit :

Il y a là une loi qui n'est pas écrite, mais qui est gravée en nous : nous ne l'avons ni reçue ni lue, nous l'avons puisée dans la nature même. On ne nous en instruit pas, nous en sommes imbus sans savoir comment. Et cette loi tient pour légitime tout ce que nous faisons pour assurer notre salut quand on attente à notre vie, soit par trahison, soit par la force ouverte, que nous tombions par exemple aux mains de voleurs ou d'ennemis. Détourner par tous les moyens possibles, dit-il encore, ce qui met notre vie en péril, c'est chose que la nécessité enseigne aux barbares, la raison aux sages, la coutume à tous les peuples, et la nature même aux bêtes.

La légitime défense, pour l'appeler par son nom, excuse donc toute mesure extrême. C'est le seul cas, on peut le dire, où un fait de moralité, pour être bien jugé, puisse être rapporté au mobile et aux circonstances. Laisserons-nous maintenant s'en prévaloir l'homme qui prend une provocation au sérieux, et se voit l'épée à la main vis-à-vis de son adversaire ? C'est impossible. Il est en défense, mais non pas en légitime défense ! La défense n'est pas légitime là ou elle n'est pas nécessaire, ou si l'on veut là où elle n'est pas un acte commandé par la nature. Or n'est-il pas incontestable que la nature désavoue manifestement quiconque marche froidement vers une mort calculée d'avance ? Pour que l'homicide soit excusable, et encore ne le sera-t-il, remarquez-le bien, que dans le temps seulement où la vie est en danger, il faut qu'il ait résulté d'une résistance à une irruption soudaine, que la rencontre ait été fortuite et imprévue. Or, dans le duel, c'est de son plein gré que l'on se crée le péril contre lequel on se met en garde, et qu'on ferait cesser de suite si l'on laissait tomber l'arme de ses mains.

La légitime défense ne souffre aucun délai dans l'inévitable nécessité où elle vous met d'employer la force : violente et aveugle devant le danger réel et imminent, elle veut aussitôt se faire justice à soi-même sous l'impulsion du désir de vivre.

Dans le duel, au contraire, vous vous laissez imposer des retards et des règles dont on ne peut s'écarter : c'est vous qui armez celui dont vous voulez vous venger, et qui vous exposez volontairement et de gaieté de cœur à perdre la vie. Bref, le droit de défense n'est bien plutôt ici qu'une volonté agressive, car si le duel est sérieux, il va de soi que chaque combattant doit s'appliquer bien plus à donner la mort qu'à s'en garantir. Parlez-nous donc aussi du duel où l'un des pistolets seulement est chargé, où votre adversaire, ayant eu dans son choix la main malheureuse, vous met à même à un moment donné de tirer sur un homme incapable de vous nuire. Votre vie est-elle menacée dans l'instant où vous faites feu ? Consentez pour cette fois à me laisser employer le mot assassinat, et je vous ferai grâce de l'épithète dont j'aurais bien le droit ici de le qualifier.

Mais tenons-nous-en aux duels ordinaires, ils vont me suffire à signaler les rapprochements qui d'ailleurs sautent aux yeux ! Si l'homme que le monde tient pour criminel satisfait sa passion au mépris des dispositions d'une loi qu'il élude, ne peut-on pas en dire autant du duelliste qui, non seulement l'élude, mais la méprise quand il tue, quand il vole à une femme et à des enfants l'appui sur lequel ils étaient en droit de compter ? Vous me direz que pour échapper à une flétrissure, il doit bon gré mal gré se soumettre aux obligations que lui impose son monde. Et l'autre ? Croyez-vous qu'il sera bien vu dans sa bande s'il manifeste quelques scrupules le jour où il y aura un coup à faire ? Quelle différence faites-vous donc entre le crime qui est commis par vanité, ambition ou vengeance et celui qui l'est par haine, par misère ou convoitise de l'or?

Vous n'êtes pas, du reste, sans le savoir ! Bon nombre d'incendiaires et d'assassins n'ont eu dans la perpétration de leurs forfaits d'autre mobile que l'appât de la célébrité ou le fol orgueil de paraître braver la mort. L'horreur, dites-vous, est le sentiment qu'inspire l'individu qui, poussé par la faim, me force à lui donner ma bourse. Ce sentiment, soyez sûr que je le partage ; mais dussé-je l'avouer maintenant de façon plus humble, je ne puis pas admirer beaucoup non plus l'individu aisé qui me laisse ma bourse et me prend la vie. « Le meurtre comporterait-il nécessairement l'envie de voler ? Cesserait-il d'être meurtre quand il est gratuit ? La justice, en autres termes, n'aurait-elle pas à sévir contre le coupable qui n'a pas besoin d'argent (1) ? »

Vous ne voulez pas qu'on prononce le mot assassinat, c'est entendu ; mais convenez-en cependant : l'une des choses qui valent pareille appellation au meurtre est cette préméditation que le code de l'an X faisait consister dans « *le dessein* ***formé avant l'action*** *d'attenter à la personne de l'individu déterminé, ou même de celui qui sera trouvé ou rencontré,* ***quand même ce dessein serait dépendant de quelque circonstance ou de quelque***

(1) *Le Duel considéré dans tous les rapports*, par Gorguereau, 1791.

condition ». Or il n'est pas douteux que la préméditation ne soit ici plus calculée qu'elle ne l'est dans toute autre espèce de cas.

« *S'il est un crime*, dit Gall, *qui mérite d'être taxé de meurtre des plus prémédités, des plus insensés, des plus dangereux, c'est bien certainement le duel*, » notamment le duel de nos jours, qui se consulte, organise le meurtre à froid et n'a pas par conséquent pour lui l'excuse que presque toutes les législations de l'Europe ont reconnue à la lutte s'engageant au moment même de la querelle, dans le paroxysme de la colère.

Qu'est-ce qui répugne encore dans l'assassinat ? C'est le lâche guet-apens. Je le vois très bien dans le duel et à l'œil nu. Le provocateur qui, à tort ou à droit, se dit offensé sait parfaitement que, par une opinion faisant loi, il est maître de son homme en lui donnant un léger soufflet, ou en lui adressant une épithète malsonnante, la tiendrait-il à part lui pour imméritée ? Le traiter de lâshe, c'est donc l'obliger à passer par le préjugé, comme le malfaiteur oblige sa victime à passer par le carrefour où il l'attend en la faisant faussement croire à l'appel d'un parent malade, ou à l'ordre d'un supérieur. Un fait qui sous ce rapport ne laisse pas que d'être très instructif est celui que rapporte M. Théodore de Grave dans son intéressant ouvrage où les récits, quelque invraisemblables qu'ils paraissent, n'empruntent cependant quoi que ce soit à la fantaisie (1).

Un oisif doublé d'un coquin avait fait le pari de se rendre au théâtre et d'y condamner à mort l'un des spectateurs avec lesquels il devait s'y rencontrer. Il prend place le lendemain à l'orchestre avec un ami quelques instants avant la représentation, et faisant une table du dessus de son chapeau commence de suite une partie d'écarté avec son compère. Le rideau était à peine levé qu'on entend dire à haute voix dans la salle : « J'ai le roi et je joue carreau ! » — Silence ! crie le voisin, dont l'attitude à la vue du manège n'était rien moins que bienveillante. Mais les joueurs ne paraissent pas s'apercevoir du tout qu'on s'occupe d'eux et continuent leur partie sur le même ton. — Silence, silence ! répète-t-on de côté et d'autre. Et l'assistance de murmurer, de manifester son impatience, de demander enfin par des interjections variées l'expulsion du gêneur qui, trouvant le moment venu de s'adresser à son voisin, lui dit d'un ton moitié sérieux, moitié plaisant : « Moi, je vous dis que j'ai le roi. » — « Et moi, riposte l'autre, je vous dis que vous êtes un malappris. » D'aménités de ce genre on passe à d'autres

(1) *Les Duellistes.*

plus significatives encore, on passe au simulacre de soufflets, à l'échange de cartes, bref l infortuné spectateur était tué le lendemain, et pourquoi ? pour ne pas avoir aperçu le piège tendu par l'assassin, pour avoir donné en plein dans le panneau.

Ne venez pas me dire, je vous en prie, que dans l'assassinat la victime est surprise et ne se défend pas, tandis que dans le duel elle est sur ses gardes et fait usage de ses armes. Ne venez pas me dire que dans le moment où elle était en mesure de se défendre, elle était aussi en mesure d'attaquer et de frapper ; que les actes qu'on préméditait contre elle, elle les préméditait contre son adversaire, etc. Vous auriez peut-être raison en théorie, mais dans la pratique vous seriez pleinement dans le faux. En tous cas, vous n'arriveriez jamais qu'à prouver une chose : c'est qu'au lieu d'un coupable, il y en a deux et voilà tout. Autoriserez-vous désormais les bandits à détrousser les passants ou à satisfaire leur vengeance, pourvu qu'au préalable ils aient soin de mettre dans la main de ceux qu'ils comptent attaquer une arme semblable à celle dont ils doivent se servir ? La précaution prise, je ne sais pas en quoi ils seraient plus coupables que les duellistes ? Je les regarderais, moi, comme l'étant moins, s'ils n'ont pas le cynisme de ceux qui, non contents de commettre la faute, ont encore le front de s'en enorgueillir, de ceux qui, en raison de leur éducation, de leurs principes ou de leur position, devraient se targuer d'un plus grand respect pour la vie des autres, au lieu de donner des exemples qui, s'ils étaient suivis dans les masses, auraient les plus désastreuses conséquences.

2. — Ce serait peine complètement perdue que de vouloir invoquer l'égalité des chances pour justifier le duel. Il y a deux raisons pour lesquelles nous ne voudrons jamais en entendre parler : la première, c'est qu'elle est moralement impossible, et la seconde, c'est qu'existerait-elle en réalité, elle n'atténuerait nullement les torts des combattants, mais établirait tout simplement qu'ils sont égaux des deux côtés. Vous voulez que l'égalité des chances suffise à légitimer la prise d'armes ! Oubliez-vous donc que c'est tout autoriser en matière de tuerie, et de fait il n'y a plus aucune raison d'interdire les duels auxquels on a de nos jours complètement renoncé, comme le duel au poignard, par exemple. Pourquoi ne remplacerait-il pas l'ancienne arme des chevaliers, ainsi que l'a déjà fait cette arme à feu dont le baron de Bazancourt disait : « *C'est une monstruosité qui ne demande ni énergie ni courage.* » Tout est à refondre dans le code des duels ; non seulement on a toute permission de se servir du pistolet, mais encore on peut n'en charger qu'un et

le tirer au sort. L'indignation de Grisier, l'extraordinaire maître d'armes d'il y a soixante ans, ne s'explique réellement plus. Que disait-il :

Le changement dans le costume fut une des causes qui diminuèrent le nombre des duels, mais il contribua par malheur à répandre l'usage du pistolet. Quelle différence déplorable ! Le combat à l'épée, malgré ses dangers et ses suites funestes, a quelque chose de noble et de chevaleresque : le sort n'y entre pour rien ; celui qui reçoit un coup peut le rendre. Le duel au pistolet n'a rien de généreux, rien de français. Là, le courage, la vigueur, ne peuvent suppléer à l'adresse On est obligé de tuer son adversaire qui attend immobile le coup qui va le frapper, ou de supporter soi-même le feu meurtrier de son ennemi. En conscience, est-ce se battre que tirer en quelque sorte au sort lequel des deux adversaires aura l'affreux privilège de brûler la cervelle à l'autre ? (*Les armes et le duel*, p. 137.)

Et c'est à la même époque que son ami Dumas écrivait de son côté :

Thèse générale, l'épée est l'arme du brave et du gentilhomme, l'épée est la relique la plus précieuse que l'histoire conserve des grands hommes qui ont illustré la patrie : on dit l'épée de Charlemagne, l'épée de Bayard, l'épée de Napoléon, qui est-ce qui a jamais parlé de leur pistolet ? C'est le pistolet sur la gorge que l'on fait signer de fausses lettres de change ; c'est le pistolet à la main que l'on arrête une diligence au coin d'un bois ; c'est avec le pistolet que le banqueroutier se brûle la cervelle... Le pistolet ! fi donc... L'épée, à la bonne heure ! c'est la compagne, c'est la confidente, c'est l'amie de l'homme ; elle garde son honneur ou elle le venge...

Mon Dieu, que chacun prêche pour son saint, c'est parfait, mais quand on ne se sent pas plus attiré par l'un que par l'autre, quand on est, comme je le suis, tout disposé à décerner *ex æquo* du parchemin, je veux dire de la peau d'âne à tout instrument de carnage, quel qu'il soit, il me semble qu'on peut se targuer d'une certaine impartialité, et faire en conséquence très justement observer que la noblesse de l'épée ne tient, en définitive, qu'à l'ancien et universel usage qu'on en a fait. Il est clair que si Charlemagne, au lieu de fendre la tête de ceux qui ne lui laissaient pas ses coudées franches, leur avait brûlé la cervelle, le pistolet serait tout aussi noble aujourd'hui : ce n'est donc pas sa faute de n'avoir pu s'échapper que plus tard de la boîte de Pandore. Et désintéressé comme je le suis dans la question, je ferai encore remarquer qu'il exige assurément plus de sang-froid, puisqu'on ne lui doit ni l'entraînement du bruit du fer, ni la griserie des mouvements gymnastiques.

Il y a plus : étant donné que la légitimité du duel dépend de l'égalité des chances, c'est encore grâce à l'arme à feu qu'on arrive à s'en donner l'illusion, puisqu'avec elle on peut rendre le combat aveugle, prendre, autrement dit, le hasard pour arbitre. Et pourquoi donc hésiterait-on à ne charger qu'une arme, ou bien à faire désigner par le sort celui qui tirera le premier? Après tout, il y a là de bons moyens de rétablir l'équilibre entre l'homme qui éteint une bougie à vingt pas avec une balle de pistolet et celui qui vous atteint au genou quand il vous vise à la tête. On ne trouvera rien de mieux d'abord pour réduire à l'impuissance ces grands calculs, ces coups de force et d'adresse dont n'étaient capables que les gens d'*une éducation distinguée*, de corriger enfin cette inégalité des aptitudes beaucoup trop manifeste avec la *loyale* épée, laquelle, sauf le respect que je lui dois, l'est nonobstant bien peu quand elle se croise avec celle d'un novice.

Que le sort ait à désigner celui qui tirera le premier ou qu'on ait convenu de tirer ensemble, toujours est-il que l'homme le plus chétif et le moins expert peut dorénavant abattre le plus redoutable champion. Innovation admirable au premier abord que celle qui, mettant la science du crime honorable à la portée de tout le monde, n'exige pas plus de connaissances spéciales que n'en a le plus vulgaire braconnier. Malheureusement, ce serait tout à fait à faux qu'on se livrerait à l'enthousiasme. Ici, en effet, il faut, quoi qu'il en coûte, désillusionner les naïfs qui croient pouvoir dire : « Jouer sa vie à pile ou face, à rouge ou noir, peut sans doute paraître étrange, mais les enjeux cette fois étant égaux, c'est toujours bien moins répugnant que le combat inégal. Détrompez-vous, c'est tout aussi répugnant, par la bonne raison que, contrairement à ce qu'il vous plaît de nous donner comme existant, ou de regarder tout simplement comme désirable, il n'y a pas un combat qui ne soit inégal. Les risques, autrement dit, ne se compensent jamais.

La valeur aux duels fait moins que la fortune

dit Corneille. Imprudemment mise en avant de nos jours, comme elle l'était déjà au temps des combats judiciaires, l'identité parfaite des conditions n'est qu'un mythe, ce qui, pour le dire en passant, est chose fort regrettable, car peut-être pourrait-on se promettre autrement non pas de rendre le duel plus juste, mais de le supprimer tout à fait. Il y a une chose à remarquer, c'est que les chefs d'État ou les commandants d'armées ont obtenu de très bons résultats en n'admettant pas les duels non suivis de mort, ou en ne les tolérant qu'à la condition expresse que le survivant serait séance tenante obligé de tendre le cou au bourreau ou de se précipiter du haut d'un pont dans une rivière. On sait aussi que les affaires dites d'honneur, où les deux adversaires doivent tirer au sort lequel des deux se suicidera dans un délai de quelques jours, ont toujours été refusées ou ne se sont acceptées du moins que dans une proportion minime.

C'est que, dans un cas comme dans l'autre, les chances sont trop égales, et qu'on ne peut pas se flatter assez d'échapper au sort qu'on réserve à l'adversaire. J'en reviens à dire que, généralement parlant, l'égalité des chances est l'être de raison, la chose moralement impossible. Et plus on ira, plus on pourra le soutenir, en conclure aussi que le duel est appelé à devenir de plus en plus lâche. Et cette manière de voir n'est pas seulement celle de braves bourgeois ne rêvant que de tranquillité. Pour ne pas le dire toujours très haut, ceux qui se sentent encore de taille à faire la loi avec leur épée pensent exactement de la même manière. « *Le duel*, dit le baron d'Ezpeleta, amateur qui fait autorité dans l'art de l'escrime, *avait sa raison d'être quand tout le monde portait l'épée et s'en servait. Il faisait partie intégrante d'une caste spéciale qui a disparu. Aujourd'hui, avec une société démocratisée* (dites plutôt, baron, en voie de l'être !), *le duel est un non-sens. Les chances entre adversaires étaient égales auparavant; aujourd'hui, elles ne le sont plus* (1). »

(1) V. *le Temps*, 14 octobre 1892. V. aussi M. Vidal de Saint-Urbain, *le Duel sous l'ancien régime et de nos jours*.

Tant qu'il n'y eut que des gentilshommes à se battre entre eux, ou avec des militaires, les risques pouvaient paraître à peu près équilibrés ; mais comment en serait il de même aujourd'hui où l'on se bat très bien sans s'être jamais vu d'armes dans la main ? Et quelle figure voulez-vous que fasse le jeune écervelé quand il se trouve en face d'un provocateur le plus souvent inconnu qui peut être plus grand et plus fort que lui, peut avoir plus de coup d'œil ou de présence d'esprit ? A ce pauvre inoffensif que le préjugé pousse en quelque sorte malgré lui sur le terrain, direz-vous qu'on lui laisse le choix des armes ? Belle avance ! Il ne sait pas plus tenir une épée que charger un pistolet, et n'éprouve, qui plus est, aucune honte à l'avouer. Lui direz-vous qu'on le laissera tirer le premier ? « Que m'importe ! vous répondra-t-il. Je ne me suis jamais exercé au tir. Bien trop impressionnable pour ne pas sentir ma main trembler au moment critique, je resterai exposé, comme un point de mire, une fois mon arme déchargée, au feu de mon adversaire ; en acceptant un défi, je ne prétends pas défendre ma vie, je me résigne à la livrer (1).

(1) Un seigneur de la cour de Louis XIII avait été offensé d'un trait piquant que lui avait décoché Voiture (qu'il ne faut pas confondre avec Charette, bien que ce soient deux grands

Plaçons-nous à un tout autre point de vue, et la partie ne sera pas encore égale. Est-ce qu'en maintes circonstances on ne pourra pas très justement répondre à un provocateur : « Désœuvré, perdu de dettes, isolé, méprisé, vous n'avez rien à perdre, tandis que moi, surchargé de besogne, entouré de l'affection des miens, de l'estime de mes concitoyens, j'ai tout à risquer. Est-ce mettre un poids égal dans chaque plateau de la balance ?

Si les enjeux ne sont jamais les mêmes, il n'y a jamais non plus égalité d'aptitude ou d'expérience ; il n'y a jamais équilibre parfait. Supposé que les deux adversaires soient à peu près d'égale force, et que leurs armes aient exactement la même valeur, il arrivera encore des circonstances fortuites qu'on n'aura pas prévues, et qui n'en prendront pas moins à un moment donné une grande importance par l'état d'infériorité auquel elles donneront forcément lieu. Ce sera un instant de distraction, dont profitera l'adversaire, une émotion qu'on ne pourra maîtriser, un sentiment subit de défaillance, un petit caillou sur lequel le pied glissera, un rayon de soleil qui tout à coup vous pénétrera dans

hommes : ce serait prendre la plume pour l'épée). Et Voiture, en se voyant a[illegible]mé de force, de dire à son adversaire : « La partie n'est pas égale : vous êtes grand et je suis petit ; vous êtes brave et je suis poltron. Vous me voulez tuer ? Eh bien, je me tiens pour mort. » La plaisanterie désarma le chevalier.

l'œil. Qui ne sait qu'un coup de vent, un tourbillon de poussière, voire un malencontreux moucheron, ont changé parfois du tout au tout le résultat du combat?

Et puis, dites-moi, quand on est convenu de tirer l'un après l'autre, et que l'adversaire ayant manqué son coup vous fait accepter la faculté de frapper un homme désarmé, les chances sont-elles égales au moment où vous tirez, car ce n'est que de ce moment-là et non d'un autre dont j'ai, bien entendu, à m'occuper. Les chances sont-elles égales? Non, pas plus qu'elles ne le seront quand il vous plaira de convenir que de vos deux épées l'une doit être en carton et que, pour en gratifier l'un des deux risque-tout, on doit s'en remettre aux articles de votre code ou aux décisions du hasard, à ces autorités respectables, parfaitement en droit, d'après vous, d'octroyer à qui bon leur semble la permission d'assassiner.

Faut-il consentir à voir quelque part l'égalité des chances! Parlez-moi des Japonais qu'on nous donne depuis longtemps déjà comme le peuple le plus civilisé de l'Asie et dont les mœurs semblent avoir un certain rapport avec les nôtres. Chez eux, le gentilhomme dont l'imagination croit avoir reçu la plus petite offense doit à l'instant même s'ouvrir le ventre sous les yeux de son adversaire, qui de son côté doit en faire autant, et c'est à celui qui s'expédie le plus vite dans l'autre monde que revient la palme de l'honneur. Finalement, c'est la même besogne que chez nous, à cela près qu'au lieu de la faire faire réciproquement l'un par l'autre, on la fait soi-même (1).

Qu'on puisse parler d'égalité des chances au Japon où l'honneur réserve exactement le même sort aux deux bonnes gens, je le veux bien ; mais chez nous, il faut une mauvaise foi dépassant toute mesure pour feindre d'ignorer que sur cinquante duels, il n'y en a peut-être pas un où l'un des adversaires ne se sente à l'abri du danger qu'il fait courir à l'autre, où la raison du plus fort ne demeure la meilleure, où la rencontre ne soit celle du loup et de l'agneau, où la loyauté du combat n'ait enfin une analogie frappante avec celle des exploits qui mènent au bagne.

Une dernière remarque nous édifiera d'ailleurs sur l'égalité des chances. En admettant même qu'elle existe parfois, il est hors de doute qu'il y a des circonstances où elle doit être forcément des plus contestables. Entend-on jamais dire qu'un duel-

(1) En Norvège, on eut jadis un autre système. On lançait son couteau sur la table, de façon à le faire retomber sur la pointe, et c'était manquer ensuite à l'honneur que de l'enfoncer plus avant dans le corps de l'adversaire.

liste se soit scrupuleusement enquis avant de se battre des aptitudes de celui avec qui il a eu maille à partir ? qu'il ait tenu absolument à s'assurer que le partenaire, bien que ne se faisant aucune illusion sur son infériorité, n'acceptait pas le défi uniquement par couardise vis-à-vis du préjugé ? Qu'on me cite un seul cas où l'honnêteté ait cru devoir prendre des informations de ce genre, et renoncer au combat à la suite de l'enquête : nous causerons alors, et longuement, de l'égalité des chances !

III

1. Le duel, pour se donner comme licite, ne saurait en appeler à des conventions préalables évidemment nulles quand elles sont contraires à la loi morale ou compromettent les intérêts d'autrui. Aussi criminelles que variables, ces conventions sont en outre ridicules, nonobstant les formes diverses dont on les complique. Sens à donner à la maxime : *Volenti non fit injuria*. — 2. Coup d'œil sur les affaires dites d'honneur du XVIe siècle et suivants : elles méritent de notre part les sévérités réservées aux nôtres par les générations de demain. — 3. Exposé à titre de curiosité des règles baroques des duels modernes. — 4. Nonobstant la maxime susdite, le fait d'un commun accord ne suffira jamais à justifier une mauvaise action, autrement toutes les sauvageries seraient permises ; on ne vous défendrait pas non plus d'abréger, sur ses instances, les souffrances d'un mourant. Souvenir du combat de Rueil.

1. — Mais il me tarde d'arriver au grand argument, à l'argument péremptoire, à celui sur lequel le duelliste fait le plus de fonds pour justifier l'acte par lequel il ôte la vie à son semblable. « Vous ne faites pas attention, dit-il, à une chose : c'est que l'acte dont vous parlez a été l'objet de conventions en vertu desquelles mon adversaire m'a donné sur sa vie les droits que je lui donne sur la mienne ; c'est

que nous sommes parfaitement d'accord. Or, de par la maxime *volenti non fit injuria,* je suis à l'abri de tout reproche.

Que vais-je avoir de suite à répondre ? Que la maxime établissant qu'il n'y a pas d'injustice commise là où il y a consentement de la partie lésée n'a quelque valeur que devant la loi humaine, et que là encore elle ne saurait être plausiblement invoquée qu'à une condition, c'est qu'on ne puisse pas lui en opposer une autre qui cette fois ne fait l'objet d'aucun doute : *qui non potest alienare non potest consentire.*

Supposé même que l'injustice commise vis-à-vis de ceux qui lui donnent leur assentiment ne doive plus être appelée une injustice, encore faut-il que cet assentiment non seulement ait été demandé et obtenu, mais aussi qu'il ait pu être légitimement donné. Si la convention ici ne doit jamais être valable, c'est précisément parce qu'elle est faite au détriment de tiers qui, bien qu'ayant voix au chapitre, n'ont cependant pas été appelés à donner une approbation que la conscience d'ailleurs eût réprouvée. Dans le duel, il n'y a pas que les combattants qui soient parties intéressées : il y a des existences liées à celle du duelliste, et les devoirs contractés par ce dernier vis-à-vis d'elles lui ôtent évidemment le droit de disposer de lui-même. Quand tout sera fini pour lui, il n'en sera pas de même de ceux qui lui survivent.

Ce qui n'est pas douteux non plus, c'est que la société, elle aussi, se voit forcément en cause quand le coquin tue l'honnête homme, ou qu'un ferrailleur sans valeur aucune la prive d'un artiste ou d'un savant auquel elle eût dû un jour des œuvres de génie ou d'utiles découvertes. Elle est parfaitement en droit de dire au duelliste :

> La loi qui protège la vie humaine n'est pas faite pour la vôtre en particulier ; elle est d'ordre public. Les crimes et délits contre les personnes ne blessent pas moins l'intérêt de la société que la sûreté individuelle des citoyens, et aucune volonté particulière ne pourrait autoriser ou absoudre le fait que les lois ont déclaré punissable sans autres conditions ou réserves que celles qui ont été expressément établies (1).

La société est toujours autorisée à dire à l'un de ses membres : « Qu'as-tu fait de ton frère ? » sans que l'autre soit en droit de répondre : « Suis-je donc le gardien de mon frère? » car autrement il n'y aurait plus à parler de famille ni d'humanité.

Comme nous nous proposons de le faire voir plus tard, la maxime *volenti non fit injuria* n'a tout simplement pour effet que de mettre la justice hu-

(1) Arrêt de la Cour de cassation du 16 novembre 1827.

maine dans l'obligation d'atténuer la peine encourue généralement par le meurtre. Mais elle ne saurait, par contre, lui faire approuver clauses et règles devant lesquelles la raison et la morale ne sont que lettres mortes, que mots vides de sens. Comment les approuverait-elle? Au point de vue des obligations ou des contrats civils qu'elles sont appelées à produire, le code lui-même tient pour nulles de plein droit toutes les conventions contraires aux bonnes mœurs ou à l'ordre public (1); aucune action n'est accordée pour les dettes de jeu ou le paiement d'un pari (2).

On croit devoir, en d'autres termes, garantir la fortune des fous contre leur propre folie, et l'on songerait à faire exécuter les clauses en vertu desquelles l'enjeu consisterait dans leur vie, l'avenir de leurs enfants, la paix de leur famille. On ne permet pas à l'empoisonneur de dire à celui qui a eu recours à ses services : « Tu me paieras la somme d'argent que tu m'as promise, » et l'on autoriserait le duelliste à dire à son adversaire : « Tu me laisseras t'ôter la vie parce que tu y as consenti ! »

Mais au fait et au prendre, c'est bien à tort que nous parlons ici de clauses ou de règles. Se servir

(1) Art. 6.
(2) *Ibid*, art. 1905.

de pareils termes, c'est réellement faire trop d'honneur aux dispositions ridicules et essentiellement variables que nous voyons adopter par un protocole de circonstance ou consigner dans un code reposant sur de faux principes excluant d'avance toute stabilité.

Rien ne serait plus distrayant que de les faire voir sous leur vrai jour, ces prétendues règles, si ce n'était pas bien difficile, vu la proximité à laquelle nous sommes du préjugé et le pli séculaire que le temps n'a pas encore effacé de nos esprits. Qu'on veuille bien cependant me seconder un peu, et je vais pouvoir me promettre d'y arriver dans une certaine mesure. Laissez-moi vous demander tout simplement, Messieurs, de consentir, oh ! pour quelques instants seulement, à sortir de vous-mêmes, autrement dit à perdre de vue le préjugé, pour vous soustraire ainsi à sa fascination. On ne voit bien que les choses dont on s'isole et qu'on domine. Veuillez donc bien, je vous prie, supposer qu'il n'a jamais été question de duel, et que demain, à la Chambre, des députés qui ont toutes vos antipathies, comme ceux de l'extrême gauche par exemple, proposent une nouvelle loi comme celle-ci :

Art. 1er. — La peine de mort sera encourue de droit par quiconque aura souffleté quelqu'un, lui aura donné un démenti, ou se sera seulement permis quelques paroles ou quelques gestes équivoques.

Art. 2. — Quoique partie intéressée, le plus ardent des deux hommes mis en présence sera seul juge provisoire des faits, et pourra seul exécuter sa décision.

Art. 3. — Les parties commenceront par se battre, et l'on attendra la fin du combat pour statuer définitivement sur la question de savoir quelle est celle des deux qui demeurera dans son tort.

Art. 4. Le mort et le vaincu seront toujours réputés coupables, serait-il bien établi d'ailleurs que tous les torts originaires étaient du côté du victorieux.

Art. 5. — La victoire couvrira toutes les fautes passées, présentes ou futures du vainqueur. Chacun sera tenu désormais de le regarder comme homme d'honneur, sous peine de mort. Et sa gloire s'accroîtra de toutes les affaires où ses succès seront les mêmes, sans qu'on puisse jamais essayer de la ternir, sous prétexte que ceux qu'il aurait tués étaient les personnes les plus recommandables... (1).

Entendez-vous d'ici le *tolle*, les cris d'indignation que soulèverait d'un bout à l'autre de la France une élucubration pareille qui viendrait encourager le brigandage et l'assassinat, en intervertissant les notions que nous avons de la vertu et du vice, qui n'exigerait aucune proportion entre les délits et les peines, sacrifierait l'honnête homme au scélérat, armerait enfin tous les habitants d'un

(1) Gorguoreau, 124.

même pays les uns contre les autres. Avouez que vous ne ménageriez pas alors vos témoignages d'approbation et vos applaudissements à ceux qui se dirigeraient de suite vers la Chambre pour traiter en perturbateurs de l'ordre public les auteurs de ce code invraisemblable qui... qui existe, messeigneurs, permettez-moi de vous le dire, en vous tirant le plus moelleux des coups de chapeau. Permettez-moi plutôt de vous le rappeler, car n'est-ce pas vous qui en fîtes jadis le *code des salons*, de ces salons « *où il y a plus de sagesse que dans les écoles* » ? a dit un écrivain très bien pensant ; ce code existe, je le répète. N'est-ce pas vous qui le qualifiez encore aujourd'hui de code d'honneur, et êtes tout prêts, le cas échéant, à donner comme étant *dans de mauvaises idées* les hommes qui s'appliquent à en débarrasser notre pays, les hommes qui ne veulent pas tenir un fait pour acceptable par cela seul qu'il est accompli et consacré par l'usage, qui ne veulent pas non plus que le mal ne soit révoltant qu'à la condition d'être commis par les autres ?

Si le sujet n'était pas aussi grave, ce serait sans nul doute l'hilarité beaucoup plus que l'indignation que provoqueraient des facéties du genre de celles-ci par exemple : « *Risquer sa vie est chose assez importante dans l'existence pour qu'elle soit réglée selon les formes voulues par la délicatesse et par le droit,* » ce qui revient à dire que la moralité d'un acte défie toute critique quand il a pour lui les hautes approbations d'un code qualifié pour la circonstance de code d'honneur, ou, si l'on veut, que le crime n'est plus le crime, quand on met des gants pour le commettre.

Prenez garde ! S'il n'y a que vos formalités et vos salamalecs pour différencier le duel de l'assassinat, on peut dire hardiment qu'ils constituent un seul et même acte. Et que vient faire ici la délicatesse? Va-t-il falloir appeler ainsi le travestissement sous lequel se masque la sauvagerie ? Que vient faire ici le droit ? Est-ce qu'il y a un droit contre le droit ? Le poison enfermé dans une pellicule d'or en est-il moins du poison ? Les brigands italiens du bon vieux temps n'étaient donc plus des brigands quand, après avoir arrêté une voiture de poste le pistolet à la main, ils se confondaient en politesses et en excuses vis-à-vis des voyageurs qu'il s'agissait de détrousser, offraient la main aux dames pour les aider à descendre, quand ils ne leur proposaient pas de se rafraîchir ! Finalement, ils n'étaient réellement pas plus amusants que ceux qui écrivent : « *S'écarter des règles du code du duel, ce ne serait plus que satisfaire aux rancunes et aux passions que comportaient les siècles de barbarie ; ce*

5***

serait rompre avec la civilisation moderne, » tout comme au XVIe siècle manger de la chair humaine ou boire dans le crâne de son ennemi eût été rompre, n'est-ce pas? avec la civilisation dont pouvait se targuer un Bussy d'Amboise.

2. — Vous parlez de règles ! Oubliez-vous donc qu'on n'en fait de viables qu'avec des points fixes, qu'on n'en peut proposer qu'au nom du juste ? Êtes-vous bien sûr que les vôtres ne rompent pas dès aujourd'hui avec la civilisation vers laquelle nous tendons ? qu'elles ne seront pas demain ces feuilles mortes qui, après avoir changé cent fois de position, finissent un beau jour par être balayées je ne sais où ? Que sont-elles donc devenues celles qui, à l'époque où l'épidémie du duel battait son plein, étaient admises par les preux et les gentilshommes, et qui semblaient alors devoir l'être pour toujours ? Car enfin il était permis de se colleter à la fin du XVe siècle, si l'on en juge par le duel de Bayard et du capitaine espagnol Alonzo de Soto Mayor, et celui qu'eut avec le comte d'Harcourt pour des raisons d'un tout autre genre le cardinal de Retz (qui n'était encore qu'abbé !...).

Si la parité des armes est de rigueur aujourd'hui, il n'en était pas de même du tout sous Henri III. Quand Charles d'Entragues et Jacques de Quélus, voulant vider une querelle, « *et ce pour dames* », eurent cette rencontre restée célèbre en ce qu'elle fut la première où les témoins devinrent parties actives, ce dernier, une fois arrivé sur le terrain, dit à l'autre :

« Tu as une dague et moi je n'en ai pas. »
A quoi l'autre répondit :
— « Tu as donc faict une grande faute de l'avoir oubliée au logis. Ici nous sommes pour nous battre, et non pour poinctiller des armes. »

Quélus, comme on le sait, succomba, et dans sa longue agonie ne cessa de se répandre en imprécations contre un adversaire qui avait deux outils, alors qu'il n'en avait qu'un. Aujourd'hui, nous crierions évidemment à la déloyauté, mais on ne ressentait pas alors la même indignation, si l'on en croit Brantôme. Ce n'est pas qu'il approuve positivement la chose, mais il nous la donne comme étant de celles qui peuvent très bien se discuter.

Frapper l'adversaire par derrière n'avait rien non plus de révoltant. Reportons-nous au duel au couteau entre le comte de Carné et le chevalier de Birague, rapporté par Tallemant des Réaux :

Carné, ne se sentant pas de force, court chercher une épée qui était à quelques pas de lui ; Birague le poursuit, le menace de le tuer, s'il ne fait pas volte-face, et le tue au moment même d'un coup de couteau dans le dos.

Il ne fut pas accusé de perfidie, vu que *les règles* ne défendaient pas des coups de ce genre. Il faut dire qu'on ne se battait pas dans ce temps-là pour paraitre braver une mort que de nos jours on ne se donne plus. Les combats entre proches parents ne révoltaient personne ; il était permis aussi de saisir de la main gauche l'épée de l'adversaire ; on regardait même comme un coup brillant de le frapper avec cette épée, et de lui donner ensuite un second coup avec celle dont on était soi-même armé. On pouvait également se jeter son épée à la tête, continuer le combat quand l'adversaire était tombé à terre ou que son épée s'était brisée, profiter en un mot comme à la guerre de tous les avantages que le hasard pouvait vous donner.

Après avoir fait de tous ces procédés l'objet de vives controverses, le temps a fini par les laisser tomber dans le discrédit, comme il le fera demain pour le fait de se tuer,quelle que soit la façon dont il s'accomplisse, et après-demain pour la manie de n'en faire que le simulacre. On s'est bien dégoûté de la tragédie. Pourquoi ne finirait-on pas tôt ou tard par trouver la comédie bien fade?

De nos jours on ne comprend plus du tout qu'il puisse être permis de tuer un parent s'il est au troisième degré, et que ce soit défendu s'il est au deuxième. Pourquoi comprendrait-on mieux à l'avenir que parer un coup soit loyal avec l'épée et criminel avec la main ? que porter un coup de pointe dans le duel au sabre soit un assassinat, alors que frapper d'estoc ou de taille est de très bonne guerre?

Ils ont fait leur temps, n'est-ce pas? tous ces duels dits exceptionnels dont on citerait bien des exemples, notamment dans les premières années du XIXe siècle : je veux parler des duels à bout portant, des duels à cheval, à la pilule empoisonnée, des duels à la carabine où les deux adversaires introduits dans un parc par des portes différentes, s'y cherchent réciproquement tout en se dissimulant derrière des buissons de façon à voir sans être vus et à tuer la bête fauve avant d'avoir attiré son attention. Nous rangeant à l'avis des auteurs des codes les plus récents, tels que le comte de Châteauvillard et le comte du Verger de Saint-Thomas, nous ne demandons pas mieux que de dire anathème à ces affaires de primitif honneur, que de « *lancer des deux mains la jettatura et la malédiction urbi et orbi* », que de les envoyer « *moisir à jamais dans les archives poudreuses des siècles de barbarie* ». Nous consentons aussi à laisser dire que « *le noble sentiment de laver une injure n'entre pour rien dans ces sauvageries, qui ne sont possibles que grâce à l'existence d'un stock de rancunes, de haines, de vengeances, de passions aveugles et désordonnées* ».

Mais maintenant pourquoi n'entreverrions-nous pas le jour où l'on aura le même cas à faire du duel que ces messieurs nous donnent ingénument aujourd'hui comme « *plus que suffisant pour laver une injure, même la dernière insulte, donner toute réparation équitable et complète à l'homme offensé* » ? Qu'est-ce qui l'empêcherait donc d'aller moisir à son tour dans les archives poudreuses des siècles de barbarie ?

Je vous dis, moi, que nos descendants n'en croiront pas leurs oreilles quand on leur parlera de nos duels au pistolet, au commandement ou au signal, de nos duels au mouchoir, au visé, en marchant, ou au pied ferme... tous soumis, bien entendu, les uns comme les autres, aux règles du champ clos... si tant est que ces règles existent ! Mais elles n'existent pas, voilà ce dont il faut être bien convaincu ! Et la preuve, c'est que nous voyons déterminer à chaque affaire les conditions dans lesquelles elle aura lieu. Quelle est la distance à laquelle devront se placer les amateurs pour que le combat soit réputé sans déloyauté ni perfidie ? Sera-t-il permis de prendre quelques instants de repos au cours de la séance ? Visera-t-on ou ne visera-t-on pas ? Combien de temps aura-t-on pour ajuster ? On ne le sait pas, et le saurait-on qu'il n'y aurait pas encore lieu d'en être bien fier, car enfin qu'y a-t-il de bon à attendre de délibérations où la raison n'est pas consultée et ne saurait l'être? Si ce n'est pas de l'immoral, c'est forcément du grotesque.

Quand on pense qu'une cour royale s'avisa vers 1830 de décider qu'il y avait déloyauté à viser son adversaire. C'était déjà quelque chose, mais qu'est-ce qui l'empêchait de profiter de l'occasion pour décider en même temps qu'il y en aurait à l'avenir tout autant à ne pas lui tourner le dos une fois arrivé sur le terrain? Quand on pense que des gens très compétents dans la matière n'éprouvent aucune hésitation à écrire : « C'est manquer aux règles les plus élémentaires de la dignité humaine et de la plus simple morale que de se donner le spectacle de deux hommes se battant et courant tout au moins de ce fait le risque de se blesser. » Vraiment ! c'est bon à savoir ; mais si la dignité humaine et la plus simple morale défendent aux particuliers de se payer ce triste spectacle, comment diable ne leur défendent-elles pas de le donner ? Quand une action est telle qu'il y a faute à en être spectateur, il me semble que les acteurs sont encore plus répréhensibles ; qu'en conséquence les témoins devraient être depuis longtemps dénoncés comme manquant aux règles les plus élémentaires de la dignité humaine et de la plus simple morale. Allons! nous sommes bien les disciples de Brantôme déclarant que Dieu n'est offensé qu'autant qu'on s'attaque à l'homme qui, après vous avoir mis précédemment hors de combat, vous a néanmoins laissé la vie. Et quant à être en reste, on n'a certes pas à nous le reprocher. Ainsi nous avons, nous autres, droit de vie et de mort sur notre adversaire pendant un nombre de minutes déterminé ; mais passé le délai, c'est nous déshonorer que de lui faire la plus petite égratignure !

Je n'ai pas à m'occuper, bien entendu, des codes du duel : je songe d'autant moins à y mettre le nez que de l'avis même de gens parfaitement en mesure de parler en connaissance de cause, il est sérieusement question de les modifier. Le traité qui de nos jours encore fait autorité, le traité classique enfin, est celui du comte de Châteauvillard. Eh bien, à en croire le prince Bibesco, dont la compétence ici est notoire, le livre commence à ne plus répondre aux besoins de notre temps et demande à être rajeuni. A la bonne heure ! Il n'est que temps, ma foi ! d'arriver à comprendre que les lois de l'honneur ne peuvent pas éternellement se donner comme reposant sur des principes faux, corrompant l'esprit, et au lieu et place de vertu et de sociabilité ne comportant qu'arrogant orgueil, inimitiés, et tout ce qui s'ensuit. Pour ce qui est maintenant de rajeunir l'œuvre en question, je conseillerais fortement, si j'avais voix au chapitre, de faire mieux encore en le laissant tomber en enfance, sauf à nous en rapporter, tant qu'on ne se contentera pas du code qui ne vieillit jamais, à celui qui fut fait par le Conseil d'Etat sous la présidence de l'empereur.

Art. 295 : « L'homicide commis volontairement est qualifié meurtre. »

Art. 296 : « Tout meurtre commis avec préméditation ou guet-apens est qualifié assassinat. »

Art. 304, 309, 319 du code pénal.

3. — Tout bien considéré, c'est encore lui qui mérite nos préférences. Ce que je puis très bien faire, par exemple, étant donné le sort qui attend les prétendus préceptes des codes du duel, c'est d'en mettre quelques-uns sous les yeux de ceux qui ne peuvent se vanter de les avoir dans leur bibliothèque : ils me sauront certainement gré de leur donner ainsi une idée des beautés que contient le recueil. Les expositions de curiosités font toujours plaisir, quelques instants du moins. Ouvrons au hasard l'ouvrage du comte du Verger de Saint-Thomas, et lisons ce qui a trait au duel de pied ferme :

Après le signal donné, les deux adversaires doivent faire feu successivement dans l'ordre de primauté convenu et comme suit :

Celui qui doit tirer le premier n'a qu'une minute pour le faire à dater du signal.

Le champion qui tire le second n'a qu'*une minute* pour riposter à dater du feu de son adversaire. Passé ce temps, il ne peut plus le faire.

Le blessé a le droit de tirer sur son adversaire, mais il n'a que deux minutes pour user de ce droit. S'il tire après les deux minutes écoulées, il viole les conditions du duel.

Ce qui est une tout autre affaire que de violer les lois de la morale.

Dans le duel où les deux champions marchent l'un sur l'autre, il leur est facultatif de marcher en lignes brisées ou tortueuses, autrement dit en zigzag, pourvu qu'ils ne s'éloignent pas de deux mètres de chaque côté de la ligne qui les conduit à la ligne intermédiaire. Ils peuvent marcher droit à cette ligne, s'arrêter, rester en place, viser sans faire feu même en marchant, s'arrêter et faire feu.

Celui des deux champions qui a conservé son coup peut tirer, mais sur place.

Celui qui a fait feu doit attendre la riposte de son adversaire en gardant l'immobilité absolue.

L'adversaire riposte dans l'espace d'une demi-minute. A peine ce laps de temps passé, les témoins doivent commander et faire mettre *arme bas*.

Le blessé peut riposter, mais seulement dans l'espace d'une minute à dater du moment où il est tombé. S'il laissait passer ce temps, les témoins devraient l'empêcher de tirer.

Dans le duel au signal, les champions ayant reçu leurs armes doivent armer et tenir le bout du canon penché vers la terre jusqu'à ce qu'ils entendent le signal.

Au premier coup, les combattants doivent lever l'arme verticalement et viser jusqu'au troisième coup.

Au troisième coup faire feu *instantanément* et *simultanément*. Si l'un des combattants fait feu avant le troisième coup ou une *demi-seconde* après le troisième coup donné par le témoin, il commet un acte de félonie, et s'il blesse ou tue son adversaire, il a commis un assassinat.

Simultanément : voilà le grand point.

Ici, ajoute le législateur duelliste, la situation est de toute gravité. Pour tous les deux elle décide de la vie et de l'honneur, et pour tirer avant, pour tirer après le signal, on n'admet ni l'excuse de l'émotion ni aucune excuse imaginable.

Lorsqu'il a été établi que le feu d'un champion doit être immédiatement suivi du feu de son adversaire, les témoins ne doivent pas souffrir le moindre retard ; celui qui a subi le feu n'a que le temps strictement nécessaire pour armer ou pour tirer, c'est-à-dire une demi-seconde ou une seconde. Le moindre retard donne aux témoins le droit, leur impose même le devoir de faire mettre arme bas.

En pareille circonstance, l'usage d'une montre de précision et à secondes leur est absolument nécessaire.

Tout comme aux courses. Voyez-vous le chronomètre décidant qu'un acte ne porte pas atteinte à l'honneur, ou n'est au contraire qu'une félonie, comme il décide au turf si le cheval est vainqueur ou s'il est battu ! Voyez-vous ma moralité compromise par un mouvement nerveux instinctif, involontaire, laissant partir malgré moi un coup qui, tiré une seconde plus tard, faisait de moi le chevalier sans peur et sans reproche !

La leçon n'est pas qu'instructive, elle est encore amusante. Lisez plutôt : « Ces règles portent en elles-mêmes un cachet d'honnêteté et de moralité incontestables, » ou bien encore : « Il est ***parfaitement logique*** que dans les règles des divers duels au pistolet le blessé ait un peu plus de temps pour faire feu ; ***il est on ne peut plus juste*** de lui accorder deux minutes au lieu d'une s'il est blessé », etc., etc.

Eh bien, au risque de passer pour profane, pour peuple, n'entendant rien à rien dans toutes ces belles affaires, commettant, qui plus est, et sans paraître s'en douter, d'énormes hérésies, je me hasarderai à farie timidement remarquer comme ce pelé, ce galeux, d'où venait tout le mal, qu'il serait peut-être encore plus logique de renoncer carrément à un acte dont la différence avec l'assassinat est si minime qu'on ne l'apercevrait pas sans un instrument de précision ; qu'il serait peut-être encore plus juste de ne pas faire d'un homme un mannequin de tir, de ne pas chercher sur le cadran d'une montre les preuves de la moralité d'un acte.

Et qu'est-ce qui empêche donc alors de convenir qu'on n'est qu'un chenapan quand on cambriole avant minuit, et qu'on peut rester parfaitement honorable si l'on opère à minuit cinq ?

4. — Revenons aux conventions par lesquelles les duellistes croient pouvoir légitimer les conséquences de leurs rencontres. Supposé même que les règles posées par elles puissent se promettre quelque durée, qu'elles ne heurtent pas le sens commun, que la famille et la société aient donné leur consentement : la loi morale, si bien définie la conscience raisonnée, se dresserait encore devant vous en juge absolu des actions des hommes et pour crier : *Non licet !*

Par cela même qu'elle se serait commise, l'injustice ne vous en rendrait pas moins coupables devant le précepte auquel nous sommes tous tenus d'obéir, si nous voulons mériter le nom d'hommes. Il n'y a que dans nos assemblées parlementaires que l'erreur peut se flatter parfois de devenir vérité quand elle a su rallier un certain nombre d'adhésions; mais devant l'ordre éternel ou divin existant par lui-même, n'ayant rien à espérer ni à craindre des législations humaines, toute action réprouvée par la conscience ne sera jamais qu'une mauvaise action, et ne changera jamais de nature, argueraitelle d'un acquiescement génér ' ? Loin d'atténuer le crime du coupable, les conventions ne font au contraire que l'aggraver.

Il faut être enlizés comme nous le sommes dans une routine barbare pour nous croire en droit de commettre des meurtres parce qu'il existe des individus nous donnant à cet égard pleins pouvoirs, ou qu'il nous plait à nous-mêmes de concéder à l'avance au premier venu la faculté de nous rendre le mal que nous comptons lui faire. Vous en tiendrez-vous toujours à la maxime : *Volenti non fit injuria?* Je sais bien qu'elle a été invoquée en haut lieu pour légitimer les luttes entre nations. Reste à savoir maintenant si c'est le meilleur moyen de se bien comporter, et même d'y voir clair que de se mettre sans réflexion aucune en parfaite conformité d'idées avec les dépositaires de pouvoirs qui jusqu'à présent ont pu être légaux, mais n'ont jamais été légitimes. J'en doute beaucoup. Quand un aveugle, dit l'Évangile, se laisse conduire par un autre aveugle, ils n'en tombent pas moins tous les deux dans la fosse. Essayez donc de soutenir qu'il ne faut pas être blasé sur le faux pour s'imaginer que la morale se plie à nos conventions, s'habille, autrement dit, à la mode.

Comment! vous auriez de par votre bon plaisir le pouvoir de transformer un crime qualifié en action indifférente ou licite ! vous auriez le droit de convenir qu'à tel jour et à telle heure il vous sera permis de donner la mort ou de la recevoir, et de vous remettre d'avance les peines portées contre le crime ! vous pourriez faire de la vie humaine l'objet d'un contrat ou un article de commerce susceptible d'être introduit dans les stipulations individuelles ! Mais prouvez-nous donc d'abord que l'existence est donnée à l'homme pour la conserver ou la détruire à son gré, qu'il peut la jouer comme sa fortune ! Prouvez-nous que votre mépris pour elle vous autorise à disposer de celle des autres ; faites valoir le droit que vous avez d'immobiliser à tout jamais quand bon vous semble, sur le champ de bataille ou sur le terrain, l'être auquel il a fallu vingt ans pour devenir un homme, l'être que vos merveilleux outils n'ont jamais pu remettre encore en possession d'une vie qu'ils se font fort, par exemple, de lui ravir en un instant. Savoir prendre nous est donné depuis longtemps comme glorieux ; savoir rendre devrait bien aussi passer enfin pour honnête !

Allons ! faites-nous voir que la nature est fautive en nous inspirant l'horreur de la destruction ; que nous-mêmes avons le jugement faussé quand nous blâmons les Romains d'avoir, au mépris d'une loi morale qu'ils sentaient vivre en eux comme l'ont senti tous les peuples, accordé aux maitres sur leurs esclaves, aux pères sur leurs enfants infirmes, ce droit de vie et de mort qu'on s'arroge chez nous pour d'excellents motifs aussi sur les hommes valides. Vous voulez qu'une convention justifie tout acte qui en a été l'objet? Pourquoi critiquer alors ceux qui se font un jouet de la vie humaine ou prennent plaisir au spectacle de l'homicide? Pourquoi condamner l'esclavage? Il suffit, en effet, de mon consentement pour que je puisse servir de chose à un autre homme, ne plus être à ses pieds qu'un animal dont on se défait, un meuble qu'on brise, un vermisseau qu'on écrase. Si le suicide a été universellement condamné, c'est que l'on n'a jamais admis que l'homme pût disposer de sa propre vie, et le duel nonobstant lui permettrait de concéder sur elle à un tiers un droit qu'il n'a pas lui-même?

Vous voulez qu'une convention légitime tout acte auquel elle donne lieu! Alors ne trouvez pas mauvais qu'un châtelain lésé par son voisin lui dise : « En fait de réparation, je veux l'objet d'art qui est dans votre salon et que vous donnez comme ce que vous avez de plus précieux. Tel jour, à telle heure, j'irai m'en emparer les armes à la main. A vous de vous tenir sur vos gardes et de vous munir pour vous défendre des armes que j'aurai moi-même pour vous attaquer. » L'autre aurait beau consentir, y en aura-t-il moins là un acte de brigandage ? Tenez-moi aussi pour irréprochables les deux jeunes gens qui conviennent de se livrer entre eux à de honteuses manœuvres, la femme qui, munie de l'autorisation de son mari, stipule avec des tiers les conditions auxquelles elle se livrera à la débauche. Engagez-vous à ne pas inquiéter les deux soldats qui, prévoyant le cas de blessures graves et ne voulant pas y survivre, se promettent réciproquement de s'administrer du poison, et ont chacun dans leur poche une expédition en règle des dispositions arrêtées d'avance.

S'il n'y a pas de culpabilité là ou l'on peut arguer de conventions antérieures, vous ne devez avoir aucune parole de blâme pour les deux vauriens d'égale force qui, se sentant mordus par la jalousie à la suite d'incidents survenus au cours d'un bal de barrière, conviennent de *se faire leur affaire* à la sortie, et une fois dans la rue se jettent l'un sur l'autre, leurs couteaux à la main. Ils ne se prennent pas en traîtres, ne se servent pas d'armes inégales. Si c'est le fait de ne pas encourir pareils reproches qui ennoblit le meurtre et le rend loyal, leur affaire rentre évidemment dans la catégorie de celles dont de gros bonnets faisant autorité ont donné la définition en disant : *Le duel est un combat que se livrent deux personnes en raison d'une offense ou d'un intérêt privé après conventions antérieures suivies d'un défi ou appel, et comportant des chances égales de mort ou de blessures.*

Si les conventions justifient tout, je vais pouvoir répéter ce que je disais à propos de l'égalité des chances. Il n'y a plus à distinguer en fait de duel ce qui doit être permis de ce qui ne doit pas l'être. Il n'y a plus à s'occuper des armes dont les combattants doivent se servir, ni de la distance qui doit les séparer. De par le fait du commun accord, on n'a plus, en définitive, à se révolter de rien, devrait-on ses inspirations à la plus grossière sauvagerie.

On peut jouer sa vie sur un coup de dé, décider aussi qu'on se tuera sans aucune convention préalable. Bref, il n'y a plus de limite pour le pacte de vie ou de mort que les parties sont autorisées à conclure.

Des batailles entre deux adversaires, il va de soi qu'on peut très bien passer à des batailles plus sérieuses. Qu'est-ce qui empêche de revenir à ces duels de quatre contre quatre, de huit contre huit, de trente contre trente, ainsi que cela se passait au moyen âge, époque à laquelle le jugement du duel se rendait entre parties autres que celles qui y étaient intéressées? « *Tel qui n'aurait pas donné quatre pistoles à un homme*, dit Montesquieu, *pour le sauver de la potence lui et sa famille, ne faisait aucune difficulté d'aller mille fois risquer sa vie pour lui.* » La raison et la loi n'ayant rien à faire dans l'espèce, la question de nombre ne saurait être prise ici en considération. Si les conventions de dix ou de trente rendent leurs vengeances légitimes, on peut évidemment former des ligues plus étendues, et marcher régiment contre régiment, département contre département.

Admettons que le fait des conventions ou de l'égalité des chances fasse du duel un crime moins grave que ne l'est l'assassinat ; de ce qu'une action est moins féroce ou moins odieuse qu'une autre, on ne saurait conclure qu'elle n'est pas criminelle, mais seulement que le crime, comme la vertu, a ses degrés. On aura toujours à dire qu'une convention immorale ne peut faire naitre des circonstances capables de changer le caractère de l'homicide ; il n'en sera pas moins bien établi qu'il n'y a ni conventions ni autorisations possibles à l'encontre des lois éternelles de la morale et de la justice.

Persisterez-vous à prétendre qu'on est à couvert en tuant un homme dont on a l'assentiment? Expliquez-nous alors pourquoi vous vous montrez en d'autres circonstances d'un avis tout contraire.

Donnez-nous donc la clé de vos étranges inconséquences ! Le jour où quelque malheureux, perdant tout espoir sous le coup qui le frappe dans ses affections ou sa fortune, vient vous prier de lui donner la mort, il ne faut plus vous faire un crime de lui rendre le service demandé. Parmi ceux qui veulent abréger brusquement leurs jours, combien y en a-t-il qui s'empresseraient de se faire aider, si les bons offices en pareil cas étaient permis ! Allons, répondez ! Pourquoi vous faites-vous scrupule d'achever un malade ou un blessé qui ne vous permet pas seulement de le guérir de la vie, qui vous le demande encore à mains jointes ?

Il y a des spectacles qui ne s'oublient pas. Je me rappellerai toujours l'impression que me fit éprouver à l'affaire de Rueil, en janvier 1871, la vue d'un pauvre mutilé auquel un obus venait de détacher les deux jambes du tronc... aussi malproprement que possible !

A mes oreilles résonne encore cette voix qui ne demandait pas, qui implorait, conjurait et suppliait qu'on voulût bien hâter d'une façon ou de l'autre une mort trop lente à venir. Tout naturellement ses prières étaient vaines : autour de lui n'étaient rangés que des gens corrects, drapés dans leur dignité d'hommes civilisés, je veux dire de sujets obéissants. L'infortuné cependant, pour se faire accorder ce qu'on ne refuserait pas, disait-il, à un chien, nous appelait ses camarades; il invoquait le nom de patrie qui avait pu lui demander de la servir, mais ne devait pas le condamner à un martyre inutile; ses regards, qui faisaient mal, affreusement mal, cherchaient partout l'ami dont le cœur serait assez compatissant pour comprendre et faire cesser des maux irrémédiables. Ai-je besoin de le dire? Tous restaient impassibles. Et qui donc, grand Dieu! eût voulu lui donner satisfaction? qui donc eût osé souiller le champ de bataille de ce crime abominable? Il nous eût fallu des ordres que nous n'avions pas. Tuer ou mutiler à discrétion tous les gens valides que nous pourrions atteindre, sans tenir compte de leur désir de vivre, à la bonne heure! c'était faire le métier qu'on nous avait appris un peu trop précipitamment peut-être, pour que nous le connussions bien; enfin, c'était faire notre métier, nous n'étions pas là pour autre chose; mais abréger sur ses instantes prières les tortures d'un martyr? Oh! halte là! oh! non! voilà qui n'entre plus dans le programme: la morale d'ordonnance s'y oppose!

Tant qu'un homme n'est pas mortellement atteint ou tout au moins grièvement blessé, sa vie n'est pas à respecter; on peut n'en faire aucun cas; elle devient sacrée dès qu'il agonise. Lancer un projectile qui va causer d'horribles tortures est permis et même recommandé comme noble et glorieux ; mettre fin à ces tortures au moyen d'un autre projectile est rigoureusement interdit comme lâche et inhumain. Ecoutez-moi bien et tâchez de comprendre : Vous êtes un brave ; vous avez toutes les vertus militaires en renversant et en brisant la lampe, en répandant l'huile, mais vous n'êtes plus qu'un monstre si vous vous avisez d'éteindre la mèche qui, par suite de ces violences, n'a plus que quelques instants à répandre un semblant de lueur !...

Et le débris sanglant, chargé dans un véhicule quelconque comme l'eût été le fardeau d'un boucher, prit place à côté d'autres débris. Quand il fallut le voir emporter en dépit de ses supplications aussi pressantes que ses forces le lui permettaient, quand il fallut entendre ses plaintes que les cahots dus à un sol mal uni entrecoupaient à chaque instant, je ne sais quelle explosion de honte et de colère révolutionna tout mon être. Le choc fut violent, et l'étincelle qui en jaillit était de celles qui portent dans l'esprit une lumière appelée à ne pas rester indéfiniment faible et indécise. Au travers des idées dont mon éducation avait enveloppé ma pensée, je venais d'entrevoir tout à coup que notre ordre social désavoue les doctrines chrétiennes, que la qualification de Dieu des armées, pour convenir peut-être au dieu Mars, n'est que blasphématoire vis-à-vis du Père commun et ne témoignera jamais que de la manie qu'ont les peuples d'associer la divinité à tous leurs actes, voire à leurs crimes. Ma conscience enfin venait de me faire pressentir ce qu'elle devait me confirmer plus tard, et sur bien d'autres points, qu'on ne mérite pas le nom d'homme quand on sert deux maitres !

IV

1. Le duel est un anachronisme, impliquant les mœurs de sociétés disparues ; il est contradictoire avec une liberté et une égalité dont nous tendons à faire la base de l'ordre social. — 2. Il est une faiblesse, le propre de la force étant de rester indépendante et tranquille, de ne pas se laisser déséquilibrer par les agents extérieurs physiques ou moraux. — 3. Pour les penseurs de tous les temps, la première qualité de l'homme n'est pas la valeur, mais l'endurance. Passage de Montaigne où s'affirme un bon sens dont le langage d'ailleurs est toujours le même.

1. — Nous venons d'examiner le duel au point de vue de l'éternel précepte *Non occides* et des lois humaines qui s'en inspirent, et cette étude nous a fait reconnaître en lui tous les caractères du crime. Considérons-le maintenant en lui-même ; nous ne tarderons pas à nous convaincre qu'un usage immoral et antisocial ne peut être, sous quelque rapport qu'on l'envisage, l'objet d'aucune considération. Débarrassons-le des vieux oripeaux qui en imposent encore à d'aucuns, et nous sentirons certainement se modifier notre opinion à son égard, en découvrant sous le masque un criant anachronisme, en constatant que nonobstant l'apparence

de bravoure sur laquelle nous aurons à nous expliquer tout à l'heure, il est ni plus ni moins qu'une défection, c'est-à-dire une faiblesse.

Si je vois en lui un anachronisme, c'est qu'il implique un état de choses qui n'existe plus, qu'il s'appuie sur des données désavouées depuis longtemps par l'esprit humain. Il y a des gens qui prétendent que le duel judiciaire fut à un moment donné un progrès. C'est possible. Introduite dans une grande salle où règne l'obscurité la plus profonde, la chandelle de résine y apporte assurément de la lumière. Ce qu'il y a de sûr, c'est que nous ne sommes plus au temps où l'on voyait dans le recours aux armes un appel que la justice humaine faisait à la Divinité, parce qu'elle croyait manquer des lumières nécessaires ou désespérait de découvrir la vérité.

« Si au moyen âge le duel était un acte licite, c'est parce que la superstition de l'époque y voyait un moyen de remplacer l'incertitude des jugements humains par l'infaillibilité de ceux du Très-Haut ; c'est parce qu'une erreur grossière dans ses manifestations, mais respectable peut-être dans son origine, en avait fait l'expression d'une pensée religieuse et la révélation d'une divine volonté. Tout insensé qu'il fût, cet appel à la justice divine témoignait cependant du désir de ne pas abandonner les hommes aux caprices de la colère ou d'autres passions ; mais plus tard, avec le progrès des lumières, on ne put voir en lui qu'un hommage barbare rendu par des consciences de barbares à un Dieu fait à leur image et ressemblance. Aujourd'hui, bien entendu, il n'y a personne qui ne se révolte à l'idée que le duel puisse être proposé pour décider une question de jurisprudence, éclaircir un fait, établir un droit. Personne ne croit plus maintenant qu'un coup d'épée nous lave ou, si l'on veut, détruise dans l'esprit public l'impression défavorable qui résulte d'une injure ou d'une calomnie. Personne ne croit plus que Dieu se range du côté du plus fort, ni qu'on impose des lois à sa volonté indépendante et souveraine. »

Toutes ces anciennes superstitions ne sont en définitive pour nous qu'une dérision, une insulte au vrai Dieu dont l'intervention n'était alors nullement comprise, puisqu'on ne la faisait tendre finalement qu'au renversement du juste et de l'injuste. Le haut et puissant seigneur de Brantôme nous fait rire quand il écrit :

J'ay ouy raconter à Rome autresfois de deux gentils hommes romains qui s'estant ainsy desfiés en combat sur quelque subject qui n'estoit pas beau ny honneste, celuy qui estoit taché du vice dont il accusoit l'autre qui en estoit innocent fut vainqueur et contraignit son ennemy de le déclarer homme de bien et d'honneur. En cela ce sont des secrets de Dieu, lequel dispose de sa justice dans son équité et miséricorde, comme il luy plaist. Bien est vray qu'il a été tousjours fort coustumier de favoriser en ces combats les bons droits, ainsy qu'il fit en ces précédens que j'ay allégués cy-dessus et plusieurs autres. (*Disc. sur les duels*, 53.)

L'évolution qu'a subie le duel nous fait constater qu'après avoir pris naissance au sein d'une superstitieuse barbarie, il se fait ensuite adopter par la vanité de certains hommes qui croient honorer non plus la sagesse divine, mais leur propre noblesse, en voulant ne relever que d'eux-mêmes et de leur épée. C'est ainsi qu'avant eux et pendant des siècles avaient agi les grands possesseurs de fiefs relativement au droit de faire la guerre, droit qui était un signe de noblesse au premier chef (1), et qui appartenait aussi aux puissants de l'Église quand ils étaient hauts justiciers (2).

Pour s'être soumis à un moment donné à l'autorité royale, ils n'en perdirent pas pour cela *ipso facto* leur esprit d'indépendance, et furent ravis de conserver encore un certain temps au moyen du duel quelques restes de la prérogative disparue. Se battre en dépit des édits, c'était s'affranchir dans une certaine mesure de l'autorité qu'ils subissaient.

Est-ce pareil sentiment qui engage aujourd'hui les duellistes à se battre? Certes, ils n'y pensent

(1) « Aultre que gentilhomme ne peut guerroyer, » dit Beaumanoir.

(2) La salle du chapitre de Saint-Merry possédait encore à la fin du XVIIIe siècle deux statues attestant la puissance des chanoines. Voy. Ragereau, *Glossaire*, au mot *Champion* ; Sauval, *les Antiquités de Paris*.

guère! On peut même dire qu'à notre époque l'autorité, quand elle est ratifiée par la conscience publique, possède une grande puissance morale, en dehors même des châtiments dont elle peut menacer. Eh bien, si le duel, de l'aveu de tous, n'est aujourd'hui ni une croyance religieuse, ni une épreuve de justice, ni l'affirmation d'une indépendance inhérente à un nom ou à une race, s'il n'est plus le mépris des nobles pour la pratique judiciaire et les décisions des gens de loi, qu'est-il donc? Il est le dernier vestige des guerres privées qui ont précédé notre ordre social; il est le reste, l'abus, la lie, la parodie décrépite d'une législation que le sens commun devait forcément faire abandonner; il n'est plus qu'une lutte aléatoire sans prétexte aucun, puisqu'on ne lui demande plus aucune preuve d'innocence; il n'est plus que l'acte matériel et brutal par lequel un homme dispose de sa propre vie et de celle de son semblable, à l'encontre de toutes les idées philosophiques et religieuses que le temps a introduites parmi nous (1).

Et ce qu'on peut dire, c'est qu'il serait même à l'heure actuelle absolument incompréhensible, si toutes les erreurs ne s'expliquaient pas, comme le

(1) Voy. Jolly et disc. du Bon Pasquier.

dit M. Valette, par l'influence traditionnelle d'un état de choses qui a péri, mais qui a laissé son empreinte dans l'état de choses actuel. Combien d'usages subsistent ainsi comme débris ou vestige du passé au milieu d'une civilisation qui par elle-même ne leur eût jamais donné naissance!

Et si le duel est un anachronisme, ce n'est pas seulement parce que les sociétés qui l'ont vu naître et grandir ont définitivement disparu, c'est encore parce qu'il est en complet désaccord avec les principes dont nous voulons, du moins en théorie, faire la base de notre ordre social, je parle ici de la liberté, de l'égalité et de la fraternité.

« La liberté, dans son rapport avec le citoyen, nous dit Montesquieu, consiste dans la sûreté, ou du moins dans l'opinion qu'on a de sa sûreté. » Loin de recourir à ce sentiment de crainte dont les pouvoirs despotiques ont toujours eu et ont encore bien soin de faire leur principe conservateur, elle nous fait trouver la sécurité et la confiance dans la soumission à des lois qui, se mettant en garde contre la partialité et le caprice, s'appliquent à toujours se modeler sur le juste. Au gouvernement de ces lois substituez la volonté capricieuse des hommes, vous n'avez plus de donnée fixe sur laquelle il vous soit possible de régler votre conduite, comme vous la réglez au physique sur l'invariabilité des lois de la nature. L'incertitude règne dans les rapports des hommes entre eux. Il en résulte un état d'appréhension et d'inertie, et je ne sais quelle paralysie de la volonté que ne comportera jamais le caractère d'un être libre.

Les anciens à cet égard étaient parfaitement dans le vrai : *Summa libertas servire legibus*. Disons donc après eux : Se soumettre aux lois qu'homologue l'ordre naturel ou divin, c'est jouir de la plus grande somme possible de liberté ! Pourra-t-on jamais se le promettre dans un pays où le duel autorisé, toléré tout au moins, remplacerait le respect de la loi par la crainte d'un citoyen quelconque ? A quoi me servent l'approbation de ma conscience et l'estime des honnêtes gens si le premier venu auquel il plaira de me chercher querelle peut me provoquer et me mettre ainsi dans l'alternative de ferrailler ou d'être déshonoré? On peut le dire hardiment : il n'y a pas de cause qui n'ait motivé le combat. Si on a pu voir dans le temps des juges amenés au champ clos pour y soutenir le bien jugé de leurs sentences, on a vu de nos jours des duels pour l'histoire, entre l'historien et des tiers mécontents de voir trop critiquer ou trop vanter les faits et gestes d'un héros, « comme si la vérité historique pouvait dépendre, dit M. Dupin, d'un coup d'épée ! » On a vu des fonctionnaires se battre à raison de leurs fonctions, des députés accepter des provocations pour avoir signalé avec indépendance ou courage des faits sur lesquels ils se croyaient tenus par devoir d'attirer l'attention du pays, etc.

Que deviennent nos libertés si, pour en avoir usé, il nous faut compter avec la mauvaise humeur, le ressentiment brutal de ceux qui, ne trouvant pas nos opinions conformes aux leurs, viennent nous en demander raison l'épée à la main ? Seraient-elles aussi légitimes, aussi légales même que possible, il n'y a plus évidemment qu'à les tenir pour illusoires. Je ne puis plus refuser ma fille à l'homme qui la demande ou la somme d'argent qu'un autre veut m'emprunter. Je ne puis réprimander ou punir un inférieur, refuser un candidat incapable à son examen. La sécurité, qui ne peut résulter que de l'absence de crainte, est à peu de chose près ce qu'elle était jadis, aux époques où le duel régnait en maître. La moindre discussion comme la moindre incivilité, serait-elle involontaire, peuvent être punies de mort. Du jour au lendemain je puis me voir dans l'obligation de me venger par les armes d'une injure qu'il ne dépendait pas de moi d'éviter. Les motifs les plus déshonnêtes peuvent très bien aussi, d'autre part, me permettre de satisfaire ma vengeance sans rien avoir à redouter. La femme, comme au bon vieux temps, est exposée tous les jours à perdre son mari, la mère n'est jamais sûre de conserver son fils.

Pour ce qui est maintenant de l'égalité, il n'est certainement pas difficile de montrer que le maintien du duel est absolument incompatible avec elle. Car enfin, une fois établi qu'on ne doit pas se constituer juge en sa propre cause, il est évident que la loi doit être la même pour tout le monde. Permet-on à l'individu qui a reçu une certaine éducation de tuer après l'en avoir averti celui dont il croit avoir à se plaindre? On ne peut réellement pas, à moins de ramener le privilège, le défendre à l'homme du peuple qui, ne sachant pas ce qu'est le duel, n'en ayant jamais du moins ouvert le code, se contente de prévenir son offenseur qu'il ait à se tenir sur ses gardes, parce que la première fois qu'il le rencontrera il l'assommera, ce qui s'est pratiqué du reste jusqu'à ces derniers temps par les gens du meilleur monde en Corse et en Italie.

Permettez! Ce n'est pas du tout au vaurien que je fais allusion pour l'instant, mais bien à l'honnête ouvrier, au contraire, qui, lui aussi, a un honneur dont il ne doit pas se montrer moins jaloux que l'homme riche ou le fonctionnaire, attendu que c'est parfois toute sa fortune. Contrairement à ce que d'aucuns ont osé dire, il a tout autant besoin qu'un autre de l'estime publique. Poursuivies devant un tribunal, les perfides calomnies peuvent nuire et beaucoup à sa considération, le priver lui et les siens de leurs moyens d'existence. Pourquoi ne demanderait-il pas raison à son offenseur les armes à la main? N'exposet il pas également sa vie devant un adversaire qui peut être armé? Remarquez bien qu'il ne court pas seulement la chance d'être tué; la justice, s'il survit, le condamnera, qui plus est, aux travaux forcés : c'est deux périls au lieu d'un qu'il affronte. Entre les deux crimes commis l'un et l'autre avec préméditation, il n'y a donc à différer que le milieu social, le mode d'action. Mais l'intention criminelle est exactement la même. Pour se satisfaire autrement, pour recourir à des formes plus sommaires, ce qui veut dire ici plus franches, la vengeance n'en arrive pas moins finalement au même résultat, et du moment qu'on se montre en certains cas plein d'égards pour elle, il n'y a aucune raison de réserver ses sévérités pour ceux que le manque d'éducation et d'autres causes encore exposent davantage aux écarts de conduite.

Ce n'est pas parce que les hommes du peuple se

regardent les uns les autres avec moins de méfiance et de jalousie que les hommes du monde et n'ont pas autant de temps à perdre, qu'ils ne doivent pas avoir, eux aussi, la possibilité de *venger leur honneur*. Il est souverainement injuste de la laisser seulement aux classes élevées, parce que moins soumises aux lois, elles ont l'orgueil de se croire insuffisamment protégées par elles, qu'elles rougissent de se servir de leurs armes naturelles (auxquelles le nerf, il faut le dire, fait quelquefois défaut) ou se permettent encore de qualifier dédaigneusement de grossières celles qui, au lieu de mort, n'occasionnent généralement que des blessures. Bref, la peine ne peut pas être différente selon le rang de la personne outragée; il ne peut pas y avoir deux justices: « *l'une*, comme dit Dumas fils, *à l'usage du monde des boulevards, et l'autre à l'usage des hommes laborieux et utiles.* »

« *D'où vient*, avait déjà dit M. Dupin, *cette sévérité pour les coups de poing et cette impunité pour les coups d'épée ou de pistolet? Certes, on ne l'aperçoit guère, et la première fois que j'aurai à défendre un boxeur, je me promets bien de plaider que c'est un duel, et qu'ainsi il n'y a pas de délit.* »

2. — Il n'y a là évidemment qu'une boutade, mais une boutade qui ne laisse pas après tout que de cacher une vérité. Envisagé au point de vue de

l'ordre social actuel, le duel peut très bien se donner comme méritant plus de pitié encore que de colère, et ce serait à tort que nous le qualifierions alors de criminel. Mieux vaut voir en lui, nonobstant les gestes qu'il risque encore, je ne sais quelle affection morbide pliant l'esprit humain à un usage que la raison condamne et lui ôtant avec la rectitude de son jugement et la calme possession de soi-même toute possibilité de réagir.

Qu'il ait pu se donner comme une preuve de virilité au temps où l'on n'était homme qu'à la condition de savoir manier des épées ou des casse-têtes, de se rire des décisions d'un tribunal, de trouver plus digne et plus sûr de se faire justice à soi-même, je le veux bien ; mais l'état des esprits s'est trop modifié depuis pour que la chose soit encore possible.

De nos jours, qu'est-ce qui vous met les armes à la main ? Ce n'est pas la conviction que le moyen est bon : on le tient à part soi pour détestable. Ce n'est pas l'intention d'occire son adversaire : on en a si peu envie qu'on s'exerce maintenant dans les salles d'armes aux coups qui ne doivent pas lui faire de mal. Ce qui pousse aujourd'hui un monsieur sur le terrain, ce qui l'y pousse malgré lui, et souvent même à son honneur défendant, c'est la crainte de désobéir aux injonctions d'un préjugé qu'il désapprouve, la crainte de passer pour ignorer qu'on n'est digne de considération qu'à la condition de se battre, ou tout au moins de faire croire au public qu'on s'est battu. En un mot, c'est la faiblesse, une faiblesse se révélant encore très bien dans cette sensibilité exagérée qui nous fait donner un haut degré de gravité à certaines offenses, alors que l'équilibre parfait de nos facultés ne nous montrerait en elles que des actes déraisonnables, n'ayant d'autre importance que celle qu'on veut bien leur reconnaître, perdant toute espèce de portée dès qu'on les méprise.

Le propre de la force, on ne saurait le nier, est d'être bien équilibrée, indépendante et tranquille, de se laisser peu influencer par les agents extérieurs, de rester, autrement dit, indifférente à ce que peuvent vouloir contre elle des passions plus ou moins avouables. La faiblesse, au contraire, est toujours prête à s'émouvoir outre mesure de la moindre chose. Ballottée comme un navire insuffisamment lesté, elle passe de la langueur à la brutalité, de la fierté au manque de dignité, de l'abattement à la fureur, et donne ainsi, suivant l'impression du moment, dans les écarts les plus opposés. La facilité avec laquelle on se fâche est de même nature que la facilité avec laquelle on se fatigue : on ne doit voir en elle qu'un signe de cette dégénérescence que dénote invariablement toute surexcitation maladive, toute exagération des exigences naturelles de notre économie.

Au physique, un objet est d'autant moins solide qu'il se laisse plus promptement modifier par les milieux ambiants ; de même en est-il au moral de la susceptibilité outrée impliquant toujours le ramollissement du caractère. Il est d'observation journalière que les personnes dont le système nerveux est épuisé sont physiquement et moralement beaucoup plus impressionnables que les autres. On en voit qui sursautent au moindre bruit, pleurent en entendant un instrument de musique. De ce qu'elles sont plus faciles à émouvoir, conclura-t-on qu'elles sont plus fortes ? Autant dire alors que si les buveurs sont plus irritables, plus batailleurs que les hommes sobres, c'est qu'ils sont plus robustes, qu'ils savent trouver dans l'alcool l'aliment qu'ont impudemment prôné tout récemment de belles affiches, aliment qui eût donné sans doute à nos ancêtres, s'ils l'avaient connu, la force qui leur a manqué, aux pauvres malheureux ! Autant dire aussi, pendant qu'on y est, qu'il n'y a pas en ce moment de par le monde de braves gens pour lesquels le retour à la sobriété serait une cause de ruine !

Disons à ce propos que si bien des repas ont été

suivis de duels, c'est parce que certains convives manifestement affaiblis étaient incapables de réagir contre les effets d'un champagne pris cependant parfois à dose modérée.

« Le duel, a dit le prince de Ligne, est souvent une affaire de digestion plutôt que d'honneur. » Et il ajoute : « Est-il juste que l'homme qui se porte bien périsse de la main de celui qui doit à une mauvaise santé une humeur plus mauvaise encore ? C'est bien assez de se laisser ennuyer par les sots, sans se croire encore obligé de se faire tuer par eux. »

Qu'on soit sensible au froid comme à la chaleur, cela doit être; mais si le moindre courant d'air vous enrhume, que le moindre rayon de soleil vous rende malade, vous ne pourrez jamais vous vanter d'avoir la constitution de celui qui s'y expose sans aucun inconvénient pour sa santé. Qu'on prenne une thèse à cœur, qu'on la soutienne chaleureusement, qu'on se contredise, qu'on discute et se dispute, voire avec une certaine aigreur, rien de mieux ; mais il ne faut pas maintenant qu'un mot mal sonnant, au lieu de motiver de ces réparties incisives mais fines et mesurées qui ôtent beaucoup d'assurance à l'adversaire, vous mette en ébullition et vous révolutionne au point de vous faire perdre la notion du bien et du mal, au point de vous faire croire que le seul parti qui vous reste à prendre est d'envoyer votre homme dans l'autre monde, ou d'y aller vous-même, à moins que vous n'y partiez tous deux de compagnie.

Tenez à l'estime d'autrui, c'est dans l'ordre, mais n'allez pas jusqu'à vous faire gloire pour la mériter d'habitudes vicieuses ou d'actes répréhensibles : ce serait laisser l'anémie vous priver de votre libre arbitre. Convenez encore avec moi d'une chose : c'est que l'homme qui voit se fermer de suite la plaie sérieuse dont un accident a été cause et n'y pense plus au bout de quelques jours a le tempérament bien autrement sain, bien autrement trempé que ne l'est le ramolli qui, pendant des semaines et des mois, la voit rester sanguinolente et sanieuse. La colère, l'esprit de vengeance, ne sont en somme que des humeurs de mauvaise nature provenant neuf fois sur dix de blessures faites à l'amour-propre, et s'irritant, s'envenimant d'autant plus que le moral est plus ébranlé, que le caractère est plus aigri. Il y a donc folie à tirer vanité de ce qui tend à amoindrir en nous cette force de résistance dont nous avons bien plutôt à nous enorgueillir.

3. — C'est le cas de se rappeler ici ce qu'on lit dans la Bible ;

« *L'homme lent à la colère vaut mieux que le courageux ; l'homme qui est maître de son esprit est plus fort que celui qui prend des villes* (1), » pensée qui semble avoir été celle de Napoléon, quand son expérience lui fit dire :

« *La première qualité de l'homme est la constance à supporter la fatigue et les privations ; la valeur n'est que la seconde.* »

A qui fera-t-on croire maintenant que ce n'est qu'en face des ennemis de l'État qu'on est exposé aux violences, aux fatigues, aux dénis de justice, aux manques d'égards ? Mais c'est en regardant près de soi qu'on s'y voit généralement le plus en butte.

Non, ce n'est pas l'impuissance, mais bien l'aptitude à supporter toute espèce d'intempéries qui fait la force. Elle se révèle dans la conscience qu'on a de sa supériorité sur son offenseur, supériorité qui disparaît dès qu'on lui riposte, qu'on se met ainsi à son niveau, à moins que les chances contraires du combat ne vous fassent descendre encore au-dessous. Le caractère essentiel de la force, en un mot, c'est l'endurance ! Thémistocle est fort quand, au lieu de se faire embrocher par Eurybiade, il le contraint à le laisser parler et gagne la bataille de Salamine. Philippe de Macédoine est fort quand, s'entendant dire par les ambas-

(1) *Proverbes*, XVI, 32.

sadeurs des Athéniens que le plus grand plaisir qu'il pût leur faire était de se pendre, il s'oppose énergiquement aux voies de fait dont son entourage paraît ne pouvoir se défendre, et se contente de répondre aux insolents : « Allez dire à vos maîtres que ceux qui vous ont fait tenir de pareils discours n'ont pas la valeur de celui qui les écoute patiemment. »

Nonobstant tous ses éclats, tout son tapage, que ne connaît pas la force généralement silencieuse, la colère n'est qu'une pitoyable déséquilibration. Les anciens l'appelaient une courte démence. Quand cette passion n'obéit pas, disaient-ils, elle règne en tyran ; aussi ne doit-on épargner ni mors ni chaîne pour s'en rendre toujours maître.

« Aristote admet bien qu'elle puisse servir d'arme à la vaillance, mais il veut que ce soit une arme très bizarre, attendu que si nous tenons et agitons les autres, c'est elle, cette fois, qui nous tient, nous agite et guide notre main (1). »

Il n'y a pas de penseur qui n'ait été d'avis qu'il est plus viril de mépriser les injures que de s'en venger. La vengeance, pour Juvénal, n'est que la jouissance des esprits faibles et étroits.

Semper et infimi est exiguique voluptas ultio.

(Sat. XIII.)

(1) Montaigne, *Essais.*

Qu'on se garde bien, dit Cicéron, d'écouter ceux qui croient devoir pousser la haine contre nos ennemis jusqu'aux dernières extrémités, et qui prétendent y voir un acte d'homme supérieur, un effet naturel de courage et de grandeur d'âme. Il n'y a rien, au contraire, de plus louable et de plus digne d'un honnête homme que d'être incapable de ressentiment, et de conserver de la douceur pour tout le monde (1).

Sénèque veut que la vengeance la plus blessante pour celui qui nous offense soit de le juger indigne de notre ressentiment.

C'est, dit-il, le propre d'une grande âme d'être doux et honnête, de mépriser les injures et les offenses en les regardant de haut en bas.

Martial veut que la considération ne s'attache qu'à celui qui, au lieu de recourir pour corriger la mauvaise opinion qu'on a de lui au facile moyen que lui offre le meurtre, arrive à ses fins sans user de violence (2).

C'est une opinion toute semblable que se plaît à émettre saint Augustin, quand il dit : *Fortia agere romanum est, fortia pati christianum.* Il y a donc, selon lui, plus de mérite à savoir supporter qu'à savoir agir.

(1) *De Off.*, lib. I, cap. xxv.

(2) Nolo virum facili qui redimit sanguine famam,
Hunc volo laudari qui sine marte potest.

Sustine et abstine, disaient les stoïciens : ces deux mots renferment peut-être toute la sagesse de l'homme.

Pour Fénelon aussi, c'est à résister à son ressentiment que consiste le vrai courage tout autant que la vraie dignité.

Il faut avouer, dit-il, que s'il y a des sentiments par lesquels nous différons des bêtes, ce n'est pas par celui de la vengeance, puisqu'elles le connaissent aussi à leurs heures, et que nous y sommes, nous autres, d'autant plus portés que la raison a moins d'empire sur nous.

Qu'il s'agisse maintenant du provocateur ou du provoqué, il n'y a pas, bien entendu, de différence à faire.

Ne venez donc pas vous donner comme fort, vous qui vous laissez démonter par une insulte, une calomnie, une impatience, qui vous laissez mettre sens dessus dessous par un coup léger ! En quoi l'êtes-vous plus que les malheureux qui ne savent pas réagir contre le malheur ou le découragement ! Eh quoi ! vous parleriez de force, vous qui, dans la crainte du reproche aussi fou que criminel de savoir vaincre votre indignation, de vous montrer calme et sage, ne laissez pas que d'être assez mou, assez timide, pour vous laisser emmancher d'une épée ou d'un pistolet ! Qu'importent la sûreté de votre œil ou la vigueur de votre bras ? Ce n'est pas l'œil qui fait l'homme, ce n'est pas le bras non plus. Ce qui, par contre, est indéniable, c'est qu'esclave de l'opinion, vous obéissez servilement à un maître dont vous seriez le premier à vous moquer, s'il ne vous paraissait le plus fort. Qu'y a-t-il de plus pusillanime ? Il peut arriver, n'est-ce pas, que de fâcheuses circonstances mettent un jeune homme jusque-là très raisonnable en rapport avec de tristes garnements imbus plus ou moins sincèrement de l'idée très crânement admise en haut lieu sous la régence qu' « *il est honorable en France d'être un mauvais sujet* », opinion de nature à justifier ce mot que devait laisser échapper quelques années plus tard Mme de Pompadour, parfaitement en mesure, par son passage d'un milieu dans un autre, de faire des comparaisons : « *Il n'y a pas de plus mauvaise compagnie que la bonne compagnie.* »

Distinguo ! elle ne jugeait, hâtons-nous de le dire, que celle qui fréquentait la cour !

Bref, si le malheureux garçon dont je parle, pour se soustraire aux plaisanteries et aux sarcasmes, finit par se livrer aux désordres dont il est témoin, est-il plus homme qu'il ne l'était auparavant, comme se plaisent à le lui dire ses camarades ? Ses allures plus tapageuses le rendent-elles plus fort ? Non !

on en a fait au contraire un faible qui a cédé, qui a renoncé à la liberté qu'il devait à sa raison, pour se mettre sous la honteuse dépendance dont tôt ou tard et pour plus d'un motif il lui faudra se repentir.

Les Latins n'avaient qu'un seul mot, ***virtus***, pour exprimer l'idée de force qui triomphe et l'idée de vertu. Est-ce se tromper que de faire du vice le synonyme d'une faiblesse que ces mêmes Latins appelaient ***imbecillitas*** ?

Ecoutons ici le bon Montaigne : il nous prouve dans le passage suivant que même à l'époque où il est le moins en faveur, le bon sens n'en est pas moins toujours vivant.

La vaillance de qui c'est l'effet de s'exercer seulement contre la résistance s'arrête à voir l'ennemi à sa merci. Mais la pusillanimité, pour dire qu'elle est aussi de la fête, n'ayant pu se mêler à ce premier rôle, prend pour sa part le second du massacre et du sang.

Qu'est-ce qui fait en ce temps nos querelles toutes mortelles, et que là où nos pères avaient quelque degré de vengeance, nous commençons à cette heure par le dernier et ne se parle d'arrivée que de tuer ? Qu'est-ce, si ce n'est couardise ? Chacun sent bien qu'il y a plus de braverie et dédain à battre son ennemi qu'à l'achever, et de le faire bouquer que de le faire mourir. Davantage, que l'appétit de vengeance s'en assouvit et contente mieux, car elle ne vise qu'à donner ressentiment de soi ; et de tuer un homme, c'est le mettre à l abri de notre offense.

Il s'en repentira, disons-nous, et pour lui avoir donné une pistolade en la tête, estimons-nous qu'il s'en repente ? Il ne nous en sait pas seulement mauvais gré ; c'est bien loin de s'en repentir. Et lui prêtons le plus favorable de tous les offices de la vie qui est de le faire mourir promptement et insensiblement. Nous sommes à conillier, à troter, et à fuir les officiers de justice qui nous suivent, et lui est en repos. Le tuer est bon pour éviter l'offense à venir, et non pour venger l'offense qui est faite. C'est une action plus de crainte que de braverie, de précaution que de courage, de défense que d'entreprise. Il est apparent que nous quittons par là et la vraie fin de la vengeance et le soin de notre réputation. Nous craignons s'il demeure en vie qu'il nous recharge d'une pareille. Ce n'est pas contre lui, c'est pour toi que tu t'en défais...

Si nous pensions par vertu être toujours maîtres de notre ennemi et le gourmander à notre poste, nous serions bien marris qu'il nous échappât, comme il fait en mourant. Nous voulons vaincre plus sûrement qu'honorablement, et cherchons plus la fin que la gloire de notre querelle.

V

1. Le duel n'est pas qu'illogique ; il est encore insensé en vous exposant par crainte de chimères à un danger réel. La vengeance serait-elle aussi légitime qu'impérieuse, il offre à l'offensé le plus mauvais moyen de la satisfaire, en le mettant à la merci de l'offenseur. — 2. Si le meurtre est excusable quand le motive une suprême et juste indignation, il est honteux quand il se commet de sens rassis, en se donnant encore des airs de vertu. — 3. L'extravagance du duelliste est patente quand on le voit traiter un coquin avec d'autant plus d'égards qu'il est plus malpropre ; que loin de l'atteindre, il va plutôt contre le but poursuivi, ainsi qu'en témoignent certains duels connus ; quand il tient les coups les plus légers pour les plus graves, se bat sans colère, prétend faire naître les bonnes relations de coups d'épée ou croit devoir prodiguer les témoignages de sympathie à sa victime. — 4. Ce qu'il faut penser des affaires se terminant à coups de fourchettes.

1. — S'il est généralement incompatible avec la force morale, le vice l'est encore avec la logique, et c'est au champ clos que s'en trouve assurément la meilleure preuve. Partons du point qu'il y a des choses trop importantes pour être soumises à un jugement autre que le nôtre, et qui ne peuvent être tranchées que par un coup d'épée : je vais demander pourquoi tous les procès ne se terminent

pas de la même manière ; pourquoi vous n'êtes pas en toute circonstance accusateur, juge et bourreau. S'il vous est permis de vous passer de procédure en matière grave comme lorsqu'il s'agit de votre honneur, vous devez avoir, ce me semble, même latitude dans des affaires beaucoup moins sérieuses, comme les affaires d'argent par exemple. Qui peut le plus peut le moins.

Arrivons au chapitre de la vengeance, soit ! Considérée en elle-même, elle ne remédie jamais au mal, ne sert les intérêts de personne, et tout ce qu'on en peut dire, c'est qu'elle est insensée vis-à-vis des puissants, imprudente avec les égaux. lâche à l'égard des faibles; mais au point de vue du duel, il a de plus contre lui ce pauvre expédient, de faire encore plus d'accrocs au sens commun qu'à la peau.

Quelle proportion y a-t-il, je vous le demande, entre le danger auquel on s'expose et la cause qui vous y détermine? Ainsi, pour éviter un mal qu'exagèrent à ses yeux une mauvaise éducation ou une regrettable faiblesse, voilà un homme qui en affronte un beaucoup plus grand dont il aura peut-être toujours à gémir ! Voilà un homme qui fuit devant un fantôme pour aller se jeter dans un vrai précipice !

Si le duelliste tient à se venger, qu'il se venge !

Mais alors que ses actes aient un rapport quelconque avec le but poursuivi, au lieu de lui être diamétralement opposés !

On sait, n'est-ce pas ? ce qui se passe généralement en pareil cas. Parce que ma mauvaise étoile m'a fait rencontrer ce matin un braque qui ne rêve que plaies et bosses, un étourdi qui se méprend sur la signification d'un mot, comme il a peut-être perdu de vue tout à l'heure que l'eau est pour l'esprit comme pour le corps la plus saine des boissons, un mauvais plaisant qui m'a dit que ma figure est déplaisante, m'a peint sous des traits auxquels je ne me reconnais pas du tout, ou bien encore qui s'est permis des gestes d'un goût douteux vis-à-vis de la femme que j'ai au bras, il faut que je lui fasse de suite l'honneur d'entrer en relations avec lui, en reconnaissant à son insolence le pouvoir de compromettre ma bonne réputation ou l'honneur de ma femme ! Il faut que je me tienne pour responsable des torts que son incivilité s'est donnés vis-à-vis de moi ou des miens. Il faut que le fait d'avoir reçu un affront me fasse éprouver le besoin d'en recevoir un nouveau, et que je m'apprête à estropier un écervelé pour faire voir qu'il n'a pas le sens commun ou à me faire tuer par un coquin pour prouver qu'il est digne de mort. Bref, je dois m'infliger à moi-même la peine dont le coupable me semble passible, peine qui doit atteindre également les miens si je les prive d'un appui sur lequel ils étaient en droit de compter. Que penserait-on d'un individu qui dirait au tribunal : si le voleur qui a forcé mon coffre-fort doit être condamné aux travaux forcés, mon honneur exige que je subisse la même peine, je veux être mis sur le même pied, partager le même sort. On dirait qu'il est fou! C'est cependant le cas de celui qui se bat, qui pousse ainsi l'aberration au point d'admettre que le *nec plus ultra* de la vengeance, quand on a reçu une offense, consiste à recevoir la mort de la propre main de l'offenseur, à faire hommage de sa vie à l'homme qu'on méprise, parce qu'il lui plait de risquer la sienne, ou du moins de le faire croire. Qu'est-ce donc que se venger à ses dépens, sinon le comble de la niaiserie?

Passe encore qu'on vienne me raconter qu'il n'existe pas pour moi en pareil cas de tribunaux compétents, ou qu'on me plaisante si je dépose une plainte devant des juges : ce ne serait à la rigueur que ridicule; mais le seul et unique avis par exemple qu'on devrait alors me donner serait de rester tranquille. Une fois admis, en effet, que la vengeance doit avoir de l'attrait pour moi, et qu'elle m'est d'autre part bien permise, on doit forcément me détourner du duel qui est le plus détestable moyen de la satisfaire, puisqu'il me fait consentir à être la victime de mon offenseur. Non, pour ne pas perdre tout à fait l'esprit, il me faut en pareille occurrence, à défaut de moyen exigeant plus de savoir-faire, tuer comme à la guerre celui qui est l'objet de ma haine, tout en mettant ma vie en sûreté.

Et devant quels scrupules vous arrêteriez-vous donc ? A la guerre que le pays entreprend aussi, nous dit-on, pour défendre son territoire ou son honneur, à la guerre que précèdent aussi de solennelles déclarations, à la guerre que Louis Veuillot, mort depuis longtemps ! qualifie d'*œuvre sainte* (1), ne permettez-vous pas à vos soldats de surprendre l'ennemi à l'improviste, de l'attaquer par derrière, de lui tendre des pièges ? ne leur recommandez-vous pas de lui faire tout le mal possible, sans s'exposer eux-mêmes à ses coups ? Serait-ce la gravité des motifs qui donne en pareil cas toute latitude ? Certains duels devraient jouir à coup sûr de la même prérogative, et en jouir à plus forte raison. Car enfin, si dans l'immense majorité des cas, c'est à des futilités, à de simples railleries, à des appréciations malveillantes, qu'on doit de se rendre sur le terrain, on ne saurait nier qu'il n'y ait des

(1) *La Guerre et l'Homme de guerre.*

circonstances où l'offense revêt un caractère de gravité exceptionnelle.

2. — Et c'est là, je le sais bien, que vous m'attendez sans doute pour me faire admettre que le duel est parfois aussi légitime qu'indispensable. Eh bien non ! même en pareil cas, je n'ai rien à en faire du tout. Ici encore nous ne pouvons pas ne pas nous entendre. Comme vous, je veux qu'il n'y ait pas de volonté qui tienne devant la fougueuse indignation que soulèvent chez l'honnête homme certaines paroles ou certains actes. Comme vous, je crois aux plaies morales bien plus douloureuses parfois que celles qui se doivent à une pointe affilée, bien trop profondes aussi pour que personne puisse les sonder. Comme vous, je tiens non seulement pour ridicule, mais encore pour meurtrissante la prétendue réparation que réservent à certains outrages l'indifférence ou les lenteurs d'une justice qui, en notre temps d'automobiles, n'en est même pas encore, elle, à la diligence ! Ainsi, par exemple, qu'on fasse pleurer votre mère sous le coup d'ignobles calomnies, qu'on fasse violence à la femme que vous aimez, qu'on tente de déshonorer votre sœur ou votre fille, je comprends à merveille que vous ne restiez pas maître de vous, que, pris d'un accès de fièvre chaude, vous bondissiez séance tenante comme un tigre sur le coquin qui vous broie dans

vos sentiments les plus vifs ; je comprends que vous lui fassiez payer de sa vie son infamie, mais à une condition toutefois : c'est que chez vous ce soit la violence de la passion qui frappe sur-le-champ sans calculer, ni s'embarrasser de règles ou de conventions, sans vouloir laisser à la vanité le soin de le faire à froid dans un délai déterminé, car je n'admettrai jamais que de franche qu'elle a pu être à un moment donné, votre indignation devienne factice ou hypocrite, en se donnant des airs de vertu, en prétendant rester pure de toute mauvaise passion parce qu'elle dissimule ses intentions homicides sous un faux sang-froid et des formules d'estime ou de politesse. Il n'y a plus moyen, remarquez-le bien, de trouver dans ce second cas qui est répugnant l'excuse qu'on est tout prêt à vous accorder dans le premier qui n'est que regrettable.

Donner la mort à quelqu'un est un acte que réprouvera toujours la haute philosophie comme le vrai progrès, auquel je crois d'autant plus qu'il s'éloignera moins des enseignements du Christ ; mais vu notre ordre social, où l'étude de la morale pure et simple est loin de marcher de pair avec celle des sciences comico ou tragico-politiques, il faut convenir bon gré mal gré qu'il y a des circonstances où le meurtre est fatal, et ne vous fera jamais passer pour criminel, même aux yeux des gens les plus sensés et les plus honnêtes. Rappelez-vous le verdict de ce jury anglais dont parle M. Dupin : un père avait tué le ravisseur de sa jeune fille, et non seulement il avouait le meurtre, mais il exprimait encore énergiquement le regret de n'avoir pu le commettre qu'une fois sur la personne du scélérat. Qu'en advint-il ? C'est qu'il fut acquitté aux acclamations bruyantes de l'assistance, et l'Angleterre tout entière d'applaudir à cet arrêt qui eût été exactement le même si le malheureux père, avant de se faire justice, n'avait pas cru devoir mettre préalablement une arme aux mains de la brute dans laquelle il n'eût jamais dû consentir à voir un adversaire.

C'est qu'en pareil cas il n'y a pas de loi qui ne soit réduite au silence, et comment ne le serait-elle pas, la nôtre, sans aller plus loin ? Elle me permet de tuer l'individu qui, le soir, au coin d'une rue, se jette sur moi pour me prendre ma montre ; elle croit à tort ou à raison pouvoir accorder en certains cas *droit* de vie et de mort sur la femme qui cède à un moment de faiblesse, et elle oserait nous donner comme inviolable la personne d'un fieffé coquin ? Heureusement la conscience publique n'est pas encore assez faussée, elle est encore trop libre pour ne pas faire les distinctions qu'impliquent les circonstances et attacher à chaque cas le degré de flétrissure qui lui convient. La conscience publique conçoit très bien l'acte de fureur qui, motivé, n'est, en somme, qu'une révolte du sens moral mis alors en cas de légitime défense, révolte non seulement licite, mais obligatoire en quelque sorte devant le flagrant désordre. Ce que, par contre, elle ne concevra jamais, c'est l'acte de violence que ne détermine pas l'explosion des sentiments honnêtes inhérents à notre nature, et par là même respectables, l'acte de violence commis de propos délibéré et semblant affirmer dans le droit au meurtre quelque chose qui, finalement, n'existe pas. Ce que la conscience publique réprouvera toujours, c'est l'acte de démence auquel on ne peut donner aucune explication ni attribuer le moindre avantage.

Il y a là une différence qui me rappelle celle que me faisait jadis remarquer mon professeur de latin à propos d'une version. Il me disait : « Le contresens exprimant une idée qui, pour ne pas être celle de l'auteur, n'en est pas moins acceptable, s'explique et s'excuse ; mais le contre-bon sens, qui ne signifie rien, ne s'excuse jamais !

Quand le grave M. Guizot, devant les efforts faits pour combattre le duel, disait du haut de la tribune : « *La société française doit renoncer à empê-*

cher les duels qui auront une juste cause », il avait beau en limiter beaucoup le nombre, il se trompait. Il devait dire : « La société n'empêchera jamais les meurtres qui auront de justes causes. » Il est clair, en effet, que les actions ignobles nous feront toujours éprouver, espérons-le du moins, de l'indignation, de la colère, voire de la rage, mais tout procédé contre nature ne peut forcément avoir qu'un temps. Le furieux est un homme égaré ; le fou n'est plus un homme.

Ne venez pas me dire : C'est parfait ; mais où sera donc la ligne de démarcation entre le crime et l'acte qu'il vous plaira de ne pas stigmatiser de pareille dénomination ?

Attendez ! montrez-nous-la d'abord, la ligne de démarcation séparant les offenses qui méritent un cartel de celles qui ne le méritent pas. Ignorez-vous donc que cette conscience publique dont je parlais tout à l'heure sait parfaitement, sous ce rapport, à quoi s'en tenir. Dispensez-moi donc de vous exposer ce qui incrimine le meurtre, ce qui ne l'incrimine pas. J'aime mieux vous dire avec Rossi : « Prononcez le mot crime, tout le monde vous comprend ; donnez une définition, vous êtes inintelligible. » Que le meurtre ne mette pas au même rang ceux qui le commettent, je n'ai pas à vous l'apprendre, vous le savez d'avance. Ce qui nous importe, d'ailleurs, ce n'est pas de savoir pourquoi il en est ainsi, c'est tout simplement de le savoir.

Un sceptique demandait un jour à un philosophe ancien de lui donner une preuve du mouvement ; le philosophe pour toute réponse se mit à marcher. Et moi j'en fais autant en disant que l'assassin qui tue un honnête homme, que l'honnête homme qui sous le coup d'une juste indignation, tue un coquin, n'ont pas du tout le même fait sur la conscience, ne sont pas passibles du tout de la même peine. Et puis tenez, écoutez encore une chose : c'est que le scrupule serait pour le moins divertissant chez le bourgeois qui demain, si le cœur lui en dit, ne se fera certainement pas faute, et sans le concours d'aucun tribunal, de tuer l'amant de sa femme, et de déclarer ensuite son honneur pleinement satisfait.

Voyons, voyons, Monsieur Prudhomme, convenez-en : à ce compte-là, il y a réellement de par le monde des crimes qui, eux aussi, méritent bien une justice aussi expéditive ! La question a son intérêt ; nous aurons à y revenir plus tard dans une autre étude.

3. — Ce qui me paraît être encore dans le duel un comble de stupidité, c'est qu'on y traite un individu avec d'autant plus d'égards qu'il est plus méprisable. Supposez que pendant votre absence un cambrioleur bien mis, un liquidateur si vous voulez, s'introduise chez vous, et que, rentrant à l'improviste, vous le trouviez en train de mettre de l'ordre dans les tiroirs de votre secrétaire : aux épithètes de voleur et de bandit que vous lui lancez tout en vous jetant sur lui, il répond en vous présentant sa carte et en vous traitant de lâche si vous refusez son défi. Vous ne serez jamais assez dénué de sens commun pour l'accepter. Comment appeler alors sur le terrain l'homme qui, de votre propre aveu, s'est rendu coupable d'actions encore plus malpropres, encore plus révoltantes ?

..... Tu prendras pour arbitre suprême
Le hasard d'un duel entre un infâme et toi.

vous dit Casimir Delavigne. Vous oublierez que se battre avec un malhonnête homme, c'est l'élever à son niveau ou plutôt descendre au sien, ce dont il n'y a réellement pas lieu de se féliciter, s'il est vrai que qui se bat s'assemble et que qui s'assemble se ressemble !

Ainsi, c'est parce qu'un homme s'est rendu coupable d'une scélératesse vis-à-vis de vous ou de l'un des vôtres qu'il acquiert *ipso facto* sur votre vie des droits que n'a pas l'honnête homme. C'est ni plus ni moins invraisemblable ! Tuez le scélérat, vous dis-je, s'il vous est impossible de vous maitriser, mais en le laissant se payer votre tête, n'allez pas lui procurer la jouissance d'ajouter un nouveau crime à celui qu'il a déjà commis, crime qui doit lui permettre d'affirmer son honneur et de se refaire une virginité !...

Votre procédé, je vous prie instamment de bien vouloir y faire attention, sera tout aussi féroce que le duel, mais il aura la bêtise en moins.

A quel caractère l'acte de démence se reconnait-il encore généralement ? A ce qu'il est dénué de toute espèce de portée, n'atteint aucun but, ne motive aucune conclusion, à ce qu'il est en un mot parfaitement inutile. N'est-ce pas le fait du duel qui jamais n'a donné la solution d'une difficuté, n'a démontré une vérité, n'a mis en évidence la fausseté d'une accusation dont l'auteur, grâce à lui, loin d'être condamné comme il l'eût été par le magistrat, se voit au contraire élevé sur le pinacle. Une fois que vous avez tué votre adversaire pour le punir d'avoir avancé une chose qui vous a été d'autant plus sensible, en général, qu'elle était moins discutable, avez-vous prouvé que votre victime était dans son tort, que vous ne méritiez pas le démenti qu'elle opposait à vos faussetés ? Pas le moins du monde ! Si l'on pouvait avant le duel avoir quelques doutes au sujet de votre loyauté, ces doutes ne peuvent que s'accroître après un acte de violence commis au mépris de toute morale, et dorénavant ce sera la peur et non l'estime que vous pourrez vous flatter d'inspirer. Bref, la question de savoir qui se trompe ou qui a raison ne fait pas un pas au cliquetis du fer ; elle est exactement après ce qu'elle était avant. La seule et unique chose qui puisse résulter des coups d'épées, c'est qu'on s'est battu.

Molière a ma foi bien raison lorsqu'il fait dire à Sganarelle :

> Quand j'aurai fait le brave, et qu'un fer, pour ma peine,
> M'aura d'un vilain coup transpercé la bedaine,
> Que par la ville ira le bruit de mon trépas,
> Dites-moi, mon honneur, en serez-vous plus gras ?

Oh non ! cent fois non ! mais en revanche ma bêtise renforcée de férocité aura été tout aussi pommée qu'elle pouvait l'être !

Saint-Foix, l'auteur des *Essais sur Paris*, entrant un jour au café Procope à l'heure des dîners, s'approcha d'une table où quelqu'un prenait une bavaroise, et dit assez haut pour être entendu : « C'est un pauvre dîner qu'un dîner fait avec une bavaroise ! » L'amateur, se formalisant aussitôt, prit ses grands airs pour faire observer que personne n'avait le droit de trouver à redire à la façon dont il composait son menu. « Je vous l'accorde, repartit l'autre ; mais il n'en est pas moins vrai, Monsieur, que c'est un pauvre dîner que celui qu'on fait avec une bavaroise. » La répétition du propos produisit alors ce que bien des gens ont entrevu déjà, j'en suis sûr. Elle troubla la... digestion du modeste consommateur, au point de lui faire demander raison. Et comme le costume habituel de l'époque comportait l'épée, les deux champions purent se battre séance tenante. Atteint dès les premières passes, Saint-Foix crut devoir demander à son adversaire s'il voulait qu'on en restât là. Et comme l'adversaire y consentait : « Vous m'avez blessé, lui dit Saint-Foix, et j'en serai quitte pour garder la chambre quelques jours ; mais maintenant que l'honneur est satisfait, avouez que même au cas où vous m'auriez tué, c'est un pauvre dîner que le dîner fait avec une bavaroise. » Cette fois, il fallut bien se décider à rire, en prenant à la fin de l'affaire le parti qui eût été bien meilleur encore au commencement.

C'est encore Saint-Foix qui, se trouvant un jour à côté d'un spadassin, trouva plaisant de lui dire :

— « Savez-vous, Monsieur, que vous puez comme un bouc ! — Vous m'insultez, riposta l'autre, et vous m'en rendrez raison. — Qu'à cela ne tienne ! » Le rendez-vous est assigné, combattants et témoins s'y trouvent ; mais avant d'entrer en lice, Saint-Foix dit à son adversaire : « Convenez, Monsieur, que nous sommes bien fous de nous battre pour pareille affaire, car enfin si vous me tuez, vous ne puerez pas moins, et si je vous tue, vous puerez bien davantage. »

En fait d'histoires, on n'a, bien entendu, que l'embarras du choix.

La duchesse de Longueville, sœur du grand Condé, et la duchesse de Montbazon, célèbres toutes les deux par les intrigues dont elles remplirent la cour d'Anne d'Autriche, se prirent de querelle à propos d'un billet doux qu'on supposa tombé de la poche du comte de Coligny au moment où il sortait du salon de Mme de Montbazon, et qui fut attribué à Mme de Longueville. Cette dernière, apprenant que les propos, trop vrais peut-être pour ne pas l'offenser, avaient été tenus sur elle dans une réunion qui eut lieu chez Mme de Montbazon, et que le duc de Guise avait pris part à la conversation, ne se contenta pas des excuses qui lui furent faites sur l'ordre de la reine : elle exigea du comte de Coligny, son amant en titre, d'appeler en duel le duc de Guise, favori de l'autre noble dame. Le combat, auquel assistait Mme de Longueville, postée derrière une jalousie, eut lieu en plein jour sur la place Royale. Coligny, blessé mortellement, expira peu de temps après. Et qu'en advint-il ? Que l'honneur de Mme de Longueville fut mis à couvert par ce meurtre ? Non, il donna au contraire libre carrière à tous les bavardages. On fit de suite, dit un historien du temps, « *un mauvais couplet de chanson qui disait clairement ce que la lettre avait donné lieu de soupçonner en badinant* (1). »

Ces histoires, qui sont celles de toutes les rencontres, montrent bien que le duel est une pure inconséquence, une espèce de jeu de hasard, un moyen qui ne fait ressortir en aucun cas les qualités ou les défauts des combattants, qui ne répond nullement aux fins pour lesquelles il est adopté. Ce n'est plus, il est vrai, au jugement de Dieu qu'on abandonne ce qui doit se régler par la raison, mais c'est toujours au hasard à se prononcer sur

(1) Voy. d'Almbert, *Physiologie du duel;* Colombey, *Histoire anecdotique du duel.*

un démenti, comme il avait à se prononcer dans le temps sur une contestation de dix sous. Et si la cérémonie ne se termine plus par le triomphe de l'un et la mise au bûcher de l'autre, nous devons lui reconnaître de nos jours des effets plus merveilleux encore que ceux qu'on lui attribuait lors du combat judiciaire. Car enfin c'est la victoire qui décidait autrefois du bon droit, tandis qu'aujourd'hui vous êtes absous par le fait seul de combattre. Oh ! si l'on ne ferraillait jamais que pour des injures intéressant la vaillance, je comprendrais encore qu'on pût prouver avec quelque teinte de vraisemblance qu'on ne les méritait pas, mais ce n'est jamais pour de semblables motifs qu'ont lieu les rencontres. On se provoque la moitié du temps pour tout autre chose. Est-ce qu'on ne tue pas bien souvent son homme pour lui imposer une obligation ou lui faire tenir une promesse ?

Le comte de G***, il y a quelque cinquante ans, après avoir laissé entendre qu'il épouserait la sœur du comte H***, avait eu des raisons de changer d'avis, et pour s'affranchir de cette sorte d'engagement s'était même décidé à s'esquiver de Londres. Mais H*** le suivit, et, l'abordant au moment où il mettait le pied sur le vaisseau qui devait le ramener en France : « Prenez garde, Monsieur, lui dit-il d'un ton très significatif, vous oubliez quelque chose. — C'est vrai, répliqua l'autre, j'oublie d'épouser Mlle votre sœur. » On ne saurait, n'est-ce pas ?

penser à tout. Bref, il revint à Londres où il prit son parti... en brave, ce qui n'est ici, bien entendu, qu'une manière de parler !

Allez donc dire après cela que toutes les erreurs ne s'enchainent pas les unes les autres ! Voyez-vous un monsieur brûlant la cervelle à quelqu'un pour en faire son beau-frère ? en voyez-vous un autre se laissant imposer, le pistolet au poing, un mariage qui ne lui sourit pas ? Voyez-vous une dame consentant (en son for intérieur) à recevoir la visite d'un drôle de pistolet qui ne part que de force ! Si vous n'avez jamais vu le genre ostrogoth, en voilà, et en grande largeur encore, garanti qui plus est pure laine et bon teint.

Prenez le duelliste au moment qu'il vous plaira : vous le trouverez toujours en révolte ouverte avec le plus vulgaire bon sens. Il l'est avant le duel en se fâchant de certaines offenses par cela seul qu'il est admis qu'on doit s'en fâcher. « *La grandeur des excès*, a dit Montesquieu, *a fait longtemps la grandeur des outrages*, » ce qui paraît assez logique. Pour le duelliste il en va tout autrement. *Plus est in opinione quam in veritate*, autrement dit c'est moins la vérité que l'opinion qui donne lieu à sa colère. Les expressions les plus ordurières, bien que l'impressionnant vivement, ne lui donnent pas le goût du sang ; il n'y a que les épithètes de sot ou de fat qui lui fassent éprouver les sentiments dont il était redevable jadis à de futiles questions de préséance dans les églises, de pas dans les processions, de chasse, de rivalités féodales quelconques devenues avec le temps de vaines chimères. Ce n'est pas non plus le coup violent, le coup de massue, le coup laissant des traces visibles qui méritent son attention. Pour lui l'injure augmente en raison inverse de la grosseur du bâton. A moitié assommé au coin d'un bois, il ne songe nullement à provoquer son agresseur ; le coup de poing n'offense pas ou ne vaut qu'un autre coup de poing. Pour qu'il se dise de par la tradition déshonoré, il faut qu'il n'ait reçu qu'un léger coup de gant, de badine ou de cravache, ou bien encore un semblant de soufflet n'ayant laissé, bien entendu, aucune rougeur sur la peau. C'est alors que toucher à un visage déclaré sacro-saint par l'orgueil constitue un sacrilège dont l'offensé lui-même n'a pas le droit d'absoudre, bien que ce même droit ne lui soit pas contesté dans des circonstances beaucoup plus graves, où ses intérêts sont bien plus sérieusement compromis. Ici, qu'il soit disposé à oublier l'injure, que les excuses, les réparations, les preuves les moins équivoques de repentir lui soient offertes, prodiguées même, l'honneur officiel se doit à lui-même de rester cette fois implacable, de s'opposer obstinément au pardon, d'exiger impérieusement une saignée. Corneille dans *le Cid* le fait enseigner par un père à son fils :

> Ce n'est que dans le sang qu'on lave un tel outrage,
> Meurs ou tue (1)...

Ce n'est pas seulement avant, c'est pendant le combat que le duelliste est un être à part. Qui voyons-nous arriver sur le terrain ? Un individu ressemblant si peu au reste des hommes qu'il a le pouvoir d'ajourner la satisfaction de sa vengeance à un moment où il n'est plus sous le coup de son ressentiment, de faire de sens rassis ses préparatifs d'extermination. Or pouvoir se battre sans éprouver de fureur, c'est appartenir à la classe des mammifères qui mangent sans faim, boivent sans soif, dansent sans s'amuser, que sais-je ? des gens enfin qui, pour agir, n'ont pas besoin d'en éprouver le désir, qui subissent tout simplement l'impulsion due à l'usage, impulsion que donne également

(1) On se rappelle le sang-froid de Talleyrand qui, recevant un soufflet, s'écrie de suite : « Quel coup de poing il vient de me donner ! » Les doigts de la main du brutal étaient fermés d'après cette allégation mensongère, au lieu d'être ouverts, l'état de la question était par là même complètement changé. La présence d'esprit du diplomate avait concilié son amour de la paix avec le respect des exigences sociales. Un soufflet nécessitait un duel ; un coup de poing permettait décemment à M. de Talleyrand de faire un procès correctionnel qui eut lieu en effet. (D'Almbert, *Physiologie du duel.*)

la vapeur à d'autres machines parfaitement construites, je vous prie de le croire, et parfois aussi très dangereuses. Le duelliste tue sans haine quand il tue, ce qui devient rare, et sans doute parce que c'est trop respecter encore le bon sens que de vouloir, quand on attaque un homme à main armée, se promettre de lui ôter la vie. L'intention homicide commence décidément à ne plus être aussi bien portée : elle manque maintenant de distinction. On préfère le duel se terminant sans catastrophe et servant seulement de soupape de sûreté, destinée à laisser échapper les inimitiés et les haines. Me fera-t-on voir là un réel progrès ? Mon Dieu, non ! Il est loin en tous cas de me satisfaire ! Pour être moins féroce, la manie dénote, à coup sûr, beaucoup plus d'irréflexion, et la civilisation véritable a certainement moins à redouter le furieux que l'inconscient. Le mot de Rabelais est de ceux qui seront éternellement vrais : « Tout mal vient d'ânerie. » Comment n'en pas voir une dans « *l'affaire où la gentillesse, dit Jean-Jacques Rousseau, se mêle à la cruauté, où l'on ne tue les gens que par hasard, celle où l'on se bat* **au premier sang** » ? Au premier sang ! « Et qu'en veux-tu faire de ce sang, bête féroce, veux-tu le boire ? » Non pas, mais le voir seulement, n'en voir qu'une goutte, car la tirer au patient, c'est faire de lui son meilleur ami, à en croire certains auteurs dont on ne saurait nier la haute compétence... en fait de cuisine !

Le duel, nous dit M. Brillat de Savarin, contribue au maintien des égards qu'on se doit dans la société, non, comme on a paru le croire, par la frayeur qu'il cause, mais en rendant plus important et plus général ce principe de l'éducation première qu'il ne faut offenser personne. Il contribue à éteindre les haines ; il est rare qu'elles survivent à un combat après lequel on est obligé d'estimer celui qui a offert satisfaction de bonne grâce ; mais le duel empêche surtout les assassinats...

Comment donc ! mais c'est par hygiène qu'on se rend de nos jours sur le terrain.

Duelliste tu te feras pour aimer convenablement.

On ne dit plus comme autrefois : Soyons frères ou je t'assomme, on dit : Je t'assomme et soyons frères ! C'est réellement très touchant ; reste à savoir maintenant si l'on n'a pas affaire ici à ceux qui faisaient déjà dire au XVIIIe siècle : « *On en voit qui évitent le duel tout en faisant les duellistes*. » pensée qu'a reproduite depuis le quatrain suivant :

> Ces deux preux que la frousse assiège
> Sont revenus saufs, Dieu merci !
> Leurs pistolets étaient de Liége ;
> Leurs balles en étaient aussi.

Reste à savoir encore si M. de Savarin ne prend pas l'exception pour la règle, s'il ne s'en laisse pas imposer par les témoignages hypocrites d'intérêt qu'il est d'usage de se donner après la représentation, et que je range sans hésiter dans la catégorie de toutes les formalités par lesquelles je viens de rappeler qu'elle se prépare, se poursuit et comporte. Que penser de l'individu qui accourt pour secourir, entourer de soins, qualifier de cher ami l'homme dans lequel, pour vouloir le tuer ou le blesser, il voyait il y a quelques instants un ennemi ; l'homme auquel il a porté des coups prémédités dont il a dû forcément à un moment donné s'applaudir. Regardez-le donc joignant ses lamentations à celles de témoins qui dix minutes auparavant préparaient les instruments de supplice, envoyant plusieurs jours de suite prendre des nouvelles de la victime, etc., etc.

Eh ! pourquoi toutes ces minauderies, nous dit Jacques Bonhomme? c'était cependant bien facile à voir ! Pourquoi s'exclamer quand il n'y a plus de remède ? N'était-ce pas bien plus simple de se faire des amitiés avant la pantomime ! A quoi bon se mitrailler, nom d'un pétard, si c'est pour avoir à le regretter ? (*Sic.*)

Eh bien oui, mon bon Jacques ! il n'y a qu'un malheur, tu oublies que ton gros bon sens manque généralement de distinction. Allons, mêle-toi de tes affaires !

*. — Permettez ! il s'en faut de beaucoup que les choses tournent toujours mal. C'est même la grande exception. A côté des duels occasionnant la mort et qui sont déplorables, il y a ceux qui se terminent sans blessures et ne sont que risibles. Combien de parties d'escrime innocentes qui ont même fini par des goguettes ? Combien de rencontres qui finalement n'ont eu lieu que :

Dos au feu et ventre à table !

Et puis quand vous direz, voyons ! On peut très bien consentir à se casser la figure, mais ce n'est pas du tout une raison pour se laisser mourir de faim !

Rien n'empêche d'abord l'homme de cœur d'être sur sa bouche. Les braves qui font éclater la poudre savent très bien aussi faire sauter le bouchon ! Aux armes, bons vivants ! passez donc au salon !... Mangeons, buvons ! Qu'un vin d'honneur abreuve nos pardons !

Eh oui, c'était des fourchettes que vous deviez tout d'abord vous servir ! Malheureusement, ce n'est pas encore admis, et très à tort !

Je sais que ce n'est pas l'usage ;
Plus d'un brave que je connais
Aime bien mieux, en homme sage,
Que le déjeuner vienne après.

Par ce calcul bonne est l'affaire,
Car, dès que l'on a fait servir,
Bien vite on éteint sa colère,
Pour ne rien laisser refroidir,

et arriver au plus vite à se porter de chaleureuses santés. Messieurs, à la vôtre ! Mais une fois que vous aurez vidé vos verres, faites-moi, je vous prie, l'amitié de me dire si pareils agissements dénotent vraiment un esprit sain. Il faut y être habitué d'enfance, autrement on n'y verrait à coup sûr que le fait de la folie la plus caractérisée.

Le duel, nous l'avons vu tout à l'heure, a été défini en haut lieu : un combat singulier consenti à l'avance avec chances égales de mort ou de blessures. A cette définition je propose d'en substituer une autre qui me paraît certainement plus exacte. Je demande qu'on dise à l'avenir : Le duel est un combat bien singulier, essentiellement inégal en ce qu'il est pour l'offenseur l'addition d'un crime à une faute et pour l'offensé l'addition d'une duperie à l'injure reçue.

Et maintenant laissons pour quelques instants la parole à ceux qui ne sont pas convaincus ou plutôt peut-être ne veulent pas le paraître. Je tiens d'autant plus à entendre leurs objections qu'elles vont me permettre de faire apprécier à leur juste valeur les prétendus avantages du préjugé qu'ils trouvent bon ou beau de défendre.

VI

1. L'erreur qui fait honneur au duel du maintien de la politesse vaut celle qui le donne comme une institution chrétienne impliquant des sentiments religieux inconnus aux anciens. Défense des païens par les théologiens eux-mêmes. — 2. La crainte ne mène à la sagesse que sous certaines conditions sans lesquelles l'harmonie sociale est beaucoup plus compromise que garantie. — 3. Les égards réciproques dont la morale nous fait une douce obligation n'ont rien de commun avec la sensibilité extravagante de l'époque de Henri III ou avec une politesse hypocrite faite de précautions ridicules et de mensonges dignes des sentiments religieux de Brantôme ou de ses idées sur l'honneur. Une page de son discours sur les duels. Supposé que le duel entretienne la politesse, ce n'est pas à la Chambre des députés. — 4. Balivernes de M. Guizot. Nos mœurs actuelles ne consacrent pas plus le duel que le vol et l'assassinat. Il n'y a pas de coutume barbare qui n'ait une origine et ne doive avoir une fin. Vendetta des Corses. — 5. Opinions de Mme de Staël et de Jean-Jacques Rousseau. Le duel n'est pas consacré par les mœurs, mais il en consacre la corruption.

1. — Eh oui, si invraisemblable que paraisse la chose au premier abord, certaines gens regrettent encore aujourd'hui que le duel aille rejoindre dans l'oubli toutes les criminelles folies qui se sont commises à travers les âges sous le couvert de la religion, de l'honneur ou du patriotisme. A les entendre, il devrait être maintenu comme étant une caractéristique du tempérament français, en raison aussi de son utilité fondamentale, utilité dont on ne saurait douter, si l'on veut bien reconnaître que c'est à lui que nous devons nos égards réciproques et cette politesse soi-disant exquise qui, sans lui, ferait place à la plus répugnante grossièreté. Il y a plus : sur la foi d'écrivains appartenant au peuple le plus poli de la terre, le plus spirituel aussi, qu'on se le dise ! loin d'incriminer le duel, nous devons voir en lui « *le grand maître de la civilisation moderne* ». Mon Dieu ! tout s'écrit, ai-je besoin de le dire? On a bien pu lire un jour dans un livre : Dieu, c'est le mal, apophtegme d'une digestion non moins laborieuse, du moins pour le commun des paroissiens.

De l'avis donc d'auteurs au nombre desquels figure le grave M. Guizot, le duel est salutaire, moral et nécessaire. « *Il se commettrait*, dit-il, *chaque jour une infinité d'insultes et de molestations même à la face des magistrats s'il n'y avait pas partout où se trouve un homme de cœur une justice seule appréciatrice de ces cas, justice qui se lève tout à coup en face de l'insolent et du lâche agresseur, une épée ou un pistolet à la main.* » C'eût été réellement fâcheux de ne pas citer la pensée de ce grand homme ; elle est très instructive, en ce qu'elle montre jusqu'où peut aller la hardiesse de l'esprit humain. Et puisque nous en sommes aux choses sortant quelque peu de l'ordinaire, pourquoi ne mettrions-nous pas en pendant une assertion émise beaucoup plus récemment dans un ouvrage très sérieux (1) :

« Les anciens ne connurent jamais ce que dans nos mœurs on appelle le point d'honneur. D'ailleurs ils n'étaient pas chrétiens, *et le duel est une institution chrétienne*, car il représente la foi complète dans l'omniscience et l'ingérence divine, sentiments inconnus des païens, et que nous verrons plus tard servir de base au Jugement de Dieu dont le duel moderne est le successeur direct. En entrant dans le champ clos, un chevalier prononçait cette formule : « Me voici prêt avec l'Evangile d'une main et l'épée de l'autre. » En 991, Vicence, champion du clergé, disait : *Ecce me paratum cum Evangelio et scuto et fuste*. Les souverains accordaient la prérogative de décerner la patente du camp à des évêques, à des chapitres..... »

Que les anciens n'aient pas fait de Dieu l'Être sachant tout et veillant à tout, c'est ce qu'il importerait vraiment de démontrer, et la chose ne laisse pas que d'être très difficile quand on parcourt, entre autres écrits, ceux des Platon, des Socrate, des Cicéron, des Sénèque, écrits qui faisaient faire

(1) Comte du Verger de Saint-Thomas, *Nouveau Code du duel*.

à Minutius Félix, orateur chrétien du IIIe siècle, cette réflexion significative : « On peut se demander si les chrétiens sont des philosophes, ou si les philosophes étaient déjà des chrétiens. » (Octav., c. XX.)

Songerait-on à l'accuser d'erreur ? Et que veut dire alors saint Paul quand il écrit aux Romains : « N'ayant pas la loi (révélée), les Gentils font naturellement ce qu'elle commande, ils sont à eux-mêmes la loi ; faisant voir que ce qui est prescrit par la loi est écrit dans leur cœur comme leur conscience leur en rend témoignage (1). »

A quoi pense saint Augustin en professant pour Platon une grande estime, une sincère et légitime admiration, en applaudissant à sa gloire éminente et méritée, en lui reconnaissant un génie admirable, en le louant d'avoir composé une philosophie complète, renfermant la morale, la contemplation de la nature, la méthode d'arriver au vrai, etc. (2) ?

Le célèbre père jésuite Baltus s'abuse-t-il donc aussi quand il reconnaît que les païens connurent l'unité de Dieu, sa toute-puissance, sa providence, sa justice s'exerçant sur l'homme de diverses manières, par le remords de la conscience, par les

(1) *Rom.*, c. II.
(2) *Cité de Dieu*, l. VIII, c. IV, v. 9.

peines et les récompenses de l'autre vie, quand il fait remarquer que des Pères de l'Église, comme saint Clément d'Alexandrie, saint Justin, Eusèbe, Théodoret, saint Basile, saint Grégoire de Nazianze, Lactance, ont fait des recueils des bons préceptes trouvés non seulement dans les philosophes, mais encore dans les poètes, que saint Ambroise leur a même emprunté le fond de quelques-uns de ses ouvrages (1).

Le duelliste mérite-t-il la qualification de chrétien ? Nous répondrons peut-être un jour à la question. Contentons-nous de nous demander pour l'instant si le duel est salutaire, moral et nécessaire. Or, quoi qu'en pense l'austère M. Guizot, j'avoue que je ne partage nullement sa manière de voir. La civilité qui s'acquiert par la violation des lois divines et humaines me semble puérile et peu honnête ; elle ne me dit rien qui vaille ; je me permettrai même de penser tout haut que l'usage barbare du duel nous empêche si peu de retomber

(1) *Jugements des saints Pères sur la morale de la philosophie païenne*, pp. 11, 46, 55, 57, 69, 97, 478 à 482.

Faut-il rappeler aussi cette sortie d'un grand théologien, le dominicain Melchior Cano : « A celui qui nierait tout ce que les philosophes ont dit de sage, de digne, de convenable, d'ingénieux et d'éloquent, il faudrait pour lui imposer silence non des discours et des raisonnements, mais des chaînes et une prison. » (*Locorum theologicorum*, l. X, c. III.)

dans la barbarie qu'il est précisément une des causes pour lesquelles nous n'en sommes pas encore complètement sortis. Comment parler de civilisation ou d'humanité qui est son synonyme dans une société où c'est la perspective d'un coup de pistolet qui vous rend poli ; où les égards, la retenue dans les propos, le respect réciproque, ne se doivent qu'à ceux qui frappent... mais n'écoutent pas !

2. — Tous les progrès seraient-ils par hasard réalisés quand on ne fait pas de la confiance et de la liberté le ressort des qualités que nous devons à notre nature ? quand on persiste à demander des éléments de perfectionnement à la crainte qu'un ancien nomme très justement une règle infidèle, *magistra infida recti ?* quand on ne parait pas encore se douter le moins du monde que tout sentiment comprimant l'esprit produit forcément au moral ce rachitisme, ces vices de conformation que les liens déterminent au physique chez les individus garrottés ?

La crainte passe depuis longtemps, je le sais, pour être le commencement de la sagesse ; mais une distinction s'impose ici : la chose n'est vraie qu'à une condition, c'est qu'il s'agisse de la crainte de Dieu. Encore ferai-je remarquer que cette expression n'est pas heureuse, attendu qu'il est difficile de lier une idée de terreur, laquelle est loin d'impliquer l'abandon, avec celle d'une Providence qui ne peut vouloir que notre bien. La crainte de Dieu n'est donc, à proprement parler, que le respect profond de ses lois, que l'impatient désir de s'y soumettre, de préférer ainsi les éternels enseignements de la raison et de la conscience aux prescriptions par lesquelles le monde a voulu et veut encore les remplacer. L'homme dont la religion est éclairée ne craint pas Dieu ; quel motif en aurait-il donc ? Ce qu'il craint, c'est de ne pas se rendre suffisamment compte des volontés auxquelles ses intérêts les plus chers lui font un devoir de se conformer, et de se laisser induire en erreur à cet égard. Voilà la seule crainte qu'il doive avoir, la seule qui soit digne de lui. Continuons, si nous voulons, à l'appeler la crainte de Dieu ; peu importe, après tout, le nom qu'on lui donne. Toujours est-il qu'elle est bien le commencement de la sagesse et de la régénération. Par contre, toute crainte qui a pour objet l'autocratie humaine ne peut être que le commencement de l'erreur et de l'abrutissement, le chemin le plus court pour se rapprocher de l'abîme vers lequel tendent fatalement les sociétés assez imprudentes pour méconnaître le pouvoir d'une sagesse infaillible, et nécessiter ainsi l'intervention de celle des créatures.

L'harmonie sociale dépend d'un mutuel échange d'égards, de civilités, de prévenances, et surtout d'un besoin inné d'affection et d'assistance réciproques. Si l'éducation est bonne et honnête quand elle développe en nous cette sociabilité qui parait être le fond de notre nature, elle fait évidemment fausse route, en lui trouvant quelque chose de commun avec la perspective de querelles ou de violences, en s'appliquant à nous faire croire qu'il faut terrifier les gens pour les rendre bons, ou que le respect dû à quelqu'un est subordonné à la crainte qu'il inspire. Eh quoi! vous faites, et à très juste titre du reste, des gorges chaudes de l'honnêteté qui se doit à la crainte des gendarmes, et vous viendriez vanter la politesse qu'entretient la peur des coups, et dont il n'y aura plus, n'est-ce pas, qu'à faire son deuil le jour où les fabricants d'armes se mettront en grève! Vous prétendriez empêcher les insultes en tolérant que le plus léger affront, une plaisanterie risquée, un mouvement de vivacité, vous exposent non pas seulement à quelque dispute, mais à des luttes à main armée, à des coups mortels! Dites donc plutôt que vous portez ainsi la brutalité au plus haut degré, que vous nous privez aussi des courageuses interventions auxquelles se prête si bien le caractère français.

Car, prenez-y garde! elle a contre elle, votre

imprudente théorie, deux considérations qui lui font bien du tort. La première, c'est que neuf fois sur dix, c'est l'impoli qui provoque, c'est l'insolent et lâche agresseur qui recherche les duels. La seconde, c'est qu'en décidant peut-être, par-ci, par-là, quelque grossier personnage à rester tranquille, vous enlevez par contre à une quantité d'honnêtes gens le noble désir d'appuyer le vrai, d'aider le faible dans sa lutte contre l'injustice ; c'est que vous les astreignez à une réserve sur laquelle ils ne se tiendraient certainement pas sans la crainte d' « *une affaire* », laquelle dans le maniement des armes exige un savoir qu'on n'a pas toujours ! Au lieu donc de parler et d'agir, on se tait, on reste immobile, ou si l'on proteste, on ne le fait que faiblement, bien qu'on sache parfaitement de quel côté est le bon droit. Beau résultat que celui qui fait bâillonner la loyauté !

Dire qu'il y a des siècles que nous fréquentons vos écoles et que c'est là qu'en est aujourd'hui notre instruction morale ! Ainsi ce n'est pas en me montrant affable et poli pour tout le monde que je me mets à l'abri des impolitesses, et même des provocations. Pour n'avoir sous ce rapport rien à craindre, je dois me donner au contraire la réputation d'un homme toujours prêt au moindre propos à donner des coups de poing ou des coups d'épée, suivant la classe à laquelle j'appartiens. Ainsi ce n'est pas l'homme méchant, brutal ou mal élevé qui a besoin d'apprendre à vivre; c'est à moi, si je veux mériter des égards, à devenir batailleur, à prendre tout au moins des leçons d'escrime ! Comment les exercices du champ clos ne sont-ils pas alors l'élément obligé de toute éducation ? Il n'y a pas à dire: apprendre à se battre doit être aussi utile qu'apprendre à parler et à écrire. Qu'attend-on pour bâtir des salles d'escrime et de tir à côté des écoles, pour organiser des concours où se décerneront des récompenses à l'art de tuer ? Il y a longtemps qu'on eût dû y penser, si chaque localité est appelée à être une arène de gladiateurs; si le cartel tient lieu de justice, et que le coup de pistolet soit le dernier mot de toute discussion ou de toute affaire.

Tant que vos mesures, sous ce rapport, ne seront pas prises, tant que vous n'aurez pas inculqué à tous les esprits l'idée que la première chose à savoir en ce monde est de se battre, toute provocation sera aussi lâche que celle qui s'adresse à une femme ou à un individu n'ayant pas la possibilité de se défendre. Vous dites que si le duel n'existait pas, il faudrait l'inventer, attendu que l'homme remuant et en quête d'aventures se ferait un jeu de tyranniser les gens paisibles : laissez-moi vous faire observer que les gens paisibles ne gagnent rien du tout à ce que le bretteur remplace l'hercule ; je dirai même qu'entre les deux leur cœur ne balance pas ; qu'ils préfèrent de beaucoup le second, par une raison bien simple : c'est qu'on peut sans honte fausser compagnie au gredin qui a envie de vous pocher l'œil, tandis que la chose n'est pas faisable vis-à-vis du pantin qui veut vous embrocher.

Que deviendrait donc, mon Dieu ! la société, s'il fallait que le point d'honneur, où d'aucuns voient dans leurs rêves la politesse se nicher, mît en réalité tous les gens polis aux ordres des grossiers personnages ; s'il fallait, comme cela s'est constaté à une certaine époque, que les chenapans, grâce à lui, prissent plaisir à l'assassinat, en faisant matière à pari de la vie d'individus inconnus rencontrés par eux dans la rue ? Lisez à ce propos les faits absolument authentiques que vous trouverez dans l'émouvant ouvrage de M. Théodore de Grave : ils vous feront entrevoir à quelles mœurs sauvages nous mèneraient les maîtres *saigneurs* avec le beau moyen de civilisation qui, au fait et au prendre, ne tend qu'à promettre l'impunité à des scélérats.

Comment sévir contre « *le garant de la politesse* », « *le grand redresseur de torts* » ?

3. — Mais, en admettant qu'il y ait une politesse

susceptible d'être entretenue par l'intimidation, quelle est-elle, sinon cette politesse de contrebande, factice, stérile et obligatoire, qui réduite en cérémonieux procédés d'étiquettes, en formules hypocrites, n'autorise jamais la libre expansion des sentiments réels? quelle est-elle sinon ce commerce de faussetés qui vous oblige à dissimuler ce qu'on sent pour feindre ce qu'on ne sent pas, à s'avilir à ses propres yeux comme aux yeux des autres? On a fait cette juste remarque que le point d'honneur, en s'affinant, rend la morale très grossière. Comme preuve à l'appui, je vous rappellerai qu'il n'a jamais été coté si haut ni rendu la susceptibilité aussi extravagante qu'au temps de Charles IX ou de Henri III. C'était le sujet qui défrayait alors toutes les conversations. Eh bien, rappelez-vous cette lamentable époque où se vénère un Dieu prenant plaisir aux coups d'épée, aux violences, aux cérémonies pompeuses se compliquant de pratiques les plus puériles et les plus indécentes ; recherchez ce qu'était la société française sous la quintessence du bon ton, ou tenez, plutôt, ne le recherchez pas, si vous ne voulez pas éprouver de dégoût au souvenir des malpropretés de toutes sortes qui se commettaient dans la vie privée aussi bien que dans la vie publique, et voir revivre les horribles cruautés, les effrénés dévergondages de

Rome sous les derniers Césars. Quel ensemble d'idées incohérentes et confuses!

La vraie politesse ne dérive que du sentiment religieux raisonnable, autrement dit des obligations qui nous lient vis-à-vis de nous-mêmes et des autres. Demandez à Brantôme ce qu'il est de son temps, le sentiment religieux ; demandez-lui si dans l'honneur il voit autre chose que le mépris de la vie ou, pour être plus exact, le besoin d'en faire ostentation.

Bien est vray que souvent M. de Montluc m'a dict que la gloire l'avoit faict perdre, et la trop grande outrecuydance qu'il avoit de son vaillant cœur, et son adresse et valeur, et le mépris grand qu'il faisait de son ennemy : car d'autrefois ils s'estoient veus, cognus aux guerres, et tasté de leurs forces, et sçavoient quelles étoient, et ce qu'ils sçavoient faire ; ce qui le perdit, car par telle si grande fiance et présumption de soy, il eut peu de soucy aussi d'implorer son Dieu et l'appeler à son ayde et mesmes le jour de son combat passa légèrement par l'église et la messe, si bien que conviant ce jour ses amis et amies à se trouver à la veue du combat, il leur disoit ces propos : « Je vous convie à tel jour à mes nopces. » Ah quelles nopces ! Au lieu que l'autre longtemps avant ne faisoit autre chose que hanter les églises, les monastères, les convens, faire prier pour luy et se recommander à Dieu, faire ses pasques ordinairement et sur-tout le jour du combat, après avoir ouy la messe très dévotement. Despuis il s'en désista bien pour accomplir le proverbe : *Passato il peri-*

colo, gabbato il santo ! (le danger passé, l'on se moque du saint), car il se fist huguenot très ferme. Sur quoi le susdict M. de Sanssac, grand capitaine en son temps, lequel quelquefois se mettant en ses reveries et discours de guerres, et mesmes sur les chevaliers errants de la Table Ronde, il disoit en jurant et blasphemant, aussy bien que si ce fust été une chose fort sérieuse et de grande conséquence, parlant de vaillances de Tristan et de Lancellot du Lac, que Tristan estoit cent fois plus vaillant et courageux que Lancellot, parce que, quand il fallut se combattre, Tristan, se fiant en sa seule valeur, n'emprunta aucune seule deffence ni assistance de Dieu, si-non de son bon cœur, son espée et valeur ; mais Lancellot ne faisoit que se recommander à Dieu et le prier, dont c'estoit grand signe qu'il n'avoit pas bonne opinion ny fiance de luy et qu'il avoit peur, et pour ce appeloit Dieu à son ayde pour combattre pour luy. Si est-ce qu'il n'y a que de se recommander à ce grand Dieu et avoir en luy sa seule fiance, et non ailleurs. De mesmes en disoit-il de feu mon oncle et du seigneur de Jarnac et en faisoit pareille comparaison. Je me suis un peu extravagué en ce discours, mais le pardon m'en doit estre faict, puisque la cause me touche.

J'oys encore un Espagnol, dit ailleurs notre auteur, lequel ayant eu une querelle contre un autre, pensant le combattre, sur ces entrefaites vint à estre blessé bien fort en une escarmouche de siège ; il ne fist que prier Dieu et faire dire force messes pour luy et pour sa guérison, et quand on luy demandoit pourquoi il le faisoit, veu que c'estoit son ennemy et autant de desfaicte pour luy, s'il mouroit, il respondit : « Parce qu'il me fascheroit fort qu'il mourust autrement que de ma main, et faut qu'il en meure, ou plustost je me tuerois moi mesme de despit. »

Voilà une plaisante gloire..... (*Discours sur les duels*, p. 45 et 179.)

Parlons-en de cette politesse qui faisait dire à Molière : « Je ne vois rien de si ridicule que cette délicatesse d'honneur qui prend tout en mauvaise part, donne un sens criminel aux plus innocentes paroles, et s'offense de l'ombre des choses. » Parlons-en de cette politesse toute de convention qui sert de règle à nos relations, si tant est qu'elle existe encore ! Il y a vraiment lieu de s'en vanter ! N'est-ce pas elle qui conduit chez moi les gens qui n'ont nulle envie de me voir, et leur fait dire quand ils ont la chance de me trouver absent qu'ils en sont bien désolés? N'est-ce pas elle qui m'empêche de dire tout simplement ce que je suis parfaitement en droit de dire, et me fait recourir dans la conversation à des termes impropres pour ne pas opposer à l'affirmation manifestement fausse une négation qui est cependant de toute nécessité et qui, n'impliquant d'autre part aucune intention mauvaise, ne devrait entraîner par suite aucune conséquence? Que quelqu'un m'adresse la parole en ces termes : « Je vous ai vu à Paris hier, » la bonne éducation ou du moins celle qui m'est donnée pour telle ne me permet pas, comme on le sait, de répondre : Non, je n'y étais pas ! Ma négation n'est convenable qu'à la condition d'être accompagnée d'excuses et de demandes de pardon. Mais qu'est-ce qui prouve maintenant qu'elle ne l'est pas plutôt moins ? Demander pardon, c'est laisser entendre qu'on a commis une faute ou qu'on va la commettre. Et la faute ici n'est autre évidemment que le démenti qui rendait jadis le combat inévitable, et n'exige aujourd'hui que quelques précautions. Or, étant donné ce que signifie ce sous-entendu dans la formule qu'on me recommande, je maintiens qu'il est plus poli de répondre à un ami : « Non, je n'y étais pas, » que de faire précéder sa phrase de cette autre : « Pardonnez-moi de vous dire que vous avez menti. »

N'est-ce pas aussi cette politesse bête et hypocrite qui, me faisant simuler l'enthousiasme chez un maniaque aussi savant qu'ennuyeux, me donne comme ravi d'examiner les cailloux ou les vieilles poteries qu'il me met sous les yeux, comme enchanté d'entendre des dissertations à perte de vue sur la façon dont les Romains se faisaient la barbe, et qui d'autre part me condamne au plus absolu silence quand, me tournant du côté de sa femme et charmé pour de bon cette fois, je voudrais simplement lui dire en tout bien tout honneur, cela va de soi, que pour la voir rire et faire la moue aux pièces les plus authentiques, je ferais bon marché de tout le bric à brac ?

Quel avantage y a-t-il donc à ce que le mensonge soit prolixe et la vérité taciturne ! Nous parlions tout à l'heure de liberté. Pouvons-nous réellement nous dire libres tant que sera obligatoire la manifestation de certains sentiments non éprouvés ? La liberté des sentiments devrait être de droit strict, comme l'est celle des opinions, et jamais on ne s'expliquera qu'on tienne la vérité pour suspecte, alors qu'on ne reconnait pas d'inconvénients au mensonge. Il en a cependant, et de sérieux ! Ne voyez-vous pas déjà sans aller plus loin, que, tout en étant partout l'objet de démonstrations en apparence très flatteuses, je ne puis répondre nulle part de témoignages de bienveillance forcément suspects, du moment qu'on les prodigue à tout le monde ? Entendre dire à mes parents et à mes amis qu'ils sont très heureux de me recevoir, qu'ils trouvent excellent ce que je me fais un plaisir de leur offrir serait bien certainement pour moi la chose la plus agréable, si j'étais sûr qu'ils le pensent. Le pensent-ils ? On n'a jamais pu savoir. J'ai bien le droit en tous cas de me méfier, puisque l'expansion des sentiments vrais n'est pas permise, qu'il est de bon ton de se duper, de se piper les uns les autres par toute sorte de simagrées et de mots mielleux, de se donner aussi comme ne disant ou ne faisant jamais ce qu'on ne manque jamais non plus de dire ou de faire quand les bons amis ont le dos tourné.

Et c'est pour empêcher la franchise et la bonne foi de venir déranger cette délicieuse économie sociale qu'on voudrait maintenir le duel, et nous ramener, sous prétexte de raffinement de civilisation, à ces mœurs barbares avec lesquelles, s'il n'y a pas à parler de liberté, il n'y a pas à faire cas non plus de la prudence, puisque les querelles peuvent s'engager au moment où l'on y pense le moins.

Bel état social que celui où l'on est dans une sorte d'état de guerre permanent avec ses amis ; où le moindre mécontentement motive un propos grossier ; où l'insulte qui s'ensuit se traite par le soufflet, le soufflet par le coup de canne, le coup de canne par le coup de pistolet. Jolie politesse que celle qui anéantit la confiance pour la remplacer par la peur ; qui dans les rapports entre amis et connaissances sous-entend toujours cet avertissement : Faites bien attention à ce que vous dites et à ce que vous faites, car si je m'imagine que quelqu'un a pu manquer aux égards qu'il me doit, je lui fais passer le goût du pain ! Autant dire qu'avec elle nous vivons au milieu de bêtes féroces que l'on croit apprivoisées, et qui sur un mot vague, un geste innocent, sont prêtes à se jeter sur vous, et à jouer du point d'honneur comme d'autres jouent de la corne et de la dent.

Non, croyez-moi ! c'est de nos bons sentiments et de ce qu'en fait une éducation bien comprise qu'il faut attendre la seule politesse désirable, et si vous le permettez je vais vous donner un moyen de reconnaître, d'entrevoir tout au moins que je pourrais bien à cet égard ne pas être dans l'erreur ; venez avec moi un de ces jours à la Chambre des députés, regardée aujourd'hui comme l'un des derniers refuges du duel. Nous assisterons à une séance, et si vous trouvez que les mœurs parlementaires peuvent être plus grossières qu'elles ne le sont, je vous promets, moi, de vous envoyer un cartel le soir !...

4. — Ce que vous aurez à me servir à la sortie, je le sais d'avance. Que voulez-vous, mon cher, me direz-vous, on s'est toujours battu, et si l'usage a résisté au temps, c'est sans doute parce qu'il a sa raison d'être. Tant d'hommes célèbres qui ont croisé le fer se seraient donc trompés ! Qu'on le veuille ou non, il faut en prendre son parti ; le duel est un fait que consacrent nos mœurs ; rappelez-vous ce que dit M. Guizot :

Les mœurs françaises sont chevaleresques ; elles sont

élégantes; elles ont substitué le duel à l'assassinat; quand l'honneur d'un homme ou d'une femme a été atteint, il faut une réparation... Le barbare a, pour se venger, le guet-apens... le Français a le duel. En vain ferez-vous une législation, les hommes de cœur s'en moqueront...

Je veux très bien m'incliner devant le solennel et décoratif M. Guizot, mais à condition qu'on ne me fasse pas prendre ses lieux communs au sérieux. Que les mœurs puissent être élégantes avec l'homicide volontaire, c'est possible, étant donné que l'élégance est chose de convention. Les modes du Directoire, jugées extravagantes de nos jours, n'en ont pas moins été regardées dans le temps comme très élégantes. Pour ce qui est de nous dire que le Français a le duel, je n'en saisis pas très bien l'utilité. Nous le savons, certes bien ; nous savons aussi que si l'homme sans éducation se contente du coup de poing qui blesse, l'homme bien élevé, aussi raffiné dans sa vengeance que l'était le chevalier espagnol de Brantôme, a besoin du coup d'épée ou du coup de pistolet qui tue. Oui, Monsieur Guizot, le Français a le duel; mais ce que vous omettez malheureusement de nous apprendre, avec démonstrations à l'appui, c'est qu'il doit l'avoir ; c'est que l'emploi d'une arme de prix donne aux duellistes des droits que ne donne pas à d'autres humoristes l'emploi du simple gourdin. Se moquer d'autre part de la législation est le fait de tous les mauvais sujets : ce ne sera donc jamais à ce signe que devront être reconnus les hommes de cœur.

Je veux très bien encore que violer une loi soit parfois la marque d'un grand caractère, mais à une condition : c'est que la loi qu'on viole soit en opposition avec celle de la conscience ; or, c'est précisément cette dernière que vous violez ! Commencez donc, beau parleur, par établir que la législation combattant le duel est antireligieuse, antisociale, condamnable enfin : ce ne sera que quand la preuve en sera bien faite que nous tiendrons les récalcitrants en haute estime. Quant à vouloir qu'on se soit toujours battu, c'est être absolument dans le faux. Ce qui est vrai, c'est qu'on s'est battu jadis, qu'on s'est battu longtemps, et que nos mœurs sous ce rapport conservent encore quelques traits de ressemblance avec celles d'un passé avec lequel on ne rompt d'ailleurs jamais brusquement. Mais serait-il admis que nos mœurs consacrent encore l'abus contre lequel je m'élève, on n'aurait pas prouvé pour cela qu'elles le consacreront toujours. Le faux peut avoir la vie dure, mais il n'y a que le vrai qui soit immortel. Pensez un peu à toutes les coutumes barbares dont les peuples n'ont pu se défendre pendant de longs siècles, et supposez maintenant que l'une ou l'autre de ces coutumes ait été regardée dans le temps comme inhérente au caractère du peuple chez lequel on avait à la constater. Supposez qu'on l'ait donnée comme aussi ancienne que lui, comme ne devant jamais se détruire : vous protesteriez assurément contre une erreur que le temps du reste devait se charger de condamner ; vous soutiendriez que si toute coutume barbare résulte de notions philosophiques imparfaites, de doctrines fausses, de systèmes d'éducation désavoués par la nature, elle est forcément appelée à prendre fin à dater du jour où la raison vient en bienfaisant renouveau développer le véritable esprit social sous l'influence de sa lumière.

De même en sera-t-il du duel. Son antiquité a beau être des plus vénérables, il a beau avoir eu pour empire le monde entier et pour sujets chevaliers, princes et héros, nous ne l'en tenons pas moins aujourd'hui pour une criante sottise créée par la plus grossière ignorance de ce que doivent être les rapports des hommes entre eux, et ne pouvant prospérer que là où la force tient lieu de justice ; nous soutenons en conséquence que nos mœurs ne le consacrent pas plus qu'elles ne consacrent le vol et l'assassinat qui se commettent toujours, bien que la conscience publique les réprouve. A quoi l'affaire dite d'honneur doit-elle encore quelque crédit? A l'opinion qui, en dépit de la réflexion, nous empêche de la trouver odieuse; mais il n'y a pas que le fait de paraître odieux qui rende un acte répréhensible. Combien d'usages taxés aujourd'hui d'insensés ou de criminels et qui dans un temps lointain n'en furent pas moins en vigueur ! Il y a eu des peuples où l'on se débarrassait de ses vieux parents en les massacrant ; où c'était faire œuvre pie que d'en mêler la chair à ses aliments ; il y en a eu d'autres qui livraient aux bêtes les enfants difformes ou nés certains jours de la semaine, qui mangeaient les cadavres de leurs prisonniers de guerre après en avoir fait arracher le cœur dans leurs temples par des prêtres chargés entre autres fonctions de les offrir au soleil... Si, en dépit de leur grand âge, toutes ces atrocités se sont vu délaisser par nos pères, nous sommes à notre tour tout aussi autorisés à ne plus vouloir des folies que nos pères tenaient hier encore pour acceptables. Il faudrait dire autrement qu'il n'y a pas de considération qui tienne devant un préjugé admis, serait-il absurde ou exécrable ; il n'y aurait pas non plus à parler de moralité ou de perfectibilité ; l'homme serait un enfant destiné à ne jamais sortir des langes dont on l'a enveloppé dans son enfance.

Que des hommes célèbres se soient battus en duel, ce n'est pas douteux ; mais que nous importe ! Disons-le déjà : c'est à leurs erreurs que bon nombre d'entre eux doivent leur célébrité. Faut-il les tenir en tous cas pour infaillibles. On en compte aussi beaucoup qui ont eu des esclaves. A-t-on eu tort d'abolir l'esclavage ? Se trompe-t-on aussi de nos jours en tendant à débarrasser la Corse de la plaie qui y entretient depuis si longtemps la barbarie des mœurs, et y a fait comme en Italie d'innombrables victimes, je veux parler de la *vendetta* qui met en état de guerre non seulement les individus, mais les partis et les familles ; qui, après échange de cartels, autorise les luttes à main armée, les embuscades, le ravage des champs, l'incendie des maisons, le massacre des femmes et des enfants ? En voulant que la haine se perpétue de génération en génération, jusqu'à extinction complète d'une des races ennemies, la *vendetta* se fonde également sur le point d'honneur. Dans toute l'étendue de l'île, et jusque sous la chaumière du pâtre, on regarde comme un devoir de venger la mort de son parent (1).

(1) C'est le *goelat* des Hébreux. Le *goel*, c'est-à-dire le vengeur du sang, était le plus proche parent de la victime qui, une fois le meurtre commis, devait poursuivre le meurtrier jusqu'à ce qu'il l'ait trouvé, et le tuer. Et le parent le plus proche du tué,

Et pour obéir au point d'honneur, le Corse aborde son adversaire à l'improviste, l'assassine et gagne les bois où il échappe longtemps aux recherches de la justice. Il devient *bandetto*, proscrit, et s'il est pris et condamné, le préjugé national l'absout, et on lui donne l'épithète d'*honorato*, comme qui dirait chez nous homme d'honneur. Cette passion de la vengeance semble chez le Corse absorber toutes les autres, et la justice y est aussi impuissante contre elle qu'elle l'est chez nous contre le duel, dont on ne connait pas d'ailleurs là-bas d'exemple, même dans les hautes classes de la population indigène. Le parquet qui a souvent à juger des *vendetta*, se voit forcé de fermer les yeux sur l'évasion des *bandetti* et parfois même leur procure les moyens de sortir de l'île. C'est, comme on le sait, en raison de ce préjugé invétéré que la cour de Bastia fut relativement à l'institution du jury longtemps soumise à un régime exceptionnel. Un jour, à une séance où les jurés venaient de prononcer un verdict d'acquittement, on entendit le plaignant crier d'une voix terrible à l'accusé : « Le jury t'absout, mais moi je te condamne. » Et l'auditoire frémit en se rendant compte de la portée qu'avaient de telles paroles. N'est-ce pas là l'his-

devenu *goel* à son tour, se livrait au même devoir de vengeance. (Vermeil.)

toire du duel qui implique les idées des Français du XIIe siècle comme la *vendetta* implique celle des Bourguignons et des Danois ? Eh bien, de ce que les mœurs en Corse consacrent le culte de la vengeance, en déduirez-vous qu'il n'y a pas lieu de s'occuper de ses conséquences ? que la mort qui en résulte est aussi innocente que celle qui se donne en duel ? Non ; n'étant pas en cause ici, vous voudrez sans nul doute qu'« *abandonner la loi sur un point aussi capital, ce soit faire faux bond à la morale, renier la société civile, et mettre la brutalité individuelle au-dessus de l'ordre public* (1) ».

5. — Veuillez donc bien nous permettre à nous aussi de penser qu'il peut venir un temps où l'on se félicitera de ne pas avoir à compter avec le duel, comme on se félicite aujourd'hui de ne pas vivre au temps des monstres antédiluviens ou, pis encore, d'une foule d'exécrables erreurs qui, pour ne pas être toujours consacrées par les mœurs, en consacraient du moins toujours la corruption.

« *En France*, disait Mme de Staël, *vous entendez répondre à beaucoup d'hommes de bonne compagnie, quand on leur reproche une action condamnable : Il se peut que ce soit mal, mais personne du moins n'osera me le dire en face.* » Il n'y a pas de propos qui sente une plus grande dépravation. Car où en serait la société humaine, s'il suffisait de se

(1) Réquisitoire de M. Dupin.

tuer les uns les autres pour avoir le droit de se faire d'ailleurs tout le mal possible, de manquer à sa parole, de mentir, pourvu qu'on n'osât pas vous dire : « Vous avez menti ; » enfin de séparer la loyauté de la bravoure, et de transformer le courage en moyen d'impunité sociale...

« L'Allemagne ne fut point atteinte par la fatuité, l'immoralité et l'incrédulité qui depuis la régence ont altéré le caractère national des Français. On s'y bat, mais moins souvent qu'en France, parce que la nation germanique n'est pas aussi vive que la nation française, et que toutes les classes du peuple ne participent pas, comme en France, au sentiment de la bravoure ; mais l'opinion publique est plus sévère, en général, sur tout ce qui tient à la probité. Si un homme avait manqué de quelque manière aux lois de la morale, dix duels par jour ne l'auraient relevé dans l'estime de personne. »

De nos jours, hélas ! bien que de plus en plus faiblement, on croit encore que le sang purifie toutes les malpropretés, toutes les vilenies. Essayez donc de contester à un Monsieur la prétention qu'il a d'adopter pour ancêtres les preux dont les vrais descendants ont vendu leurs terres à son grand-père il y a quelque cent ans ; essayez de laisser percer un doute sur l'origine d'une fortune mal acquise, de vous plaindre en votre nom ou au nom d'un des vôtres d'une grossièreté ou d'une indélicatesse quelconque : on vous reçoit avec l'aplomb de ce joueur *du grand monde* qui se servait de cartes biseautées, et s'était laissé prendre un jour en flagrant délit. Sachant bien que la loi du point d'honneur l'autorisait à payer d'audace : « *Quand bien même*, s'écria-t-il, *votre accusation serait fondée, je ne permets à personne de me traiter de tricheur, et vous aurez à me rendre compte de votre insulte !* »

Abracadabrant préjugé! Le volé, indépendamment de son argent, dut donner par-dessus le marché sa vie au voleur, pour ne pas descendre de plusieurs crans dans l'estime publique. Il dut se prêter de suite et de bonne grâce à une partie d'un autre genre, en se rendant sur ce terrain où se nivellent aux yeux des badauds l'honnête et le malhonnête, dès que le sang y coule, que ce soit celui de l'offenseur ou celui de l'offensé, peu importe! Et qu'arriva-t-il ? C'est que l'homme au point d'honneur, autrement dit qui n'avait point d'honneur, n'eut qu'à donner un coup d'épée pour montrer ce qu'il n'avait pas. Est-elle assez commode, cette invention-là! c'est une vraie trouvaille pour ceux qui ne voient dans la morale qu'une quantité négligeable. Pensez donc : elle vous dispense à perpétuité de tout devoir, vous accorde une indulgence plénière pour tous les vices, et vous permet, à condition que vous payiez d'audace, de reléguer au rang des mensonges les affirmations les plus véridiques. Avec elle plus de vertus endommagées! Les séducteurs de pauvres filles, les habitués de tripots, les journalistes à bout d'arguments, les fonctionnaires accusés d'escroquerie, les industriels volant leurs créanciers ou dupant leurs actionnaires, peuvent très bien prouver qu'ils n'ont pas manqué à l'honneur, ou, si vous l'aimez mieux, qu'ils ont pu y manquer sans se déshonorer. L'honneur est sauf par cela seul qu'on se bat; il brille de tout son éclat, par cela seul qu'on a reçu une égratignure.

« *Voyez-vous*, dit Jean-Jacques Rousseau, *le coquin n'ayant qu'à se battre pour cesser d'être un coquin! Voyez-vous les effronteries d'un fieffé menteur devenant des vérités quand elles sont soutenues l'épée à la main ou lestées d'un peu de plomb! Voyez-vous le criminel accusé d'avoir tué un homme s'empressant d'en tuer un autre pour prouver qu'il est innocent! Voyez-vous la vertu et le vice, l'honneur et l'infamie, la vérité et le mensonge, tout enfin tirant son existence du succès d'un duel! la salle d'armes devenant le siège de la justice! le droit devenant le synonyme de la force! la raison cherchant sa manifestation dans la mort!* »

Voyez-vous le courage ne consistant qu'à ne pas supporter le reproche de ses lâchetés ou le démenti de ses mensonges! Voyez-vous le premier malotru venu se faisant inculquer l'honneur à trois francs le cachet (ou à forfait !) par un maître d'armes et pouvant se promettre après quelques mois de salle de pouvoir tuer ou blesser très honorablement l'homme vis-à-vis duquel il aura été très crânement malhonnête ! Et encore n'est-il pas nécessaire de se donner tant de mal, puisque ce n'est pas à se servir plus ou moins habilement d'une arme, mais tout simplement à la tenir, que vous oblige Sa Majesté ***l'Honneur !***

L'honneur mondain ! auquel je veux dans une prochaine étude donner la fiche qu'il mérite après l'avoir démasqué, après avoir montré du même coup que la vraie noblesse de sentiments impliquera toujours l'assentiment de la raison et de la conscience comme le respect de la justice.

Quel est donc l'appui qui vous reste, ô duellistes, si vous n'avez pas pour vous les seules autorités qui puissent désormais en imposer ?

Qu'est-ce qui vous reste à invoquer? Allons, répondez, qu'est-ce qui vous reste ?

CHAPITRE III

LE DUEL DEVANT L'OPINION

I

1. Le duel devant l'opinion. L'opinion, cette reine du monde de par laquelle le duelliste croit pouvoir défier n'importe quelle attaque, est une autorité trop équivoque et trop fautive pour ne pas être récusée par l'homme consciencieux. — **2.** Les aberrations qu'elle a consacrées et consacre encore, eu égard au duel notamment, motivent à l'encontre d'elle toutes les révoltes. — **3**. Cas qu'en ont fait les anciens. Leurs idées sont encore celles des indépendants qui, résolus à s'en faire suivre au lieu de marcher derrière elle, se risquent à en démasquer les laideurs, sauf à n'acquérir qu'après leur mort des droits à l'estime.

1. — Vous demandez ce qui nous reste ? Eh bien ! je vais répondre quevous êtes, ma foi, bien jeune si vous nous tenez pour battus. Il nous reste quelque chose qui permet de ne rien redouter de vos coups de pointe en tierce ou en quarte, de rire de votre rhétorique, de regarder sans effroi vos jurés ; il nous reste une force qui, eussiez-vous cent fois raison, défie toutes vos attaques : nous avons l'opinion pour nous ! Vos arguments, certes ! ne sont pas sans portée, mais vous oubliez une chose, c'est que, dans une société comme la nôtre, on perd son temps en ne réglant pas sa conduite, extérieurement du moins, sur les mœurs et les usages du monde où l'on vit ; c'est qu'on est fou en pensant comme les sages. Et que vous sert d'être irréfutable devant la raison si ce n'est pas par elle que vous devez être jugé ? Le bien, d'ailleurs, pour produire son effet doit être reconnu, je veux dire accepté comme tel.

— Jamais de la vie ! Je proteste et soutiens qu'il le produit quand même. Tout ce que je puis vous concéder, c'est que son action en pareil cas est beaucoup plus longue à se faire sentir. Mais arrivons de suite à l'opinion, à cette puissance régnant en maitresse dans toutes les sociétés d'êtres moraux, dirigeant sans moyens coactifs tous les êtres libres ; je sais très bien qu'*elle fait la loi à ceux qui la font aux autres* et que les autres, tout occupés de leur labeur quotidien, ne trouvent rien de mieux que de suivre docilement. Je n'ignore pas non plus qu' « *on l'a nommée la reine du monde, et elle l'est si bien, dit Voltaire, que quand la raison vient la combattre, la raison est condamnée à mort* », sans que la sentence, Dieu merci ! soit mise et pour cause à exécution. Ceci dit, il va falloir m'accorder maintenant à votre tour que j'ai parfaitement le droit de m'attaquer à une autorité, serait-elle des plus imposantes, du moment qu'elle consacre le faux aussi bien que le vrai, ou si vous voulez qu'elle n'est pas légitime. Or il n'y en a pas de plus bâtarde que celle que vous m'opposez. En matière de duel, comme en bien d'autres, elle ressemble à celle de tous les tyrans; elle est équivoque et fautive, ne se règle que sur le caprice.

> C'est souvent du hasard que naît l'opinion,
> Et c'est l'opinion qui fait toujours la vogue,

a dit la Fontaine (1).

Qu'est-ce qui nous obligerait donc à nous soumettre ! En fait de souveraine, il n'y en a qu'une qui puisse parler de droit divin, c'est la conscience, dont les jugements, dit Lamartine, pour être certains, ne demandent pas d'autre témoignage qu'elle-même et qui prononce en nous, pour nous, ou contre nous, que nous le voulions ou non, des arrêts contre lesquels il est impossible de protester. Comme interprète du vrai, elle est seule à posséder une réalité qui lui est propre et qu'aucune convention ne saurait faire plier. Méconnu, nié, repoussé, le vrai n'en est pas moins le vrai,

(1) Liv. VII, fable XIV.

nonobstant les affirmations paradoxales de Hobbes et de ses disciples, tout comme le faux est toujours le faux, en dépit du crédit dont peut temporairement l'étayer une irréflexion séculaire. Tout autre est l'opinion, dont le pouvoir usurpé se doit au hasard ou à la fantaisie et dont on peut dire avec Pascal : « Vérité en deçà des Pyrénées, erreur au delà » ; vérité au xve siècle, erreur au xxe. Lui obéir, ce n'est pas examiner les choses en elles-mêmes ni les rapporter à des points fixes : c'est les juger d'après ce que les autres en pensent, se faire autrement dit une mesure de l'instabilité inhérente aux idées humaines.

2. — Et j'hésiterais entre ces deux autorités opposées ! Non, mon choix ne sera pas long ! Etant donné que je vais avoir forcément à rougir, quel que soit le parti que je prenne, devant l'une ou l'autre, j'aime bien mieux ne pas y être condamné devant celle dont le ton grave et doux tout à la fois m'intimide et m'embarrasse, devant celle qui me fait parfaitement sentir que ses pouvoirs viennent de haut, alors que l'autre n'a finalement sur moi que les droits que je veux bien lui concéder. Après tout, je suis de mon temps. Pour adopter une ligne de conduite, arriver à discerner une bonne action d'une mauvaise, il faut que je rencontre le principe fondamental et invariable. En fait de juges, je n'en veux plus que d'infaillibles. Et Dieu sait si l'on peut penser à pareille qualification quand il s'agit de ce courant sourd et aveugle qui a laissé s'introduire chez les anciens tant de préjugés et d'usages absurdes ou criminels, qui chez les modernes donne encore force de loi à tant de conceptions bizarres.

On ne me contestera pas, je suppose, que le sentiment religieux véritable, ne comportant que le respect des lois de Dieu et l'amour du prochain, a d'autant plus de valeur qu'il est plus libre, et qu'il ne peut d'autre part s'épanouir librement qu'avec le complet développement de nos facultés morales. Eh bien! l'opinion, comme on le sait, le tient encore à l'heure actuelle pour nul et non avenu tant qu'il ne se traduit pas par des pratiques matérielles mises à la portée d'enfants ou de braves gens n'ayant pas besoin pour les observer de savoir ce qu'ils font. Après avoir persuadé jadis aux gens bien nés que l'instruction amollissait le courage qui sans doute était alors synonyme de brutalité; après les avoir dispensés de savoir signer leur nom ou payer leurs dettes, elle leur fait croire aujourd'hui qu'il faut être dans de mauvaises idées pour s'intéresser aux questions sociales, se rapprocher de ceux qui y travaillent, avant de s'être demandé à quelle confession ils appartiennent.

De même qu'elle faisait autrefois dépendre le mérite d'un homme du nombre de ses esclaves ou de ses soldats, elle le proportionne aujourd'hui à ses piles d'écus, à condition toutefois que les écus soient le fruit du travail d'un autre (1) !

L'ouvrier même retiré, je n'ai pas besoin de vous le dire, est un homme *qu'on ne voit pas,* aurait-il été aussi intelligent qu'honnête, et pourquoi ? Parce que sa position est trop *secondaire !* il n'est pas *décrassé,* vous dira-t-on tout bas, aurait-il fait le métier de blanchisseur. C'est le fils, ou mieux encore le petit-fils qui aura *ses entrées dans le monde,* et n'aurait-il cette fois aucune capacité.

Tout ce qu'on lui demande, à lui, c'est qu'au lieu de travailler, il fasse travailler beaucoup d'ouvriers, tels que carrossiers, tailleurs, garçons de restaurant, etc., etc., et le reste ! qu'il lance les commandes que le grand-père recevait, bref, qu'au lieu d'amasser bourgeoisement de l'argent, il le dépense princièrement, en y comprenant parfois, au moyen d'emprunts, celui de ses amis. A propos de dettes, impossible de ne pas faire remarquer en passant cette heureuse expression de dettes d'hon-

(1) « Nous n'avons pas encore dans notre société, dit M. Legouvé, le respect d'une chose des plus saintes cependant, le respect du pain gagné. Travailler pour vivre, pour la femme surtout, n'est pas un honneur, c'est une déchéance. »

neur dont sont qualifiées celles du jeu ou du vice. Vous font-elles abandonner à des grecs la dot de vos filles, il faut les tenir pour sacrées, tandis qu'on a, bien entendu, toutes facilités de paiement vis-à-vis de vulgaires fournisseurs. Que doit-on trouver encore tout naturel ? Que la femme ait au théâtre une influence qui lui est refusée dans la famille ; qu'elle recueille des applaudissements frénétiques quand elle monte sur les planches pour y dépraver le public par sa tenue, ses gestes ou ses propos, et n'ait droit qu'à des railleries lorsqu'elle paraît à la tribune pour y parler morale ou vertu.

On ne tarirait pas, vous le pensez bien, sur toutes les sympathies que cette bonne opinion a pour le faux ; mais ne parlons que de l'honneur, de cet honneur qu'elle ne comprend pas et place où bon lui semble. Que veut-elle, entre autres choses abracadabrantes ? Elle veut, quand un homme de trente ans séduit une jeune fille de seize ans, que ce soit sur la jeune fille que tombe le déshonneur, et d'autant plus lourdement qu'elle s'applique davantage à racheter un moment d'oubli par l'éclat de sa douleur et de sa honte; car elle se met sûrement à couvert de tout mépris comme de tout reproche dès qu'elle pousse à l'excès impudence et impudeur, affiche un grand luxe, obtient de nombreux succès. *Si peccas, pecca fortiter !* Elle veut qu'il soit permis d'aimer une jeune fille, et de le lui dire, mais à une condition, c'est qu'on l'abandonne dignement et résolument s'il arrive que son nom, sa position de famille ou de fortune, en ne donnant pas satisfaction à votre propre vanité ou à celle de vos parents, vous empêchent par là même de la conduire à l'autel. Elle veut qu'il soit défendu aux créatures de Dieu de venir au monde sans le visa de M. le maire, et que chaque année des milliers de ces innocentes victimes, pour n'avoir pas tenu compte de la défense, soient punies de mort à la suite d'abandons ou de supplices quelconques.

Pour en revenir au duel, que veut-elle encore? Qu'on puisse très bien rendre sa femme malheureuse, la ruiner, mener une vie de polichinelle, pourvu qu'on ne soit pas d'humeur à souffrir une giffle méritée, et qu'on sache s'extasier devant je ne sais quel amalgame formé de la grossièreté des mœurs de nos pères et du raffinement corrompu des nôtres, pourvu qu'on soit homme à fouiller dans un vieux ramassis de décisions plus grotesques que chevaleresques, à suivre une vieille coutume féodale échappée au naufrage, à en appeler à l'une de ces farces sanglantes où l'on mettait Dieu en demeure de se prononcer en faveur du plus fort ou du plus habile. Vous croyez peut-être qu'ayant à me justifier d'une accusation calomnieuse, à faire voir que je ne mérite pas une injure, je vais vouloir m'efforcer avant tout, en homme d'honneur, de ne rien faire que ma conscience puisse me reprocher ! Non, non ! C'est au crime, au contraire, à me rendre honorable. Du moment que mon interlocuteur est coupable, il faut qu'à mon tour je commette une mauvaise action, que je me donne du moins comme en étant capable. Il faut que je n'observe aucune justice pour obtenir justice, que je n'entende pas raison pour demander raison. Ayant à me vanter d'être au-dessus de toute espèce de crainte, je dois commencer par céder à un misérable préjugé, par redouter le mépris de ceux que je méprise, par fuir devant une honte dont l'honneur vrai veut que je me laisse couvrir.

L'opinion, je vous dis, l'exige ; elle l'ordonne entre cent mille autres aberrations, et c'est de l'irréflexion même que j'irais m'inspirer, quand il s'agit de prendre une résolution conforme à la voix du devoir ! Nenni ! je décline sa compétence ; je récuse ses jugements ; je lui défends de s'ériger en arbitre de mon honneur qui, n'étant pas le sien, celui que Mirabeau appelait « *la petite morale faite pour tuer la grande* », ne lui devra jamais autre chose que son dédain. Quant à ce que me réserve ce dédain, je n'ai pas besoin qu'on me le dise. Pour me déclarer indépendant, m'attacher à ce que je crois juste, je n'en serai pas moins, je le sais bien, jugé d'après elle ; je deviens lâche et méprisable ; je ne suis plus un homme enfin ! A part la corde et le bûcher, je passe par la série d'épreuves réservées autrefois à ceux que dégradait la défaite ; je me vois étendu sur la claie ; je m'y sens traîné sinon en chemise, dénué du moins de toute espèce de vertu. Faut-il songer à me défendre, à démontrer qu'au lieu du mépris ma conduite mérite plutôt l'estime ? Non, les plaisanteries couvriraient ma voix. Je n'ai qu'à me résigner, qu'à laisser souffler la tempête qui, n'ébranlant nullement ma dignité, détruit seulement de mon honneur la fausse image qu'on s'en fait, et, portant la main à mon visage comme cet empereur dont une sédition populaire avait abattu et brisé la statue, je dirai comme lui : Celui-là est encore entier !

3. — En fait de déshonneur, en effet, il n'y a, répétons-le, que celui qui est confirmé par les arrêts divins de la conscience. Si, pour n'avoir pas voulu consentir à me laisser éclabousser par mon propre sang ou celui d'un autre, je ne puis plus faire à l'avenir que triste figure dans le monde, je m'en consolerai à la façon de je ne sais plus quel philosophe qui, lorsqu'il entendait la foule l'approuver, se demandait s'il n'avait pas dit quelque sottise. Un secret avertissement saura bien me dédommager, et au delà, des inconvénients de ma disgrâce, d'autant plus que je me verrai encore, ma foi ! en assez bonne compagnie. Écoutez ceux qui faisaient consister la gloire dans le fait d'opposer ses forces et sa colère à son propre orgueil pour le plus grand bien de la société. Écoutez les anciens philosophes :

« *L'homme véritablement magnanime*, dit Aristote, *méprise les injures ; plein d'attention pour ce qu'il doit faire, il n'a aucun souci de l'opinion qu'on a de lui dans le monde* (1). »

« *On ne doit pas compter parmi les grands hommes*, dit Cicéron, *ceux dont les fausses opinions de la multitude règlent la conduite* (2). »

« *Personne ne me semble plus attaché à la vertu que celui qui renonce à l'apparence d'homme de bien pour en conserver la réalité* (3). »

« *Vous ne voulez être juste qu'à votre honneur et gloire. Ne savez-vous donc pas qu'en maintes circonstances vous ne le pouvez être qu'en vous exposant à la honte, qu'en vous laissant diffamer* (4). »

« *Pourquoi placez-vous en dehors de vous la félicité ?*

(1) *Ethic.*, cap. VIII.
(2) *De Offic.*, lib. I, cap. XIX.
(3) Senec., epist. 81.
(4) *Non vis esse justus sine gloria, at mehercule, sæpe justus esse debebis cum infamiâ. Ibid.*, epist. 113, *in fine*.

vous demande le stoïcien Epictète qui, tout esclave qu'il était, n'en avait pas moins toute sa liberté d'esprit. *Quel est ce besoin factice d'une estime autre que la vôtre? Point de bonheur pour celui qui le fait dépendre d'un témoignage indépendant de lui-même !* »

Ecoutez encore Lacordaire : « *Tel passe dans nos carrefours couvert des oripeaux des puissants et qui a conscience de son indignité. Tel passe sous les haillons de la misère qui a le sens intime de sa propre valeur.* »

Du moment que j'ai entrevu le devoir dans la poursuite du vrai, ma passion pour lui ne doit-elle pas forcément augmenter en raison même des efforts que j'ai à faire pour l'atteindre ? Et si, après tout, j'allais me piquer au jeu et m'effrayer désormais de certaines approbations comme de certaines estimes ! Et si j'allais me traiter de fou quand j'assimile la noblesse à la vengeance, au lieu de l'assimiler au pardon, de lâche quand je laisse des lois ou des préjugés impies dénaturer en moi les facultés comme les tendances de l'être sociable par excellence, de criminel quand devant un adversaire ou devant dix, quand à la vue de deux témoins ou de mille, peu importe ! je détruis dans une vie humaine ce dont personne au monde ne peut me donner le droit de disposer ! Et si, honteux d'une séculaire insouciance, je ne savais plus que rougir des brevets de patriotisme et d'honneur qu'on me promet pour me faire verser le sang, en dehors des cas de légitime défense, pour me faire prendre le faux pour le vrai et le mal pour le bien. Et si, enorgueilli du mépris du monde, j'étais prêt désormais à souffrir toutes les qualifications possibles plutôt que de supporter davantage toutes les peaux d'âne dont on m'enlaidit, toutes les drogues dont on m'empoisonne depuis des siècles, que feriez-vous, dites-moi ?

Vous poufferiez de rire. M'entendant déclarer que je ne me bats pas, vous me classeriez de suite dans la catégorie de ceux que l'on peut et que l'on doit battre. Pour oser renoncer aux satisfactions dont me leurre votre code d'honneur, je deviens un infâme donnant prise aux sarcasmes, méritant aussi qu'on lui fasse sentir mille pointes aiguës, et encore aux endroits les plus sensibles ! Soit ! mais si agréable que soit la besogne, vous ne pouvez cependant pas vous flatter de la faire durer indéfiniment. Que faut-il pour que les rôles changent ? Il suffit que quelques hommes courageux, s'aventurant coûte que coûte à dévisager l'opinion, veuillent bien se rappeler que ce n'est pas à eux à lui porter la queue, que c'est à elle, au contraire, à les suivre respectueusement. Leur exemple entraîne bientôt d'autres bonnes volontés ; le chemin se fait plus facile; il est de plus en plus suivi ; on se hasarde à se rapprocher du préjugé auquel on n'avait pas jusqu'à présent osé toucher ; on le regarde en face ; on voit ses verrues, sa crasse ; on rit comme on le fait au nez de tous les tyrans vus de près, on le heurte, on le bouscule, et demain on le foule aux pieds. Et tout le monde de battre des mains et de se dire que lorsqu'un homme refuse de répondre à la provocation d'un autre, le plus brave des deux n'est pas celui qu'on pense. C'est ainsi que les derniers deviennent parfois les premiers, que les plus méprisés, les plus maltraités de leur temps sont regardés plus tard comme les plus estimables, les plus dignes de vivre et glorieusement dans la mémoire des hommes. « Vous pouvez me condamner et m'ôter la vie, disait Socrate à ses juges ; mais ce qui n'est pas en votre pouvoir, c'est de toucher à ma dignité. »

II

1. Réponse à l'objection d'un officier visant le tort qu'on se fait en restant sourd à une provocation. Le véritable honneur brave la honte, et dans aucune profession n'excuse celui qui trahit sa conscience pour ne pas nuire à sa fortune. — **2.** Il n'y a pas d'intérêt particulier qui tienne devant un intérêt social impliquant le respect d'une loi fixe, c'est-à-dire non humaine, obligatoire par là même en tout état de cause, que l'acte défendu soit avantageux ou non. — **3.** L'homme dont un refus brise la carrière n'est pas plus à plaindre que la victime d'un accident ou que le champion estropié sur le terrain. S'il faut passer pour lâche en tout état de cause, mieux vaut l'être devant l'autorité qui commande le crime que devant celle qui le réprouve. Les exigences de la conscience ne sont pas plus impérieuses que celles du faux honneur. — **4.** La fin de non-recevoir opposée à une provocation n'a pas la portée qu'on lui suppose. — **5.** Tout se résume à une question de fierté. N'en pas avoir, c'est se battre et mourir à la mode après cet acte de foi : *Credo quia absurdum !*

1. — Mais j'entends qu'on demande la parole. Et je m'empresse de la donner à l'interrupteur, jeune lieutenant que je reconnais pour être le fils d'un de mes camarades de 1870.

— Monsieur, me dit-il, vous excuserez des termes un peu familiers peut-être, mais là vraiment vous nous la baillez belle ! Être réhabilité par les générations futures, voyons ! ce serait parfait si nous devions vivre assez longtemps pour être témoins du revirement d'idées que vous annoncez; mais, veuillez bien le remarquer, nous appartenons à la génération présente : c'est avec elle par conséquent qu'il nous faut compter. Que La Bruyère ait eu raison de dire à propos du duel : « *Cet usage qui a attaché de l'honneur et de la gloire à une action folle et extravagante est le triomphe de la mode et l'endroit où elle a exercé sa tyrannie avec le plus d'éclat* (1), je vous l'accorde ! Qu'on ne se rende pas compte en se battant de la signification du mot honneur, j'en suis également convaincu, mais avant que ce soit bien démontré pour le public, je craindrais de passer en discutant pour ne pas avoir le sens exact de ce que le mot en question doit réellement exprimer. Vous parlez d'opinion et de mode : elles ne m'inspirent, croyez-le bien, qu'une confiance relative, et je ne me fais pas faute à l'occasion de leur tourner le dos quand il ne s'agit que d'essuyer quelques plaisanteries plus ou moins piquantes ; mais vous savez bien que, loin d'en être quitte à si bon compte, on se fait un tort énorme en restant sourd à une provocation, en approuvant seulement

(1) Chap. *De la mode*, t. II, p. 515.

ceux qui ne veulent pas y répondre. Vous ne voulez pas, j'imagine, que pour la maigre satisfaction d'être tout seul à penser que je suis raisonnable, j'aille compromettre mes relations avec mes camarades, que je consente à me perdre de réputation, à briser aussi parfois mon avenir.....

— Si, mon bon ami, je le veux ; quels que soient les sacrifices qui peuvent en résulter pour vous, je veux que devant l'ennemi, l'ennemi véritable cette fois qui est l'erreur, votre honneur vous fasse un devoir de vous dévouer, ce qui veut dire ici de vous laisser atteindre par la honte, ce qui est tout aussi difficile que de braver la mort, le champ clos en fait foi ; je veux que votre honneur vous fasse un devoir de tomber s'il le faut dans le fossé et d'y rester avec d'autres braves. Quand il sera plein, que le passage sera devenu possible, rien ne s'opposera plus à ce qu'on pénètre enfin dans cette vieille forteresse aux apparences trompeuses dont les défenseurs, qui jouent maintenant aux revenants, ne tiendront pas une heure devant des hommes résolus armés de leur raison et de leur moralité. Il en est des préjugés comme de certaines maladies : c'est la peur qu'on en a qui favorise leurs ravages.

Sur ce champ de bataille où l'honneur nous conduit,
La mort fuit qui la brave et cherche qui la fuit.

« *Moins on craint les dangers,* disait déjà Tite-Live, *moins il y en a. Ceux qui méprisent la mort s'en exemptent.* » Il n'y a là évidemment qu'une manière de parler; toujours est-il que plus on laisse entendre par paroles et par actions qu'il n'est plus de mode de compter avec le duel, plus on le répète, plus on se le persuade, plus vite on envoie le préjugé rejoindre toutes les folies d'antan. Ce que je vous demande, après tout, c'est d'être brave, et pour vous ce n'est en somme que suivre votre carrière.

Passe encore qu'au lieu de tourner le dos, comme vous le disiez tout à l'heure, à certains usages innocents (traduisez si vous voulez par ridicules), vous préfériez les suivre de loin pour éviter les singularités, et laisser au temps le soin d'en faire justice ; mais sur le terrain du duel, la morale, cette fois, est en jeu, et si vous êtes homme à le comprendre, vous n'avez plus le droit d'agir contre vos lumières naturelles ; vous devez malgré tout sacrifier vos intérêts à ceux de l'humanité dont le retour à la vérité, dont le bonheur par conséquent dépend aujourd'hui des hommes qui ont le courage de se battre... contre le mensonge ! Consentiriez-vous bien d'abord à rester au-dessous de païens qui, pour être si dédaigneusement traités, n'en fondaient pas moins leur morale sur cette maxime qu' « *aucune crainte, si bien fondée fût-elle, n'excuse celui qui trahit sa conscience pour ne pas nuire à sa fortune.* » Sachez-le, il n'y a pas de peuple civilisé qui ne l'ait admis. Qui êtes-vous donc si, reconnaissant l'immoralité du duel, vous vous battez pour sauvegarder votre réputation ou ne pas entraver votre avancement ? On n'exagère pas, ce me semble, en disant que vous êtes bien coupable, ou bien malade, une fois admis que la conscience n'est autre chose que la santé du caractère. Je ne vous demande pas, remarquez-le bien, quelle est votre religion ; je n'ai pas besoin de savoir ce qu'elle vous défend ou ne vous défend pas. Si votre faute est grave ici, c'est que vous péchez comme homme en méconnaissant vos obligations naturelles, que vous violez une loi d'origine non humaine et qu'on peut vous donner par là même comme incontestablement obligatoire. Il n'y a pas besoin d'ailleurs d'être chrétien pour savoir que le pardon se doit à ceux-là mêmes qui paraissent n'en être pas dignes. *Quoties nullam inbenio misericordiæ causam, mihi parco*, pensait Senèque : « *Alors même que je n'ai aucun motif de pardonner, je le fais pour ma propre satisfaction.* »

— Je parlerais comme vous, soyez-en sûr, riposte le lieutenant, si j'avais trente ans de plus et de beaux états de services, car en refusant un appel, je n'aurais rien à risquer ; mes preuves seraient faites et non pas à faire ; je vivrais sur ma réputation, et bien que me passant la fantaisie d'écouter la voix de ma conscience, je n'en serais pas moins sûr d'être bien accueilli partout. Aujourd'hui, voyons, je n'en suis pas là ! J'entre dans la carrière, et entre autres devoirs j'ai celui de la suivre, de la suivre jusqu'au bout, d'éviter en conséquence les obstacles susceptibles de m'arrêter. Quand ce ne serait que par égard pour des parents auxquels l'éducation d'un fils a fait faire de grands sacrifices, avouez que si je commets une faute, j'ai du moins en pareil cas toute espèce de droits à l'indulgence.

2. — Non, mon bon ami, vous n'en avez aucun ! S'il n'y avait à envisager que votre intérêt particulier, ce que vous dites aurait alors sa raison d'être, et ne laisserait pas assurément que de mériter la plus grande attention, mais c'est sur un autre terrain que je suis pour l'instant ; je n'examine pas le duel par rapport à tel ou tel individu ; je l'examine au point de vue de la question sociale, au point de vue de cet intérêt général qui, à vos yeux, s'il le faut, et peut-être demain, primera le vôtre, j'en suis sûr, à en juger par l'habit que vous portez. Or, pour le bien comprendre, cet intérêt général, il n'y a pas à faire fonds sur les lois avec lesquelles des accommodements sont possibles ; il ne faut en appeler qu'à celles qui sont fixes, absolues, générales, et ne comportent aucun amendement, obligent tous les êtres, quels que soient leur condition et leur état.

Evidemment vous êtes à plaindre, mon cher ami, car enfin, quand on fait ce qu'on doit, qu'on obéit à l'autorité manifestement légitime, on ne devrait réellement pas s'exposer par là même au mépris, pas plus qu'à la perte d'un emploi dont on s'acquitte d'ailleurs fort bien. Que voulez-vous ? la société est ainsi faite, et c'est précisément à ne pas se préoccuper de ses dénis de justice que consiste le vrai courage. Où irait-on, je vous le demande, s'il suffisait de menacer un homme dans ses intérêts pour déterminer ses actes? Dans un pays où l'opinion, se livrant à ses caprices habituels, attacherait l'honneur, et cela s'est vu, à faire un dieu de son ventre, à s'approprier en certains cas le bien d'autrui, comme elle l'attache chez nous à lui ôter la vie quand il vous marche sur le pied, vous n'hésiteriez donc pas, dans la crainte de vous compromettre, à respecter ces belles conventions, à passer sous le joug ? on vous entendrait donc soutenir qu'il ne peut être question de morale qu'autant qu'on n'a pas à éviter une position malheureuse ou à s'efforcer d'en sortir. Serait-ce bien là, dites-moi, le langage du véritable honneur qui devant les commandements de Dieu ne s'embarrasse pas de ceux des hommes, qui, par horreur de l'hypocrisie, repousse aussi toute considération non méritée ?

Et pourquoi faisiez-vous tout récemment encore l'éloge de magistrats qui préférèrent à un moment donné se démettre de leurs fonctions plutôt que de faire appliquer des lois injustes ? Ils ont eu tort si les prescriptions de l'honneur perdent de leur rigidité, que les compromis deviennent possibles quand la fortune est en jeu. Les jeunes officiers ne sont pas les seuls qui aient à se préoccuper de leur avenir. Il arrive dans toutes les professions que les exigences de la conscience ne concordent pas toujours avec celles des affaires. Adoptons-nous vos théories ? L'employé qui, désireux d'améliorer sa situation ou simplement de conserver sa place, voit se dresser devant lui l'honnêteté, va donc pouvoir, vu les circonstances, recourir pour passer outre à une autorisation spéciale. Vient-il à tomber dans la misère ? On le tiendra sans doute alors pour bien plus excusable encore. Prenez garde ! du moment que vous mettez en avant des considérations de position ou d'argent pour justifier la nécessité de se servir d'un pistolet, peut-être ferez-vous regarder à d'aucuns comme concluant l'argument du malfaiteur qui, n'ayant pas d'ouvrage, détrousse des passants attardés pour subvenirs aux besoins de sa femme et de ses enfants. Du moment qu'un acte est licite par cela seul qu'il est avantageux, il faut ne plus vouloir désormais que des consciences élastiques. Reste à savoir maintenant si le caoutchouc aura là les précieux avantages qu'on ne saurait lui contester ailleurs.

3. — Je vous plains, je le répète, et très sincèrement. Mais voyons, poussons les choses à l'extrême : supposons votre carrière compromise, brisée si vous voulez, vous n'êtes pas au fait et au prendre plus malheureux que certains de vos camarades qui n'ont jamais eu maille à partir avec le préjugé. N'y en a-t-il pas tous les jours qui, filés par des mouchards ou trahis par des camarades à l'instigation de supérieurs sans scrupules, encourent les disgrâces les plus iniques ? N'en voit-on pas qui perdent le bras dans un accident, qui pour une raison ou pour l'autre se voient contraints de renoncer au service ?

Il y a encore bien mieux ! Battez-vous demain avec le premier venu, donnez-lui le sang que vous avez promis à lapatrie, vous pouvez être sinon tué, du moins grièvement blessé ; que devient alors votre carrière ? que deviennent les sacrifices de vos parents? Vous ne voulez pas, dites-vous, passer pour lâche ! Ce sentiment, certes, est des plus respectables ; mais dites-vous donc bien qu'il peut avoir aussi sa naïveté ! Au point de vue de la morale, l'important n'est pas de faire dire de soi qu'on est brave, c'est de l'être et de le prouver. Devriez-vous passer pour lâche, combien y a-t-il de choses ennuyeuses en ce monde auxquelles il faut cependant se résigner. Quel que soit d'ailleurs le parti que vous preniez, l'épithète redoutée vous menace. Si vous ne vous battez pas, vous passez aux yeux de certaines gens pour craindre la mort, c'est entendu ; mais si vous vous battez, d'autres à leur tour trouveront que c'est une grande poltronnerie de renoncer à être raisonnable, par peur de passer pour poltron ; ils tiendront en petite estime le caractère auquel le qu'en dira-t-on trace sa ligne de conduite, et qui en fait de convictions se contente très bien de celles que le monde lui impose. Puisque dans les deux cas il vous faut de l'énergie, autant la dépenser de suite pour le bien.

Mais quoi ! il me semble vous entendre récriminer entre vos dents contre la rigidité de mes principes. Oh ! la chose cette fois serait plaisante ! Non, n'allez pas aborder pareil terrain, il n'y en a pas de plus mauvais pour vous ! Pourquoi, s'il vous plaît, ne me serait-il pas permis de me montrer rigide en défendant les droits de ma conscience, alors que vous l'êtes pour le moins autant, vous, quand il s'agit de votre faux honneur ? Voyons, quand il parle, n'êtes-vous pas toujours prêt à lui obéir ? Que dans un instant on vous provoque, ce n'est pas le blâme de ceux qui anathématisent le duel, ce n'est pas votre avancement, ce n'est pas votre fortune qui vous préoccuperont beaucoup. La pensée d'une existence compromise et même perdue, d'une femme et d'un enfant privés de leur appui, ne vous feront pas hésiter un instant ; la protestation de la loi morale, vos sentiments religieux, le désespoir d'une mère... rien, rien ne vous arrêtera dans l'exercice du culte que vous vouez à votre idole ! Voilà des principes rigides ou je ne m'y connais pas ! Qu'avez-vous donc à reprocher aux miens ? Vous risquerez-vous à me dire que ma conscience ne vaut pas votre ridicule préjugé, que votre faux honneur a droit à tous les sacrifices, que le vrai ne peut en exiger aucun, pas même celui de la fortune ?

4. — Et puis laissez-moi vous faire remarquer une chose, c'est que vous exagérez singulièrement la portée d'un refus. Toute puissante qu'elle est, l'opinion, Dieu merci, n'est pas le seul juge. Et que faites-vous donc du sentiment de tous les gens sensés très nombreux, croyez-le bien, dans toutes les classes sociales ? Lamartine, qui s'est battu deux

fois, a dit qu'il fallait plus de courage pour refuser un duel que pour en accepter dix. Combien y a-t-il d'hommes de son avis ? d'hommes sachant apprécier à sa valeur le courage moral qui affronte une fausse opinion, se risque à défendre une idée juste contre une majorité manifestement hostile, pour faire profiter autrui de la défaite d'un préjugé qui ne peut être attaqué autrement ? Que faites-vous du sentiment de tous ceux qui, ayant voix au chapitre dans les questions de morale, ne peuvent en dépit de la meilleure volonté rien trouver de beau du tout dans le meurtre, pas plus que dans l'homicide volontaire de soi-même. Est-ce par eux que vous serez traité de lâche ? Non, vous ne le serez jamais que par les partisans du duel. Quelle est, je vous prie, leur compétence ? C'est le cas de dire avec Diderot : « l'opinion est leur maîtresse, et où est l'amant qui souffre patiemment qu'on lui dise que sa maîtresse est laide ? » On ne prononce pas dans sa propre cause ; on ne juge pas non plus de l'architecture d'une maison tant qu'on y reste enfermé.

Les voleurs, les assassins, tous les gens malhonnêtes enfin, exaltent les camarades qui exécutent ce qu'ils appellent de beaux coups, au risque de mourir à la peine, mais ont, d'autre part, très peu de considération pour les timides qui, à même d'en faire, ont *la lâcheté* de s'en abstenir. Que dites-vous de cette belle appréciation à l'envers? Je ne pense pas que vous y conformiez jamais la vôtre.

Ce n'est pas que je veuille mettre dans le même sac les partisans du duel, non ; mais je n'en vois pas moins en eux des gens qui s'abusent étrangement et qu'on doit laisser complètement de côté pour s'occuper de ceux qui sont sains d'esprit, à l'estime desquels par conséquent on doit exclusivement tenir.

Une appréciation fausse n'a jamais changé la nature d'une chose ou la véritable idée qu'on doit s'en faire. De ce que le plâtre et le suif font les délices de certains malades, en conclurez-vous qu'ils sont comestibles ? Rassurez-vous donc ! Le véritable honneur met beaucoup plus que vous ne le croyez ses fidèles à l'abri du mépris. Jamais un homme n'a été sérieusement et universellement méprisé pour ne s'être pas battu. Il y a des choses auxquelles le sens intime de l'humanité s'opposera toujours.

Comme militaire, j'en suis bien sûr, vous ne déserterez jamais votre poste devant l'ennemi. Eh bien, comme homme moral et consciencieux, vous devez trouver tout aussi déshonorant de rompre devant le monde avec la morale. Il y a là un drapeau qui vaut bien l'autre ! Sur le terrain d'abord vous n'êtes plus à l'armée : il n'y a pas à parler de légitime défense ni à prendre la cause de vos parents ou de votre patrie ; vous ne comptez qu'avec vous, et c'est trop dire encore, vous ne comptez qu'avec votre vanité ou votre respect humain.

5. — Tenez, mon bon ami, je n'ai plus qu'une question à vous adresser. Êtes-vous fier ou ne l'êtes-vous pas ? C'est à cela que tout se résume. Si vous êtes fier, il n'y a pas à dire, vous vous rappellerez que c'est à être soi que consiste l'énergie, tandis que « *tout devient facile au contraire quand on suit l'opinion* ». Le lieu commun a beau être en France, dans votre monde surtout, le roi de la société ; il a beau vouloir que ce soit une rébellion que d'oser parler comme l'on pense, si l'on pense autrement que le premier venu ! vous ne vous en refuserez pas moins à livrer votre raison à cette raison publique, à être le serviteur bien humble de tous ses préjugés ; vous serez vous-même disant avec je ne sais plus quel auteur latin :

Pourquoi dépendrais-je d'un autre quand je puis n'appartenir qu'à moi (1) ?

Vous ne vous demanderez pas si les mœurs et

(1) *Alterius non sit qui suus esse potest.*

les usages sont tels ou tels, mais s'ils sont bons ou mauvais ; vous ne transigerez pas avec des principes que le blâme d'étourdis ne fera jamais changer. Vous n'aurez pas la folle prétention d'aller à l'honneur par l'oubli de vos devoirs, par cette fausse honte qu'on a si bien nommée « l'*honneur à l'envers* ». La conscience de votre voisin aura beau faire du duel un acte éminemment honorable, la vôtre ne l'en tiendra pas moins pour un acte antisocial et sauvage. Vous serez sage avec le mépris du badaud et non pas criminel ou fou avec ses louanges. Comme Aristide exilé à cause de ses vertus, vous vous rappellerez que c'est à l'estime de soi-même qu'est due la qualification de juste ; que ce n'est qu'au respect des maximes du monde que se doit celle d'honorable.

Et maintenant, au contraire, n'êtes-vous pas fier ? Vous en tenez-vous, en fait d'initiative personnelle, à ce que pense le public ? admettez-vous docilement que les bienséances mondaines doivent anéantir l'évangile aussi bien que les codes de tous les peuples, ou bien encore qu'un Français ne doit mourir glorieux qu'après avoir éventré un Français ? Oh ! alors, c'est une autre affaire ! oh ! alors, laissez-vous conduire en laisse par l'opinion et suivez-la dévotement. La grande ambition de l'esclave est d'imiter son maître.

Agissez contre vos convictions intimes ; consentez à ne plus être honnête homme pour paraître *homme comme il faut*. Inclinez-vous bien bas devant un préjugé que votre raison condamne ; conservez pieusement le dépôt sacré de l'honneur français, c'est bien le mot propre, n'est-ce pas ? de cet honneur qui est satisfait, excessivement satisfait, quand la force provoque la faiblesse et en triomphe.

Allez, battez-vous ! Se serait-on avisé de douter de votre honneur, soyez tranquille, on n'en doutera plus quand vous vous serez escrimé dix minutes avec Pierre ou Paul, avec l'intention de lui déchirer l'épiderme ou de le lui érafler seulement, et même, à défaut d'honneur, vous aurez toujours les honneurs que mérite un haut fait pour l'accomplissement duquel vous trouverez, si vous le voulez, des occasions à tout moment, ai-je besoin de vous le dire? Vous avez, par exemple, une discussion un peu vive avec un ami, discussion dans laquelle vous restez cependant parfaitement convenable. L'entourage, bien qu'il n'y ait eu aucun mot malsonnant, ne laisse pas que d'y apercevoir des nuances injurieuses : n'hésitez pas à tuer votre meilleur ami, ou à vous faire tuer plutôt que d'être soupçonné de manquer de courage, surtout par des femmes qui, pour rester dans la coulisse, s'y entendent toutefois on ne peut mieux.

Au jeu il est survenu un coup douteux ; il y a eu malentendu. Un spectateur a souri drôlement ; il a parlé tout bas à la baronne qui a chuchoté ensuite avec la comtesse : faites-vous tuer, car vous pourriez passer pour un fripon, et rien n'éclaircit mieux une telle question qu'un coup d'épée.

Votre femme est une coquette fieffée : faites-vous tuer par son amant ; cela leur rendra l'honneur à tous deux. Vous-même avez séduit la femme d'un honnête homme qui vous témoigne quelque méfiance ou quelque humeur : tuez-le, car lui ayant ravi le bonheur et la paix, ce n'est guère la peine de marchander sa vie (1).

Qu'attendez-vous, voyons, pour vous immoler à la sainte routine ? On vous fait croire déjà tant de choses incompréhensibles ! Une de plus, une de moins, ce n'est pas une affaire, j'en conviens ! Allez, allez, battez-vous. Après avoir toute votre sainte vie révéré l'habituel et le convenu dans votre manière d'être et d'avoir, de penser et d'agir, mourez encore à la mode, en exhalant avec votre dernier soupir cet acte de foi sublime :

Credo quia absurdum !...

Et croire est si facile, n'est-ce pas, avec un peu de bonne volonté !

(1) Comte de Tilly, I, viii.

CHAPITRE QUATRIÈME

LE DUEL ET LE COURAGE.

1. Héros d'honneur pour le monde avant le combat, le duelliste n'est après qu'un esclave de la coutume. — **2.** Parallèle entre le courage et une bravoure pour laquelle la qualification de vertu ne doit s'accorder que sous bénéfice d'inventaire. — **3.** Considérations sur lesquelles doit se mesurer notre admiration pour un mépris de la vie qui s'observe tous les jours dans une foule de professions. Gladiateurs romains et champions du moyen âge. Le sacrifice de la vie ne commande notre reconnaissance que s'il vise un but utile chez des hommes absolument libres physiquement et moralement. — **4.** La bravoure que détermine la peur de passer pour capable de reculer est celle de l'individu qui se jette par la fenêtre d'un théâtre en feu, ou marche à la mort escorté par des gendarmes. — **5.** Si le fait de braver la mort est un acte de courage, il n'y a pas à blâmer les suicides. Duel de Marolles et de L'Isle-Marivaux. Seul cas où le suicide pourrait à la rigueur se donner comme excusable. — **6.** Abstraction faite de son immoralité, le duel n'est qu'un sport comme un autre auquel nul ne saurait être tenu de se livrer. S'il est honteux de se soustraire à ses dangers, il ne l'est pas moins d'éviter tous ceux auxquels on est journellement exposé, et le monde en conséquence n'est peuplé que de poltrons.

I

1. — Seulement, n'allez pas vous imaginer, en descendant dans la tombe, que vous venez de faire un acte de courage ; n'allez pas vous imaginer non plus que les vivants désormais ne penseront plus qu'à vous, que leurs louanges vous sont à tout jamais acquises. Oh non ! en fait d'illusions, il faut en caresser d'autres ! elles sont, ma foi, trop fortes, celles-là, pour qu'on vous les laisse ! Malheureux homme, vous ne le connaissiez donc pas, ce monde auquel vous avez préféré tout sacrifier plutôt que d'encourir dans son blâme ce qui équivalait pour vous à la plus terrifiante flétrissure. Vous ne saviez donc pas que lui obéir, c'était tôt ou tard être sa dupe. Hier encore, il promettait de faire de vous un héros, pour récompenser l'hommage que vous deviez rendre à sa toute-puissance ; et, aujourd'hui que vous êtes enterré, le voilà déjà qui sans scrupule aucun vous paie ni plus ni moins d'indifférence ! Les combats singuliers décidément, ainsi qu'on l'a très bien remarqué, ne sont pas faits pour tenir une place dans l'histoire. Par une de ces inconséquences très fréquentes du reste chez les mystificateurs, le préjugé qui fait un devoir du duel n'attache cependant aucune idée d'estime, de gloire ou d'honneur à la réputation du duelliste ; il aurait plutôt tendance à le tenir pour ridicule et même pour méprisable, quand ses succès ont été trop nombreux. Faut-il rappeler ce qui se disait quand on voyait ensemble le prince de Condé et le dernier duc de Guise, celui qu'avaient rendu célèbre ses duels et ses aventures : « *Voilà le héros de l'histoire et celui de la fable* ! »

Racine a-t-il donc eu raison d'écrire :

> La honte suit de près les courages timides (1).

Pauvre ami ! vous espériez bien, n'est-ce pas, qu'on allait vanter vos procédés d'homme délicat, prôner votre bravoure, glorifier votre mémoire, et qui le croirait ? on tient maintenant les circonstances dans lesquelles vous êtes sorti de ce monde pour si peu honorables que, par égard pour vos enfants, on s'abstient d'en parler devant eux. Votre fin jette une ombre fâcheuse sur votre souvenir, et fait même oublier les services que vous avez pu rendre. A cet éloge banal d'un usage si courant : « C'était un bien bon garçon ! » j'entends, et j'en rougis, une pitié railleuse ajouter : « Oui, mais qui aurait bien dû se défendre de la folle idée de se battre et de se faire tuer niaisement. » *Sic transit gloria mundi !* On a beau dire, nos idées tiennent encore quelque peu de celles du bon vieux temps. Pour nous, ce n'est peut-être pas le survivant qui est le coupable. Si vous avez été vaincu, voyez-vous, c'est que vous aviez tort, que

(1) *Alexandre*, I, II

vous vous êtres montré tout au moins téméraire ou maladroit. Je vous plains, je vous assure, et plus encore que tout à l'heure, car vous êtes de ceux auxquels ne convient certainement pas la qualification de méchants, qui en méritent plutôt une autre. Je vous plains, mais que voulez-vous, il n'y a plus maintenant à vous défendre. Si l'opinion a eu grand tort d'abuser de votre crédulité en vous demandant d'être faible pour paraitre brave, on ne peut plus lui en vouloir aujourd'hui de remettre les choses au point. Car, en somme, pour l'instant c'est le vrai qui réagit, c'était fatal. L'ostentation prouve toujours quelque défaut qu'elle a pour but de voiler. Qu'y a-t-il donc de si beau, je vous prie, à dire de vous, ô héros d'honneur qui êtes prêt à tout dans l'effarement de votre amour-propre, qui en dépit de votre éducation, de vos études, du titre de dirigeant dont vous vous parez à l'occasion, n'arrivez pas cependant dans les circonstances sérieuses de la vie à vous élever au-dessus des idées vulgaires? En ne suivant que le sentier battu, en ne voulant être fort que contre votre conscience et contre l'humanité, vous vous enrôliez dans ces paresseux dont parle Sénèque quand il dit : *On aime mieux croire une chose donnée comme véritable que de se livrer à un examen toujours pénible ; on trouve bien plus aisé de tout accep-*

ter les yeux fermés, et c'est ainsi que nous entraîne l'erreur transmise sans interruption et que nous nous perdons à la suite des autres (1).

Au XVIIe siècle, Nicole riait déjà des braves gens qui « *s'alloient battre en duel en déplorant et en blâmant cette misérable coutume et se blâmant eux-mêmes de la suivre* (2). »

2. — La coutume ! voilà finalement ce qui vous fait encore obéir, en esclave ou en enfant, à ce que vous désapprouvez comme homme, ce qui vous y fait courir par crainte du jugement des fous qui vous taxent de lâches, dès qu'on se refuse à leur emboiter le pas. C'est le cas de s'écrier avec Molière :

> Oh ! la lâche personne ! oh ! le faible courage (3).

Et l'on nous ferait exalter le citoyen qui, bien qu'arrivé à l'âge de se battre, ne paraît pas se rendre encore bien compte de la signification des mots, qui confond par exemple la brutalité et la valeur, se figure montrer du courage parce qu'il fait croire pendant quelques instants à de la bravoure ?

(1) *Unusquisque mavult credere quam judicare. Nunquam de vita judicatur, semper creditur, versatque nos et præcipitat traditus per manus error, alienisque perimus exemplis.* (*De Vita beata.*)

(2) *Essais de morale*, 1er traité.

(3) *Dépit amoureux*, IV, IV.

Réfléchissez donc un peu, maintenant que vous n'avez rien de mieux à faire, et vous reconnaitrez qu'il y a là deux choses qui ne sauraient être confondues.

Le courage est cette énergie de caractère qui, impliquant sans doute le parfait équilibre de nos facultés physiques et morales, tient à l'essence même de notre être, au fonds de notre nature, et s'affirme à tout instant, en toute occasion, sans avoir besoin de stimulants, d'exemples ou de témoins.

C'est, comme le dit Condillac, une confiance éclairée que rien ne trouble. La bravoure qui, par contre, n'a pas sa racine dans le principe même de la vie humaine vient du sang, et qui plus est, du sang échauffé momentanément par une excitation quelconque. On est courageux dans l'habitude de la vie ; on devient brave à telle heure, en telle circonstance, sur le champ de bataille, en face du danger que vous fait courir à vous ou aux vôtres un adversaire redoutable ; on le devient d'autant plus qu'on se voit forcé d'obéir à des ordres rigoureux et pressants, ou entraîné par l'élan d'ardents compagnons. Combien de soldats (et c'est de grands capitaines que vient la remarque) ne doivent qu'à l'un de ces mobiles, quand ce n'est pas aux deux, leur bonne contenance devant l'ennemi !

Ne prenant parti qu'à bon escient, mais regardant alors les difficultés en face, d'autant plus intrépide et plus persévérant qu'il est plus raisonné, le courage se possède et comporte par là même des entreprises de longue haleine. Il sait commander et se faire obéir. Triomphe-t-il, il sait tirer parti de ses avantages sans cris de victoire. Est-il vaincu ? Il ne songe qu'à mettre les forces qui lui restent au service de sa cause.

D'allure toute différente, la bravoure a besoin au contraire d'être guidée. D'autant plus impétueuse qu'elle est moins réfléchie et s'aveugle plus sur le danger, elle cède à l'impression vive et soudaine, comme à l'emportement de n'importe quelle passion, voire de la colère et de l'ivresse. Pour exceller dans le coup de main, elle se laisse en revanche abattre aussi facilement qu'électriser. Le courage est une vertu qui n'appartient qu'à l'homme, un sentiment noble susceptible d'être développé par l'éducation ; la bravoure est un mouvement en quelque sorte machinal, ne dépendant pas toujours de nous, une sorte d'instinct quelquefois féroce qui, n'en déplaise à notre orgueil, se remarque très bien aussi chez les animaux. Car enfin la femelle qui se fait tuer en défendant ses petits, le bouledogue qui, en dépit des plus rudes coups de bâton, ne lâche pas l'homme qu'il tient à la gorge, sont des braves, on ne saurait le nier, des braves tout aussi authentiques que ces habitués de cabaret qui s'attrapent et se frappent à la sortie du bal, se disputent et se culbutent, s'accrochent et s'embrochent. Résumons notre parallèle en disant que si l'un des deux sentiments implique toujours un cœur bien placé, l'autre ne demande bien souvent qu'une tête perdue. Et concluons maintenant qu'en ce qui concerne les faits et gestes du duelliste, le mot courage doit être résolument écarté comme tout à fait impropre. Reste la question de bravoure, soit ! mais qu'on me permette de rappeler ici que si le courage généralement parlant a droit à notre considération, il n'en est pas de même de la bravoure qui est toujours sujette à caution, qui ne peut jamais être envisagée abstraction faite de l'impulsion qui la motive ou du but qu'elle se propose.

Bien plus belliqueux que les modernes, les anciens ne connaissaient pas le duel, mais n'en assistaient pas moins comme nous à ces rixes sauvages qui surviennent parfois entre voisins, amis ou parents. Aussi déplorables que les nôtres, quoique moins stupides, ces rixes excluaient à leurs yeux tout courage. C'est en y faisant allusion qu'Aristote nous dit : « *Ceux qui combattent vaillamment pour le service du roi et pour la cause publique ont un véri-*

table courage, mais je n'en dirais pas autant de ceux qui se montrent intrépides en vengeant leurs propres querelles, parce qu'ils ne sont animés que par le sentiment de l'injure qu'ils ont reçue ; je dis seulement qu'ils luttent bien. »

Dussé-je surprendre bien des gens, la bravoure n'est pas une vertu ; elle ne commande nullement l'estime par elle-même et en tout état de cause. Cette heureuse disposition naturelle qui, à un moment donné, nous donne le ressort et l'entrain que réclament certaines positions critiques, n'a droit aux éloges qu'autant qu'elle aide à l'accomplissement d'un devoir, se met au service de la vertu. Le voleur n'est pas précisément timide quand il escalade un mur, se meurtrit les mains, s'expose à une résistance qui ne reculera devant aucun moyen, et l'horreur est cependant le seul sentiment qu'il nous inspire. Le danger qu'il brave ne le justifie nullement à nos yeux. Il en est de la bravoure comme de la force et de l'adresse, dans lesquelles tout le monde est prêt à voir des qualités quand les actes qu'elles facilitent ont un noble but, sont ratifiés par la conscience humaine, mais qui ne sont plus que des folies quand elles sont dépensées inutilement contre toute prudence, qui ne sont plus que des crimes quand elles le sont malhonnêtement, contre le devoir.

3. — Affirmez-moi tant que vous voudrez qu'en se rendant sur le terrain on fait taire en soi le sentiment le plus solidement ancré peut-être dans le cœur de l'homme, je ne vous contredirai pas ; mais je ne vois pas maintenant pourquoi le duel en tirerait vanité. Ce mépris du danger qu'il ne faut pas confondre avec celui de la vie, comme nous le verrons dans un instant, a été poussé jadis aussi loin que possible, et de nos jours encore il ne saurait certainement se donner comme chose si remarquable. On croirait, à entendre les duellistes, qu'il n'y a qu'eux à pouvoir en parler, et les hâbleurs ne font au contraire que de loin en loin ce qu'une foule de gens font chaque jour et du matin au soir sans tapage aucun, sans se donner non plus comme bâtis autrement que les autres. La mort les intimiderait-elle donc beaucoup, qu'ils s'imaginent, pour s'en être une fois approchés, avoir fait quelque chose de réellement extraordinaire ?

Les expériences tentées en vue d'applications heureuses aussi bien que les professions utiles font chaque année de nombreuses victimes, objets de notre compassion la plus sincère : nous ne songeons nullement toutefois à en faire des héros. Au cirque, c'est l'habileté, c'est la hardiesse que nous venons applaudir dans les exercices des jockeys, gymnastes, acrobates et autres insouciants du danger ; ce n'est pas un courage qui touche de trop loin cette fois aux grands intérêts de l'humanité pour nous émouvoir autant que tout à l'heure, en cas d'accident.

Ce qui s'explique après tout très bien, car enfin, n'en déplaise à ceux qui voient la vie telle que la font les institutions humaines, au lieu de la voir telle qu'elle devrait être dans le plan divin, je crois qu'on peut très bien la donner pour un bienfait, ne serait-ce que par respect pour son auteur. Si on l'aime mieux, rien n'empêche de la considérer comme un capital dont il faut jouir et faire jouir les autres.

Ceci dit, avouez que la société ne fait pas une perte bien douloureuse en la personne de ceux qui ne savent rien tirer de leurs facultés ou n'en tirent rien de profitable. La considération ne s'attache jamais d'une façon durable aux actes heurtant l'ordre établi, seraient-ils extraordinaires, et c'est à toute époque que vous constaterez la chose. Reportez-vous, par exemple, au temps de ces empereurs romains qui furent la honte de l'histoire, et demandez-vous ce qu'étaient les gladiateurs, « *dont les duellistes, plus méprisables qu'eux,* nous dit Sully dans ses Mémoires (liv. XXII), *ressuscitent le vil métier* », en voulant eux aussi te saluer, ô monde, être applaudis et mourir. Eh bien ! vous aurez à constater qu'ils se recrutaient dans les plus basses classes de la société, et ne jouissaient d'aucune considération, bien qu'ils donnassent des peuves d'un stoïcisme incroyable, « *se hachant en pièces avec une si extrême fermeté de courage qu'on ne les vist jamais lascher une parolle de faiblesse ou commisération, jamais tourner le dos ny faire seulement un mouvement pour gauchir un coup...* » etc.

Ce qui n'empêchait pas les protestations du sens moral chez les hommes d'esprit cultivé. C'est ainsi que Cicéron, lors des fêtes de gladiateurs données au peuple par Métellus, écrit à Atticus qu'il va s'empresser de quitter Rome pour se rendre à sa maison de campagne.

Qui avait encore droit dans le temps à une estime du même genre ? C'était le champion du moyen âge, affrontant le combat judiciaire pour son client et s'y faisant tuer ou blesser.

Que voulez-vous ? nous sommes ainsi faits qu'un homme en marchant à la mort ne peut exciter notre admiration ou commander notre estime que sous une double condition : il faut que le sacrifice vise un but utile ou avouable ; il faut en second lieu qu'il soit vrai, authentique, ce qui, remarquez le, implique forcément un être absolument libre physiquement et moralement. Ainsi, que la guerre éclate demain, j'aurais beau déplorer tout bas de voir le courage se dépenser à d'aussi tristes besognes, ma plus respectueuse considération n'en sera pas moins acquise, j'en réponds, aux nobles volontaires qui s'enrôleront de leur plein gré dans l'armée avec l'intime conviction de remplir un devoir. Mais, par contre, il ne faudra pas me demander l'impossible en exigeant de moi la même impression vis-à-vis des immatriculés d'office qui ne sont dans les rangs que parce qu'ils ne peuvent pas ne pas y être. La valeur du dévouement spontané est évidente ; celle de l'obligatoire a besoin d'être démontrée. Si les Boers ont excité chez tous les peuples une admiration qui malheureusement ne fut que platonique, c'est qu'ils étaient ce qu'ils paraissaient, voulaient ce qu'ils faisaient, c'est que leur courage, comme celui de tous les peuples jeunes et pleins de vie, ne comptait pour s'affirmer que sur le souci de l'indépendance et le besoin de défendre des droits méconnus aussi lâchement qu'ils peuvent l'être quand ils appartiennent à des inoffensifs ou à des faibles.

Veuillez bien le comprendre ! Nous n'avons pas à nous extasier du tout devant l'homme marchant à la mort avant de nous être bien rendu compte des circonstances dans lesquelles il se trouve, et des motifs qui l'y poussent.

Portons un instant notre pensée sur la sinistre

machine qui a fait périr au cours de notre histoire autant d'innocents que de coupables. Si parmi les condamnés de l'une ou de l'autre catégorie vous voyez hommes et femmes ne pas se départir, pour monter à l'échafaud, d'une attitude intrépide, j'en vois de mon côté de chancelants et de livides qui avancent aussi, mais escortés d'individus tout prêts, le cas échéant, à remédier à leurs défaillances. Vous ne voudriez pas, je suppose, qu'on en fît l'objet de la même appréciation.

4. — Non, ne parlez pas de bravoure sans nous mettre sous les yeux ses titres à la déférence. Nous serions tenus autrement à la plus grande réserve, par cela seul qu'elle s'observe chez des criminels, chez des gens aussi qui n'en font preuve que pour mériter des applaudissements, et, bien plus fort encore, chez des timides, des individus qu'affole la peur. Chose assez bizarre : de toutes les qualités la bravoure est peut-être la seule qu'on puisse montrer sans l'avoir. « *On est quelquefois ferme par faiblesse*, lisons-nous dans les pensées du duc de la Rochefoucauld, *et audacieux par timidité.* »

Qu'un incendie, par exemple, se déclare au théâtre, vous verrez des malheureux affronter la mort en se jetant par une fenêtre, et ne donner toutefois de ce fait aucune preuve de bravoure. S'ils prennent ce parti désespéré, c'est qu'ils se sentent le feu...

aux trousses, et qu'entre deux maux ils croient choisir le moindre. Le duelliste, lui, cède exactement à la même pression : on peut dire que l'analogie ici est frappante. S'il ne se sent pas le feu aux... trousses, il voit l'opinion qui lui fait les cornes, et dans des gestes de mépris, des rires ironiques, que sais-je ? lui montre une réputation ternie, une vie déshonorée, quelque chose comme la mort civile ; et le brave qui a peur, grand'peur de passer pour avoir peur, qui d'autre part ne voit pas d'issue, dégaine l'épée comme il eût ouvert la fenêtre à un Opéra quelconque. Peut-être a-t-il la bravoure qui à un moment donné vous pousse instinctivement à vous servir utilement d'une arme ; ce qu'il y a de sûr, c'est qu'au lieu de cette fermeté d'intelligence vous inspirant des idées justes, bien que hardies, et vous y attachant malgré tout, il a cette timidité d'esprit qui lui donne comme « beaucoup plus aisé de faire en se battant une folie approuvée que de faire un acte de sagesse libre et impopulaire en ne se battant pas ».

Avouez que le baron de Massias a bien raison de dire que la bravoure n'est souvent que la peur, ou la victoire que la peur remporte sur elle-même.

Soyez forcé de sauter dans la rue par une fenêtre ou de sortir du lit pour aller sur le terrain, vous pouvez dans l'un et l'autre cas trouver la mort, c'est entendu ; mais vous savez très bien aussi que si l'on a quelques chances dans le premier d'en être quitte pour un membre cassé, on en a pour le moins autant dans l'autre de s'en tirer avec une égratignure, quelquefois même avec rien du tout, aujourd'hui principalement que la bravoure sur le terrain se résume à son hypocrisie.

Qu'elle soit déterminée par une cause physique, qu'elle le soit par une cause morale, la peur est toujours la peur, et toute audacieuse résolution imposée par elle a moins de droits aux félicitations qu'elle n'en a aux condoléances.

Allons ! qu'est-il, en somme, votre duelliste ? Un homme que l'opinion condamne à mort et qui en défilant devant elle défile devant un gendarme valant à lui seul dix brigades réunies, n'ayant rien à redouter par suite pour sa bravoure... qui est assurée !...

Ecoutez une petite histoire qui me fut racontée il y a quelques années. Un jeune homme entendant dire d'une jeune fille qu'il aimait certaines choses ne laissant pas que de la compromettre singulièrement, provoque en duel l'auteur du propos. Toutes les mesures sont prises et l'on doit se battre le lendemain, quand le provocateur apprend de source absolument certaine que son adversaire est encore resté dans ses récits bien au-dessous de la vérité ! Va-t-il se battre quand même? va-t-il affirmer l'épée à la main une innocence à laquelle il ne croit pas ? Grande est sa perplexité ; mais la peur de passer pour un homme capable de reculer au dernier moment l'emporte sur ses scrupules. Le duel a lieu et l'adversaire est blessé. Qu'était-il, ce brave, cet homme d'honneur, sinon un lâche ? Et il méritcrait l'admiration ? Oh non ! réservons-la pour ceux que la mort surprend dans l'accomplissement d'actes commandés par le dévouement, pour ceux qui arrêtent un cheval emporté ou se jettent à l'eau au secours des naufragés ; qui au lieu de se ruer lors d'un incendie vers les portes, en piétinant les femmes, pénètrent au contraire dans la maison embrasée pour se saisir de l'enfant qu'on sait y être resté. La vraie bravoure est celle qui sauve, et sans avoir à compter avec l'obligation, qui ne se sent jamais non plus talonnée par la peur ou la vanité quand elle court au danger, sans même prendre le temps de crier : advienne que pourra !

5. — Seriez-vous toujours décidés à faire grand état de tous ceux qui s'exposent à mourir ? Alors soyez logiques ! que ce soit de gaieté de cœur, par tristesse ou passion politique qu'on prenne ce grand parti, peu importe ! faites donc aussi l'éloge des Jacques Clément, des Ravaillac, des Damien,

etc., etc., qui entrevoyaient, en s'attaquant au souverain, non plus une mort subite, mais celle qu'amènent de longs et horribles supplices. Faites l'éloge de tous ces braves gens qui trouvent plus facile de mourir que de braver la vie, qui font si peu de cas de l'existence que pour aller plus vite en besogne, ils ne se contentent plus seulement de la risquer, mais s'en débarrassent eux-mêmes sans formalité aucune. Soyez logiques! faites-nous tenir en haute estime tous ceux qui se pendent, se noient, s'empoisonnent, attentent enfin à leurs jours d'une façon quelconque. Se tirer un coup de revolver parce qu'on ne peut décider une femme à répondre à ses avances ou qu'on se sent à la veille de tomber aux mains des agents de la sûreté ; s'exposer aux émanations délétères du charbon par peur de la misère ou des souffrances dont vous menace une maladie incurable, c'est se montrer tout aussi brave qu'a la prétention de l'être celui qui, redoutant la honte, s'expose aux coups d'un adversaire. Peut-être même y a-t-il plus de crânerie à tourner vers soi ses propres armes qu'à se présenter devant celles d'un autre.

Mettons, si vous voulez, que c'est tout un, et la chose sera jugée. Et nous conclurons ensemble à une incompatibilité absolue entre l'acte de *courage* et celui que motive le *découragement*, et nous conviendrons d'un commun accord que si le sacrifice de la vie doit honorer une mémoire, ce ne sera jamais celle d'hommes qui physiquement ou moralement ne sont pas libres, d'hommes qui cèdent en risquant leur peau à des passions inavouables ou ne bravent un danger que pour en fuir un autre.

Combien n'en pourrait-on pas citer qui, perdant toute force de réaction, ne se sont battus que pour sortir de ce monde par ce qu'ils croyaient une belle porte !

Quand le poignard de Jacques Clément eût fait expier à Henri III le lâche assassinat du duc de Guise, un jeune gentilhomme nommé L'Isle-Marivaux, qui comptait au nombre des favoris, ressentit un tel chagrin de la mort du roi qu'il ne voulut pas lui survivre, et pour mourir plus glorieusement, venger en même temps son maître, il fit proposer à des gentilshommes du parti opposé de se battre avec lui. Ce fut le jeune de Marolles qui accepta la proposition. Montés sur de superbes destriers, les deux adversaires s'abordèrent avec furie, et peu d'instants après, Marivaux tombait frappé à mort. Ne me demandez pas quel rôle jouait ici l'honneur; comment on pouvait songer à venger son roi en laissant à ses ennemis la possibilité de faire une nouvelle victime : il me serait impossible de répondre. Le duel a ses mystères qui, pour notre faible raison, notre pauvre raison si bornée n'est-ce pas? seront toujours impénétrables. Ce qu'il y a de sûr, c'est que Marivaux commettait là un véritable suicide, et que tout bien considéré, il ne paraît pas beaucoup plus beau de se faire noblement occire au seizième siècle par une épée que de se faire bourgeoisement écraser au vingtième par une locomotive. Ce qui est encore incontestable, c'est que le duel et le suicide sont frères, frères jumeaux, et qu'il y a là, ma foi, pour le premier une parenté quelque peu compromettante. Puisque nous sommes amenés à parler de l'homicide volontaire de soi-même, qu'on me laisse dire en passant que s'il fallait absolument lui trouver une excuse, peut-être y a-t-il une circonstance où la chose pourrait se tenter... sous toutes réserves !

« Qu'il y ait des affronts après lesquels un honnête homme trouve la vie insupportable. soit; c'est une circonstance atténuante pour toute mort volontaire, donc pour le duel aussi ; mais cela ne fait pas qu'il soit logique, ni surtout obligatoire de s'exposer aux coups de celui-là même qui a déjà tous les torts et qui ne mérite que le mépris.

« Quand on a tous les torts soi-même, c'est bien différent. Comme on doit toutes les réparations, on peut être tenu d'honneur, après avoir offert toutes celles qui sont possibles, à ne pas refuser même *la réparation par les armes* si elle est jugée seule acceptable par la personne offensée. Mais le duel alors a des obligations particulières : la loyale observation des règles ordinaires n'empêcherait pas de paraître odieux à tous et d'une insupportable injustice le coup dont on frapperait (mortellement surtout) la personne qu'on a déjà blessée dans ses droits, atteinte dans son honneur. On a dit du duel qu'il est une tentative d'homicide compliquée d'un suicide éventuel ; eh bien, il n'est tolérable dans l'éventualité que nous envisageons qu'à condition que l'offenseur en fasse, s'il le faut, une sorte de suicide, plutôt que de risquer d'ajouter l'homicide à sa faute. Une fois admis que le devoir peut commander de se battre, ce ne serait toujours qu'en expiation d'une offense irréparable autrement. La condition sans doute sera trouvée rigoureuse, mais il ne fallait pas se mettre dans ce cas » (1).

6. — Plaçons-nous à un autre point de vue, s'il vous plait, Messieurs les duellistes. Je voudrais vous montrer qu'il n'y en a pas un sous lequel vous ne puissiez être convaincus d'erreur. Enlevons au fait de se battre ce qu'il a d'odieux ; tenons-le un instant pour licite ; vous n'en serez pas beau-

(1) *Grande Encyclopédie.*

coup plus avancés, laissez-moi vous le dire, et pourquoi ? Mais parce que vous allez avoir maintenant à établir que le souci de ma réputation me fait un devoir de me livrer à une manœuvre quelconque, de me servir d'objets dont le maniement ne m'est pas familier, de prendre part à un jeu sans attrait pour moi, soit que je n'y trouve aucun plaisir, ou que le partenaire ne me dise rien du tout. Considéré abstraction faite de son immoralité, le duel n'est, après tout, qu'un sport comme un autre, ne demandant que de l'exercice pour vous permettre d'acquérir une certaine force. Il est clair que s'il avait été d'usage de porter l'épée dans le petit monde, on aurait voulu tout aussi bien que dans le grand la porter pour quelque chose, et les occasions de s'en servir n'eussent certainement pas manqué. Observons à ce propos avec le chancelier Bacon que *l'esprit du duel se remarque dans la plus vile populace, ce qui devrait bien désabuser*, dit-il, *ceux qui veulent y voir l'effet de nobles sentiments, l'homme d'honneur n'ayant vraiment pas à s'enorgueillir d'un acte dans lequel avec un peu de pratique* « le premier venu » (j'ai adouci) *peut aisément s'égaler à lui.*

Si c'est un sport comme un autre, pourquoi aurais-je vis-à-vis de lui des obligations que je n'ai pas vis-à-vis de tous ceux qui, beaucoup plus en vogue, comptent bien autrement d'amateurs ? Un ami chez lequel je passai la soirée il y a quelques jours eut avant le dîner l'idée de me proposer à titre de divertissement une partie d'escrime, invitation que je déclinai sur-le-champ, me fondant sur mon inexpérience. J'aurais pu, notez bien, donner tout aussi bien pour excuse l'entrave qu'un rhumatisme met à mes mouvements. Mon honneur en a-t-il été compromis ? Pas le moins du monde ! Eh bien, si ce refus n'a pas de conséquence quand il répond à une proposition amicale, pourquoi me déshonorerait-il quand je l'oppose à la colère ? Et puis enfin, mes bons amis, avouez-le, je ne puis cependant pas être tenu d'accomplir tous les tours de force et d'adresse dont il est question de par le monde, ni les actes de bravoure non plus, étant donné surtout que je ne me sens pas de taille ou d'humeur à me donner en spectacle.

Oh oui ! je vous entends ! étant donné aussi, dites vous, que l'abstention en pareil cas est chose certainement plus facile !

— Mais comme il est aussi beaucoup plus facile, mes braves gens, de marcher tranquillement sur la route ainsi que vous le faisiez tantôt, que de faire du quatre-vingts à l'heure et d'aller se casser la tête contre un arbre. Vous m'agacez à la fin ! Quand on crache en l'air, il est rare qu'il ne vous retombe pas quelque chose sur le nez, et c'est précisément ce qui vous arrive, bien que vous ne paraissiez pas vous en apercevoir. Ainsi vous voilà tout prêts à qualifier de timide, pour ne pas dire plus, l'homme qui se refuse à mourir bêtement. Mais il ne l'est toujours pas plus que vous qui m'écoutez et qui tous savez parfaitement vous défiler quand il y a quelque danger à courir. Faut-il parler franchement ? Eh bien, de vous tous ici présents, il n'y en a peut-être pas un qui soit brave! Oh! ne braillez pas, attendez un peu, laissez-moi finir ! Ce qui est dit est dit, reste à le prouver, et je suis en mesure de vous mettre à tous le nez dans votre couardise.

Je commence par vous, là-bas, jeune notaire ! Quand, pour vous distraire des affaires de votre étude, vous vîntes dimanche dernier aux courses, ne dites-vous pas devant moi en montrant un cheval qui piaffait, se trémoussait et se cabrait : « Ce qu'on me paierait cher pour monter sur une bête comme ça! » On sait, n'est-ce pas, ce que parler veut dire. Poltron, va !

A votre tour, Monsieur l'ingénieur ! La dernière fois que j'eus le plaisir d'aller dîner chez vous avec quelques amis, vous nous en aviez prévenus, vous deviez positivement sortir dans la soirée. Or qu'est-il arrivé? C'est qu'il y avait ce soir-là grande manifestation dans la rue ; la foule y était compacte. Eh bien, après être resté quelque temps à la fenêtre en tapotant aux vitres, vous êtes revenu vous enfoncer dans votre fauteuil, vous contentant de dire : « Ma foi, je n'aime pas les bagarres; je remets ma visite à demain ! » Ainsi quelques horions, quelques malheureux coups de canne, voilà ce qui vous arrête ; mais c'est tout simplement honteux !

Tiens, Anatole, c'est vous, mon bon ami, je ne vous savais pas là, mais puisque j'ai le plaisir de vous voir, ma foi, j'en profite pour vous dire combien je fus attristé le mois dernier de votre manque de bravoure. Nous suivions, rappelez-vous, dans les Vosges, le bord d'un ravin, quand, entrevoyant tout à coup en contrebas du sentier les plantes que je cherchais, je vous demandai de suite de faire quelques pas avec moi sur la pente abrupte pour m'aider à les recueillir. « J'y serais, me répondites-vous, tout disposé, mais j'ai le pied peu sûr depuis mon accident, sans compter que je suis très sujet au vertige. Or je n'ai nulle envie de descendre en avalanche : vous auriez vraiment trop de peine à venir rechercher mon corps. » Si vous visiez à être spirituel, ce n'était toujours pas à être brave; le pied pouvait vous manquer, c'est évident, et puis après ?

Eh bien, et vous lieutenant, qui m'interpelliez

tout à l'heure, je suis au regret de le dire, mais vous aussi, vous n'avez pas que de belles choses à votre actif. Il y a environ quinze jours, à la battue du bois des Coteaux, devant plus de dix personnes qui vous ont parfaitement entendu, sachez-le bien, vous avez adressé à l'organisateur de la chasse cette singulière requête : « Dites donc, mon cher, vous me feriez bien plaisir de ne pas me placer à côté du baron : je n'ai pas envie, moi, de me charger de son plomb, comme l'ont déjà fait tant d'autres. Comment ! vous savez très bien qu'un homme d'honneur doit toujours être prêt à permettre au premier malotru venu de lui loger délibérément une balle dans la tête, et vous avez peur maintenant de quelques malheureux grains de plomb dont un joyeux compagnon peut vous saler involontairement les mollets ? C'est ni plus ni moins ridicule !

Je m'arrête, autrement j'en aurais certainement jusqu'à demain.

Mais, tenez, pas plus tard qu'hier, je déjeunais chez des châtelains dont le fils vient de se marier. On passe un plat de champignons ramassés le matin par les enfants du garde. Certains convives se servent, d'autres refusent, et la conversation de rouler, comme il arrive toujours en pareil cas, sur l'attention que nécessite la cueillette, comme aussi sur certains cas d'empoisonnement signalés récemment dans les journaux. On arrive au jeune marié qui, après un signe de tête négatif, regarde sa femme et lui dit en pleine table, notez bien, en pleine table : « Je suis, ma foi, trop heureux en ce monde pour songer à en sortir ; j'attendrai que je ne le sois plus pour trouver du goût à ces machines-là ! » Hein, c'est raide! Pauvre garçon ! Du reste, il a de qui tenir. C'est son père qui l'autre jour, en reconduisant à la gare celui de ses fils qui suit les cours de droit à Paris, lui faisait solennellement promettre devant moi de ne jamais longer les grands boulevards à bicyclette, de ne pas revenir de Versailles sur les marchepieds des wagons, de ne pas patiner à la première petite gelée sur l'étang que possède à quelques lieues de Paris l'oncle auquel il va rendre visite de temps à autre... Que sais-je, moi ? Ce n'était que recommandations plus puériles les unes que les autres. N'ayez pas peur, il lui recommandera bientôt, je parie, de ne pas chercher non plus de chicanes, de ne pas s'attirer ce qu'il appellera de vilaines affaires.

Enfin, c'est à n'y pas croire, on ne vit qu'au milieu de froussards et de capons. Quels exemples pour la jeunesse! Étonnez-vous maintenant de voir s'augmenter toujours le nombre des hommes capables de refuser un défi !

Savez-vous ce que j'ai encore vu tout dernièrement, de mes yeux vu? Un jeune capitaine, insulté par un collégien de 16 à 17 ans, prendre la carte que ce dernier lui tendait et la lui jeter à la figure. J'ai vu un magistrat arrêté dans la rue tout à côté de l'asile des aliénés par un individu aux yeux hagards qui, armé d'un bâton, se mettait en garde devant lui et l'invitait à en faire autant, et ledit magistrat refuser bel et bien la partie d'escrime, et qui plus est appeler les passants à son aide. Voilà où l'on arrive fatalement, quand on s'obstine à ne pas vouloir comprendre que la vie ne nous a pas été donnée pour la conserver, que nous ne venons en ce monde que pour y laisser notre peau le plus vite possible.

Et c'est dans toutes les classes de la société que la chose, hélas ! se constate ! On me parlait, il n'y a pas longtemps, d'un accident arrivé à l'un des charretiers de la ferme. Il traversait un herbage quand il aperçut un taureau se dirigeant de son côté à grande allure. Et mon homme de se sauver à toutes jambes. Ce qui ne l'empêcha pas d'être rejoint par l'animal, renversé et bousculé. Sans le secours de camarades qui avaient entendu ses cris, c'en était fait bien certainement du fuyard. Eût-ce été une grosse perte ?

Tout à l'heure, en venant ici, je passais à côté

d'une maison qu'on est en train de démolir, quand j'entendis un ouvrier crier à un autre : « Touche donc pas à la perche ; tu vois pas que tu vas tout me f... sur le dos ; mon gosse n'a pas encore de culotte. » Si ce maçon avait été ce qui s'appelle un brave, je vous demande un peu ce que le gosse serait venu faire là dedans.

C'est partout, je vous dis, à tous les degrés de l'échelle sociale, que se rencontrent les pusillanimes.

Aux dernières assises, quand on a jugé cette bande de coquins, vous l'avez entendu comme moi, il y en a eu un qui a été traité de lâche par ses camarades pour s'être refusé à prendre part à un guet-apens où l'on jouait, il est vrai, très gros jeu !

Trêve maintenant à la plaisanterie ! Je m'aperçois, mes braves, que vous souriez tous, et certes c'est ce que vous avez de mieux à faire. Seulement, sachez-le bien, vous n'en avez le droit qu'à condition de vous montrer dorénavant conséquents. Si, au risque d'encourir l'épithète de lâche, on est tenu de ne pas se prêter à l'accomplissement d'un forfait, s'il est parfaitement permis de ne faire aucune attention aux provocations d'un enfant, de tourner le dos au déséquilibré qui vous attaque, de se dérober à la poursuite d'une brute, de se méfier enfin des imprudences, de se garer des maladroits, etc., etc., la chose est tout aussi licite vis-à-vis du soi-disant homme d'honneur auquel faisait allusion le célèbre Addison quand il disait :

« *La loi contre le duel ne doit comporter qu'un article unique ;* ***Quiconque sera convaincu d'avoir donné ou accepté un cartel sera enfermé dans une maison de santé jusqu'à complète guérison.*** »

Tel était également le vœu de cet abbé de Saint-Pierre qui doit être classé un jour parmi les bienfaiteurs de l'humanité.

II

1. — Ce n'est pas chez les gens bien équilibrés physiquement et moralement que se constate le mépris de la vie, encore moins chez ceux qui savent se rendre utiles. Tout le monde craint la mort et personne n'y court. L'ordre naturel ne nous condamne pas à y penser. Ce qu'elle est pour le vieillard chargé d'années et pour l'homme valide qui s'y expose. — **2.** Raisons pour lesquelles le fait de mourir ne saurait honorer un homme. Ce n'est jamais de son devoir qu'on est victime. — **3.** Sentiment que méritent tous les malheureux qui, comme les duellistes, ne font pas cas de la vie. — **4.** Distinction, noblesse et mérite comportent aujourd'hui d'autres besognes que le métier des armes ; ce n'est plus par des œuvres de destruction que s'affirme la virilité. — **5.** Ce qu'il faut penser du courage qu'implique l'infanticide et des inconséquences d'un monde qui permet au duelliste d'embrocher un père de famille pour se laver de la honte et fait un crime à la jeune femme d'étouffer pour l'éviter un nouveau-né.

1. — Admettez-vous maintenant qu'il n'y a aucune obligation ni aucun mérite à exposer sa vie quand on doit la perdre inutilement, quand de hauts intérêts ne viennent pas exiger un sacrifice que doivent suivre des compensations sérieuses ? J'ai lieu de le croire, mais n'importe ! Puisque j'en suis sur ce chapitre-là, je vous ferai connaître encore ma pensée sur ce que d'aucuns appellent improprement le mépris de la vie, en se plaisant, qui plus est, à le parer de brillantes couleurs. Je veux qu'un instant de réflexion suffise à nous en faire dire :

> De loin c'est quelque chose, et de près ce n'est rien.

N'accordons pour commencer qu'un sourire aux hâbleurs qui en font au coin du feu le thème de leurs déclamations, mais n'en prennent pas moins aux moments critiques tous les moyens en leur pouvoir pour ne pas avoir à passer de la théorie à la pratique.

> « La vraie épreuve du courage
> N'est que dans le danger qui se touche du doigt. »

Arrivons de suite à ceux qui, au lieu de parler, agissent et de telle sorte à l'heure du danger, qu'ils semblent se croire invulnérables. Dirons-nous d'eux qu'ils méprisent la vie? Non! Personne ne le fait, et personne ne le peut ; la chose n'est pas voulue là-haut. J'entends parler évidemment des individus bien équilibrés physiquement et moralement, se rappelant qu'ils sont des êtres sociables appelés à se rendre utiles les uns aux autres, sachant très bien que plus on a dans ce sentiment du devoir le désir de marcher dans la voie tracée, le désir d'y entraîner ou d'y maintenir les autres, plus on se regarde comme coupable de mal user de la vie ou de la donner sans raison.

Penser à la mort, c'est la craindre. Cette crainte est le premier des sentiments qui ont été donnés à des êtres destinés à vivre; tout le monde l'éprouve, à tout âge, sous toutes les latitudes, comme à tous les degrés de l'échelle sociale. Vouloir faire croire aux autres qu'on ne la connaît pas, c'est être menteur, ou laisser follement entendre que le Créateur peut en certains cas nous faire une obligation de mépriser ce qu'il nous donne, ou, si l'on veut, de renoncer à ce qu'il nous fait d'autre part une loi de conserver. Il y songe si peu cependant qu'il ne nous condamne nullement à penser à la mort ni même à la voir venir. Aucun de nous ne sait quel doit être son dernier jour; notre repos du reste est dû à l'ignorance de cette date qui, toujours présente autrement à notre pensée, nous empêcherait finalement de vivre. Examinez maintenant ce qu'est la mort quand elle arrive non pas avant l'heure, par suite d'erreurs récentes ou anciennes, d'imprudences ou de folies, mais au moment voulu dans l'ordre naturel : elle n'a rien d'effrayant du tout, puisqu'elle fait sortir de ce monde des êtres dont l'activité et le sentiment sont émoussés, des êtres désormais inutiles qui n'aspirent, comme le voyageur harassé arrivant le soir chez son hôte après une longue journée de route, qu'à s'étendre sur un lit pour y perdre la notion de l'existence.

Arrive le moment de l'extinction finale, on n'en a pas plus conscience que du passage de l'état de veille au sommeil.

Nous sommes sans doute, au cours de notre existence, exposés à des accidents de plus d'un genre. C'est la foudre qui frappe, l'arbre qui écrase, le feu qui asphyxie, le cheval qui tue, etc.; mais alors, loin de mépriser la vie, nous nous y cramponnons au contraire tant qu'il y a quelque espoir de salut. Je n'irai pas dire à coup sûr que l'ordre naturel ne comporte en aucun cas des hommes s'exposant librement et résolument à la mort. Certes, il nous arrive très bien de tout risquer pour sauver par exemple des êtres qui nous sont chers, arracher aux flammes des objets précieux, etc. Mais permettez, c'est précisément parce que la chose est prévue par l'ordre naturel qu'il nous facilite en pareil cas notre sacrifice. Remarquez que nous sommes alors tellement surexcités, tellement absorbés par l'impulsion à laquelle nous cédons, qu'aucune autre préoccupation ne trouve place dans notre esprit; nous ne courons nullement à la mort, nous courons au but que nous fixe un fougueux désir, lequel fait taire l'instinct de conservation, ou si vous voulez masque le danger, en lui donnant du moins un aspect tout différent de celui sous lequel on le voit quand on est de sens rassis. Loin de mépriser la vie, nous ne demandons au contraire qu'à la conserver, puisque la mort, en réduisant nos facultés au néant, en immobilisant à tout jamais notre activité, empêche ainsi l'entreprise d'être menée à bonne fin.

Toutes les fois, dirai-je pour conclure, que vous verrez sur le terrain ou ailleurs des hommes privés de liberté s'exposer à la mort, sans avoir des motifs de haïr leurs adversaires, ou sans savoir pourquoi ils se battent, sans se sentir entraînés par l'élan dont je viens de parler, il n'y a pas à le nier : de leur fait ou de celui des autres, ils contreviennent aux lois préétablies dont on fera demain, espérons-le, les mesures d'ordre public par excellence ; nous ne sommes plus en présence que d'irréfléchis, d'abusés, ou bien encore de victimes que s'offre une institution barbare. Il faudra bien cependant un jour, si l'on veut sortir du gâchis et démêler le juste du conventionnel, arriver à se demander en quoi consiste le devoir, avant d'en faire matière à prescriptions.

2. — Je l'ai dit et le répète, ce n'est pas le fait de mourir considéré en lui-même qui peut donner des droits à la considération ou à la reconnaissance, attendu que c'est chose dont tout le monde s'acquitte fort bien à un moment ou à l'autre. Quand vos conscrits veulent bien chanter que :

ils laissent tout simplement entendre que lui être à jamais inutiles est le sort le plus beau, le plus digne d'envie !

Raisonnablement parlant, on ne saurait faire honneur à un défunt d'avoir payé son tribut à la mort ; ce dont on le doit bénir, quand il y a lieu, c'est d'avoir passé en faisant le bien une vie qui au contraire n'a pas été assez longue. Exaltez en pensant à lui des actions dont peu d'individus eussent été capables, soit ! mais ne dites rien d'une disparition dont il n'y a qu'à gémir, et d'autant plus que son mérite était plus grand. Quand un médecin, par exemple, prodiguant des soins à tous les habitants d'un pays au cours d'une épidémie meurtrière, vient à succomber malgré les précautions que lui commandaient son propre intérêt aussi bien que celui de ses malades, chantez ses louanges, je le veux bien, en disant qu'il était à la hauteur de sa mission, apportait à l'exercice de sa profession une science de bon aloi, un dévouement à toute épreuve; mais ne comptez pas exciter notre admiration en nous apprenant qu'il est mort : nous n'éprouverions que de la tristesse. Faites-nous grâce surtout de l'insignifiante phrase stéréotypée qui sert en pareil cas en nous le donnant comme *victime du devoir*. Nous nous inscririons en faux contre pareille histoire. Elle n'est pas vraie. Ce n'est pas du tout son devoir, c'est la maladie qui l'a tué, comme elle a tué son voisin, le charbonnier d'en face qui, lui aussi, l'infortuné, allait de maison en maison porter sa marchandise, pour ne pas manquer aux *devoirs de son état*.

3. — Pascal a dit quelque part : « Rien n'est plus lâche que de faire le brave contre Dieu, » ce qui s'explique après tout très bien, puisque c'est trahir la cause en vue de laquelle nos facultés nous ont été données. Mais qu'est-ce qui nous empêche de dire après lui : Rien n'est pitoyable comme de mépriser la vie ! Le fait est que pour trouver des gens incapables pour une raison ou pour l'autre d'apprécier les dons de Dieu, il va falloir se tourner maintenant du côté des êtres trompés, entravés ou dévoyés, méritant la compassion à un titre quelconque. Parcourez leurs rangs : vous y reconnaîtrez les bravaches auxquels on fait lâcher des biens réels pour la fumée dont les grise un instant la vanité ; les malades atteints de maux insupportables, les délaissés qui n'ont ni famille ni attache quelconque en ce monde, les désespérés qu'accable le malheur ou le déni de justice, les inconscients à qui l'on fait croire de temps immémorial qu'il est beau de s'immoler au Dieu des armées, ce qui veut dire en langue vulgaire d'aliéner sa liberté et sa volonté

au profit d'entreprises quelconques, seraient-elles dirigées, comme elles le furent en Pologne, en Finlande, au Transwaal, etc., contre les droits les plus sacrés.

Ce qu'on sera toujours, du reste, en mesure d'affirmer, c'est que la valeur réelle d'une chose se mesure généralement au parti qu'on en tire ; qu'on s'en défait d'autant plus facilement qu'on ne lui reconnait pas grande utilité. C'est en dire assez pour laisser entendre sur quoi se fonde le mépris de la vie. J'en suis bien fâché pour lui, mais le duel dont nous instruisons en ce moment le procès a là dans son dossier une pièce des plus défavorables et qu'il importe en conséquence de produire. Quels sont ceux qu'il a mis à contribution lors de ses débuts ? A quel patronage a-t-il dû ses progrès ? Ce n'est, comme on le sait, qu'après la mort de Henri II qu'on se promit de ne plus recourir quand il s'agirait de se battre à l'autorité royale ; qu'on transforma l'épreuve judiciaire en affaire d'honneur, pour en faire ensuite l'objet de ce code que la barbarie nous envie. Est-ce dans la classe des hommes sérieux adonnés aux études, aux affaires, aux travaux des champs, que furent prises à l'époque d'aussi belles résolutions ? Non ! Les vrais parrains du duel moderne sont dans l'immense majorité des cas des oisifs et des viveurs, ou, si vous voulez, de parfaits inutiles, ainsi qu'en témoignent les mignons, les raffinés et bien d'autres aux mœurs corrompues, mais croyant fermement que l'art de tuer, étant de tous le plus difficile comme le plus noble, vous met forcément, quand on s'y distingue, à cent pieds au-dessus de tous les roturiers du monde, leurs vies seraient-elles irréprochables et leurs œuvres viriles et fécondes. Pour votre édification, rappelez-vous ce qui s'écrivait au siècle du grand roi :

« M. de Sainte-Croix vient de se retirer dans ses terres et de se marier. C'est une perte pour la cour où il est tenu pour *un fort galant homme*, car en moins de cinq ans de temps, il a mangé la moitié de son bien et tué quarante et un gentilshommes en cent douze rencontres auxquelles il a pris part (1). »

C'est à tous ces désœuvrés, serviles et rampants à la cour, injustes et arrogants vis-à-vis de leurs inférieurs, que devait s'appliquer plus tard ce mot du duc d'Orléans : « *Parfait courtisan n'a ni humeur ni honneur.* » Avouez que les duellistes ont là des

(1) « Il fallait donc, ajoute M. Alfred d'Almbert, dissiper son bien, égorger quelques dizaines de braves pour être un fort galant homme. Le *car* du fragment de lettre relatif à M. de Sainte-Croix nous a toujours paru d'une magnificence splendide ; il peint admirablement l'époque. Trois siècles sont renfermés dans cette conjonction. » (*Physiologie du duel.*)

ancêtres qui leur font plus de tort que de bien, et qu'on en peut dire tout autant des cousins germains que je leur vois encore aujourd'hui dans ceux qui peuvent très bien se donner aussi comme méprisant la vie, je veux parler des débauchés, des intempérants, qui ruinent leur santé, s'attirent des infirmités précoces, font enfin bon marché des années qu'ils eussent eu autrement à vivre, des jouisseurs dont la devise est : « *Courte et bonne* », et qui, pour mourir prématurément, ne laissent pas toutefois le plus souvent que d'avoir encore trop vécu.

Honneur à ceux qui font cas des dons de Dieu ! honte à ceux qui les méprisent, en voulant nous donner pour courage ce qui n'est qu'aveuglement, stupidité ou impiété !

4. — Prenons-en notre parti ! Serait-il bien prouvé qu'au bon vieux temps tout fût pour le mieux dans le meilleur des mondes, il n'en serait pas moins certain que ses usages ne peuvent plus être les nôtres. Nous ne vivons plus, n'est-ce pas, dans un État purement militaire où la bravoure supplée à n'importe quelle vertu, fait le principal sujet des conversations et des romans, donne enfin la mesure exacte de l'estime qu'on doit à un homme. Distinction, noblesse, valeur, mérite comportent maintenant une foule de besognes regardées

comme beaucoup plus intéressantes. Il y a d'autres grands hommes pour nous que les grands capitaines, et en fait de plaisirs ou de spectacles, on se dégoûte manifestement de ceux où le sang doit couler. La bravoure, assurément, en impose toujours, comme le patriotisme; mais il faut qu'au lieu de s'affirmer contre la conscience par des œuvres de destruction, de heurter le sens moral en se jouant de la vie humaine, elle implique au contraire avec des œuvres pacifiques et fécondes cette élévation de sentiments que révèlent forcément le respect et l'amour profond de l'humanité. On aime mieux l'homme qui sait vivre que l'homme qui sait se battre. On préfère le caractère à l'emportement, qui n'en est que le dissolvant; on préfère de beaucoup le droit à la force, qui n'en est que la caricature.

5. — Je viens de m'appliquer à montrer qu'il y a courage et courage. Qu'il me soit permis de confirmer la chose par le récit d'une affaire qui a certainement sa place ici, étant donné surtout qu'elle nous fera voir l'opinion à l'œuvre. Il s'agit de cette jeune fille qui, aux dernières assises, fut acquittée par le jury. Mon Dieu, le roman est celui de bien d'autres, comme il le fut et le doit être. Elle a dix-neuf ans et quitte ses parents tous les matins pour aller travailler chez de riches com-

merçants dont le fils en a vingt-cinq. Objet de sentiments jusqu'alors inconnus, elle s'en étonne, s'en émeut, et prête enfin l'oreille à cet énervant langage contre lequel la nature, et pour cause, n'a que médiocrement défendu la femme. « *L'oreille*, a dit Mlle de Scudéry, *est le chemin du cœur, et le cœur l'est du reste.* » Bref, on lui dit, on lui répète que les cérémonies habituelles consacreront bientôt aux yeux du monde une union qui n'en serait pas moins inaltérable : elle le croit et s'abandonne. N'a-t-elle pas contre elle son ignorance, sa loyauté naturelle, cette inexpérience de la perfidie qui attend pour disparaître qu'on soit d'âge à comprendre le mot que Montaigne au XVIe siècle déjà laissait échapper : « *Détourne-toi de la société* » ?

Les jours se passent cependant. Pour une raison, puis pour l'autre, le mariage s'ajourne. Malheureusement, une fois conçu, l'enfant n'attend pas ! Son premier tressaillement qui fait le bonheur des mères, qui multiplie autour d'elles les soins et les attentions de toutes sortes, ne cause ici qu'un instinctif effroi : c'est le signal de l'abandon, c'est le pied du calvaire. Pour peu qu'on se reporte à ce que les débats ont révélé sur la conduite antérieure de cette jeune fille qui va d'elle-même tout avouer à la justice dans l'espoir d'obtenir un repos que sa conscience ne lui laisse plus, quand on songe à l'honorabilité de ses parents, aux larmes qu'elle versait, aux souffrances qui la torturaient devant la cour, il est moralement impossible de la confondre avec ces créatures dégradées qui font du vice une habitude ou un métier ; il faut malgré tout penser avec le jury qu'elle eût été une vraie mère, si, pour élever son enfant, elle n'avait eu à lutter qu'avec le malheur. Mais de ses ennemis, ce n'est pas le plus traître. L'opinion est là qui la surveille et la guette, grâce au concours d'un digne représentant, d'une vieille dévote à la langue de vipère dont les réticences et les médisances, tout en courtisant le ciel et en honorant sainte Catherine, dédommagent encore la respectable célibataire de n'avoir jamais été à même d'édifier le monde sur la façon dont certaines avances doivent être repoussées.

A mesure que le terme approche, une imagination de plus en plus impressionnable donne des proportions toujours croissantes au fantôme. Beaucoup plus sévère encore qu'elle ne l'est devant le jeune homme sensé qui hésite à se battre, l'opinion se dresse devant sa proie, et lui dépeint le déshonneur sous des couleurs d'autant plus sombres que sa famille est plus honnête et sa réputation mieux établie. Ira-t-elle rechercher le séducteur qui lui, en ne comptant pas avec les us et coutumes de son pays, agissait en connaissance de cause, entrevoyait fort bien l'abîme entr'ouvert sous les pas de l'innocence ? Non, elle le laisse parfaitement tranquille. Condamnera-t-elle le misérable qui, parce que son maire et son curé ne lui ont pas donné le titre d'époux, oublie que Dieu en a fait un père ; l'égoïste qui pour un moment de plaisir consent à détruire à jamais le bonheur d'un autre ; le lâche qui trouve possible de faire supporter à une jeune femme la charge dont il ne veut pas entendre parler, qui délaisse la mère de son enfant, n'assure même pas à la chair de sa chair les langes dans lesquels il faudra l'envelopper ? Non, elle l'absout. Le crime est légal ! Que vous faut-il de plus ? Oui ! Il l'a pour lui, cette loi commode qui lui permet de déshonorer les autres sans que le déshonneur rejaillisse sur lui ; qui ne veut pas qu'on le recherche pour le laisser libre de poursuivre ailleurs le cours de ses aventures. Ce n'est pas sur lui, c'est sur l'être inconscient et sans défense que l'ordre social vengera ses semblants de morale, qu'il attachera tout le fardeau dont il décharge le fort. Il y a des choses dont la jeune fille, avant le jour de son mariage, ne doit jamais entendre parler; n'importe ! c'est elle qui devait tout savoir et tout prévoir.

Mais enfin l'enfant va naître et réclamer des

soins ; que va-t-on dire à la pauvre abandonnée ? S'il est bien vrai qu'elle ait des torts, ne faut-il pas maintenant la rassurer, l'encourager, et d'autant plus que sa tâche doit désormais être plus difficile? Résister à la tentation assurément c'est fort beau, même quand la position de votre famille, la perpétuelle sollicitude dont vous êtes l'objet, ne vous y exposent pas ; mais savoir réparer une faute n'est pas non plus sans mérite, et pourrait bien, qui plus est, à en croire une voix très autorisée, comporter beaucoup plus de vertu. Notre monde hypocrite, je le sais bien, est à cet égard tout aussi antichrétien qu'il l'est à tous les autres. Tenir un pareil langage, pour lui, c'est ne rien entendre à la morale. Voyez donc la sienne à l'œuvre. Elle commence par épouvanter un être faible et malheureux, par le menacer d'une condamnation sans appel. Elle lui laisse entendre qu'une jeune femme a beau racheter un moment d'oubli par une vie de labeur, montrer assez d'énergie pour se vouer pendant dix ans, vingt ans peut-être, en face du mépris général, sans compensation par conséquent, à l'éducation de son enfant, elle n'en est pas moins pour toujours déshonorée et comme marquée de ce fer rouge qui stigmatise le criminel le plus dépourvu de sentiments.

Etonnez-vous maintenant qu'elle s'égare, qu'elle

tombe, qu'elle roule au fond du ravin, celle qu'on désoriente, qu'on affole en la blessant dans le plus sacré de ses titres, en la broyant sous le poids d'une maternité qui devait être son honneur. Mais si les lois divines ne peuvent s'exécuter qu'après homologation humaine, prenez-vous-en donc à l'auteur de la nature qui s'obstine à ne pas connaître de bâtards ! Si le cœur de la femme sans paperasses paraphées et légalisées ne peut pas décemment aimer, ne trouvez donc pas mauvais maintenant qu'il se taise, et que la tendresse y fasse place au sentiment de la vengeance. Car enfin cette frêle créature qui, une fois née, ne doit récolter plus tard sur sa route aucune marque d'intérêt, c'est elle en somme qui va être la cause du scandale, et le scandale n'est pas avéré tant que la naissance n'est pas connue. C'est de la perte possible après tout de cette brebis galeuse que dépend le salut... qui est la loi suprême !

Et voilà comment, après s'être tout d'abord effarouchée et cabrée, une pensée s'habitue peu à peu à concevoir ce monstrueux dessein que ne comporte jamais le respect d'un ordre naturel devant lequel elle n'a été qu'irréfléchie. Mais ce n'est pas le Dieu de la nature qui gouverne ici-bas, ce n'est pas de lui que viennent les sévérités inexorables. Elle l'entrevoit maintenant, celle que la détresse en peu de temps vient de mûrir. Aussi, pour ne pas être coupable devant les hommes, va-t-elle consentir à le devenir devant sa conscience. Encore un regard sur le fantôme menaçant, encore un appel au courage, et le crime cette fois sera consommé ! Faut-il rappeler ce qui se passe alors ? Des mains tremblantes ont soulevé la faible créature et fait couler sur son front cette eau qui devait se répandre au cours d'une joyeuse cérémonie ; des mains crispées la saisissent aussitôt après, et l'étouffent dans un fol embrassement qui n'est qu'un spasme nerveux. Et le supplice n'est pas fini. La nuit venue, il faut revoir le cadavre, le porter dans ses bras à l'endroit le moins fréquenté du jardin, asperger de larmes la petite fosse qui doit lui servir de berceau.

Dites-moi maintenant, que pensez-vous de ce courage, de ce courage qui est capable de soumettre l'amour maternel à de pareilles épreuves ? Tout prodigieux qu'il est, il vous révolte, il transforme immédiatement vos dispositions à l'égard d'une jeune fille qui, en donnant la vie, conservait des droits à l'estime devant le Créateur, sinon devant les créatures, mais qui les perd indubitablement en donnant la mort. Notre intérêt forcément l'abandonne ; mais ne pouvons-nous pas maintenant, tout en détournant la tête, nous demander jusqu'à quel point la société a le droit de châtier et chez les faibles seulement ce qu'elle ne songe jamais à prévenir. N'aura-t-elle jamais non plus à nous donner la clé de ses inconséquences ? car enfin, tout le monde le sait, pour elle une résolution est d'autant plus honorable qu'il faut pour la prendre surmonter des penchants innés, d'autant plus méritoire que ces penchants sont plus entraînants. Ainsi dans les batailles le soldat se couvre de gloire parce qu'en bravant le danger, il fait taire l'instinct de conservation qu'il doit à son auteur ; qu'en faisant couler le sang, il vainc la répugnance qu'éprouve tout être pensant à massacrer son semblable. On sait que le duelliste autrefois regardait son honneur comme beaucoup plus reluisant quand il avait su s'élever pour le laver au-dessus de mesquines considérations de liens de famille ou d'amitié. Des motifs analogues donnent au célibat un vernis que n'a pas le mariage, mettent le jeûneur au-dessus de celui qui a déjeuné de bon appétit. On continuerait au besoin sur le même ton, mais ces exemples suffisent pour rappeler quelles sont jusqu'à présent les tendances de l'opinion.

Si, pour en revenir à notre affaire, elle se contentait de reprocher à l'infortunée de n'avoir pas été maîtresse d'elle-même à l'âge où je ne sais quelle sève printanière la prédispose et la pousse à la confiance et à l'abandon, je ne dirais rien, tout en déplorant que les responsabilités ne retombent pas en pareil cas sur des parents dont la surveillance a été insuffisante; qui, en n'éclairant pas leur fille sur ce qu'il lui importait de savoir et de redouter, ont trompé ni plus ni moins sa confiance; enfin je ne dirais trop rien, ayant toujours à reconnaître que là comme ailleurs l'opinion ne dévie pas de sa ligne habituelle. Mais ce qui me révolte, c'est de la voir en changer quand il s'agit de cette malheureuse enfant, c'est de lui voir refuser l'autorisation qu'ont les autres de refouler au besoin leurs sentiments naturels. Puisqu'il est non seulement permis, mais encore honorable d'imposer silence au besoin de vivre, à la commisération, à l'amitié, à l'amour, à la faim..., en quoi donc l'amour maternel est-il plus respectable que le reste ? Des inconséquences de l'opinion, rien n'est plus facile que de passer à ses injustices. Quand elle enseigne au soldat qu'il compromet sa réputation en mettant sa vie en sûreté, elle lui livre en même temps la vie de ses ennemis. L'homme crédule auquel elle fait croire qu'un coup de gant lui colle le déshonneur sur la joue a toute latitude, pour se débarbouiller, de recourir au sang de l'offenseur, fût-il le meilleur de ses amis.

De même quand elle veut qu'en dehors des conventions sociales la maternité soit une flétrissure, elle devrait également permettre qu'on pût s'y soustraire par un crime, en immolant l'être qui la motive, le permettre d'autant plus volontiers que cette flétrissure est parfois la suite d'une violence; que l'imprudente peut aussi dans bien des cas arguer de son ignorance, de son défaut de consentement, décliner enfin la responsabilité de ce qu'on lui reproche. Or ce n'est pas ce qui arrive. Loin d'avoir les facilités accordées au duelliste, plus fort cependant, plus indépendant, plus capable de résister à la honte, loin de pouvoir tuer ostensiblement, devant une galerie, la femme n'a même pas le droit de le faire en cachette. Ici, qu'on le sache bien, l'opinion ne badine plus, et se rappelle à qui doivent être réservées de justes rigueurs. Quand il s'agit d'un homme privant la société d'un de ses membres les plus utiles ou tout simplement d'un père de famille, passe encore ! on ferme les yeux, si l'on n'admire pas ; mais pour ce qui est de la jeune fille étouffant l'enfant né de la veille, le meurtre, cette fois, est bel et bien un crime, puisqu'elle a daigné le décréter. Oh ! ce n'est pas qu'elle soit bégueule ; voyons, vous ne voudriez pas ! toujours est-il qu'elle a aussi parfois ses petits moments de sensiblerie dont nous serions après tout bien mal avisés de nous plaindre.

CHAPITRE CINQUIÈME

LE DUEL DEVANT L'ÉTAT MILITAIRE

I

1. Prétendus avantages du duel dans les rangs de l'armée. Ils ne tiennent pas debout devant l'examen. L'éducation n'est plus possible si la morale proscrit entre compatriotes ce qu'elle autorise entre militaires, si la dignité humaine n'a pas les mêmes exigences suivant la profession exercée, ou que la légitimité d'un acte dépende de l'habit qu'on porte. — **2.** L'emploi de moyens criminels ne saurait entraîner d'heureux résultats. Il faut que devoir et salut de la patrie soient deux idées corrélatives. C'est compromettre la considération due à la carrière militaire que de lui laisser des accointances avec de misérables querelles privées. — **3.** Les peuples les plus belliqueux, réputés par leur discipline rigoureuse, n'ont [illegible]s connu le duel ; peut-être l'ont-ils dû au fait de ne jamai[illegible] laisser les soldats s'armer en dehors du service. Nonobstant leur goût pour tous les exercices du corps, ils n'avaient que du mépris pour l'escrime, dont la noblesse au moyen âge ne faisait pas plus de cas, ainsi qu'en témoigne Montaigne. — **4.** Unanimité des grands capitaines sur l'inutilité du duel. Opinions du grand Frédéric et de Napoléon.

1. — Attention ! me voici derechef pris à partie et par qui ? Par mon lieutenant de tout à l'heure, ce dont je suis flatté, du reste, l'interruption prouvant qu'il me fait l'honneur de m'écouter. Il y aurait, à l'entendre, un côté de la question sur lequel je ne me serais pas suffisament appesanti ; mais laissons-lui plutôt la parole !

« Voulez-vous, Monsieur, me ranger à votre avis ? Il va falloir me faire une concession ! En règle générale, à ne parler que des gens du monde, je tiens tout ce que vous avez dit pour absolument sensé; les avantages du duel me semblent à moi aussi des plus contestables ; mais vous, de votre côté, avouez qu'en ce qui concerne les militaires, il est réellement bien difficile de ne pas changer quelque peu de manière de voir. Si vos hommes du monde doivent tendre en toutes circonstances à vivre en bonne intelligence avec ceux qui les approchent, en est-il de même à l'armée ? Une armée implique des armes, et les armes impliquent des bras qui les manient. Or le duel donne précisément le maniement de ces armes aux hommes qui du jour au lendemain peuvent être appelés à s'en servir. Si on leur fait lire avec raison dans la théorie que toute charge commencée doit être poussée à fond, n'est-il pas également à propos de leur apprendre que toute agression comporte forcément une riposte, et que c'est à ses armes que le soldat, contrairement au premier crocheteur venu, doit demander au besoin la sauvegarde de sa vie comme de sa dignité personnelle? Faire des armes est d'ailleurs, de l'avis général, l'exercice qui convient le mieux aux jeunes gens. Faut-il vous rappeler ce qu'écrit à ce sujet M. Legouvé, qui fut de son temps, vous le savez, un adepte des plus compétents : « Les qualités précieuses acquises le fleuret à la main nous suivent en dehors de la salle d'armes : ce n'est pas sans profit que l'esprit y a acquis la promptitude, la sagacité, la netteté. L'homme ne gagne pas seulement à cet admirable exercice des muscles d'acier, une longue haleine, une santé robuste; il y acquiert la patience, le courage, le mépris de la douleur physique et de la fatigue, la vivacité des conceptions, le sang-froid et l'assurance... » Je vous le demande, est-ce une mauvaise école pour le soldat, celle qui tient sa bravoure en haleine et l'habitue à la hardiesse comme au mépris du danger, sans compter qu'on s'assure ainsi le respect de ses camarades ? Supprimez la perspective de rencontres à main armée, et les casernes deviennent de suite des théâtres de boxe et de pugilats perpétuels. Tenez, je vais vous... »

— Lieutenant, halte ! c'est peine perdue que d'aller plus loin, vu que je suis parfaitement décidé à ne pas vous faire la moindre concession. Je n'ai pas voulu tout à l'heure que le duel fût un mal nécessaire ; mon avis ne se modifiera pas pour se faire entendre maintenant au quartier. Je me suis absolument refusé à voir en lui un code de politesse et d'honneur par rapport aux professions de la vie civile ; je ne le laisserai jamais donner non plus à l'armée comme un code de discipline et de bravoure.

Et notez bien une chose, c'est que pour l'instant je me mets au point de vue qui est le vôtre. Je n'en appelle plus à la philosophie pour savoir ce qu'il faut penser de l'impôt du sang, pour apprécier une morale qui défend les prises d'armes entre adversaires parlant la même langue et les autorise quand leur idiome est différent ; je ne lui demande pas si vos armements excessifs, si vos cours de science destructive professés à de jeunes peuples préservent bien les vieux de l'invasion des barbares ou ne les exposent pas plutôt à des conflagrations qui leur seront fatalement fatales. Je vous fais au contraire la partie belle. Vous parlez en ce moment à un camarade s'en rapportant comme vous en fait de guerre aux idées reçues, voyant comme vous dans l'armée une institution dont les sociétés ne peuvent se passer, qui a l'avenir pour elle et ne saurait motiver plus tard l'étonnement de nos descendants.

Eh bien, nonobstant ces convictions, ou plutôt par leur fait même, je me crois en droit de demander que le duel soit rigoureusement interdit aux officiers et à leurs hommes. Suivez-moi bien. Si la morale dont les intérêts sont ceux de la famille, de la société, de l'humanité tout entière, et devant laquelle nous sommes prêts, n'est-ce pas, à nous incliner l'un comme l'autre, proscrit les luttes que suscite entre compatriotes la colère ou le désir de la vengeance, elle doit être, ce me semble, à l'armée, aujourd'hui surtout que tout le monde y passe, l'objet du respect qu'elle mérite ailleurs. A quoi servirait autrement d'inculquer à la jeunesse ses maximes et ses règles, si l'on devait plus tard les lui faire fouler aux pieds ?

Allez-vous me faire tenir le même acte pour licite ou illicite, suivant le lieu où l'on se trouve et l'habit qu'on porte ? Ainsi voilà un homme qui, surpris en train de ferrailler avant d'avoir revêtu l'uniforme, serait appréhendé par les gendarmes et qui, une fois enrégimenté dans une armée donnée cependant comme la garantie de l'ordre, l'appui de la loi, se verrait bel et bien, s'il plait à son colonel de mettre en vigueur des lois existantes, soumis à un conseil pour avoir refusé le défi d'un camarade, puni disciplinairement, cassé de son grade, privé par là même des titres qu'il eût eus autrement, une fois libéré, à un emploi de l'Etat : *Non placet Janus in legibus*. Et ce qu'on a dit des lois en général doit se dire à plus forte raison de celles de la morale qu'on ne peut se représenter à double face. Du moment qu'elle condamne le duel, la chose est jugée, elle l'est aussi bien aux régiments que dans les salons.

2. — Sera-t-il dit, voyons, que les militaires, même en temps de paix, n'ont plus à compter parmi les êtres moraux ? Mais vous êtes le premier, je suis sûr, à ne pas le vouloir, attendu que vous savez très bien que dans n'importe quelle profession la dignité humaine a les mêmes exigences et ne saurait admettre qu'il y ait honte à reculer devant une mauvaise action ou à reconnaître ses torts.

Vous savez très bien aussi qu'on n'arrive pas à de bons résultats en recourant à des moyens criminels repoussés par la raison et la justice, ou alors rien ne condamnerait la fraude et la violence mises en œuvre pour rendre un Etat plus riche et plus florissant. Supposé même qu'au point de vue de la bravoure on pût se féliciter tout d'abord de certains effets, encore faudrait-il revenir tôt ou tard de ses illusions et reconnaître malgré tout que le faux sur un terrain comme sur l'autre ne peut engendrer que le faux ; que loin de tremper les caractères, il tend à les abâtardir ; que les mauvaises passions sont impuissantes à développer les bonnes, et que le soldat ne pourra jamais s'honorer de ce qui déshonore le citoyen.

A la rigueur, je pourrais très bien en rester là, mais s'il vous en faut, j'ai encore, n'en doutez pas, d'autres considérations à faire valoir. Ainsi, tenez ! vous êtes certainement de ceux pour qui l'idée de guerre, si elle n'est plus entourée aujourd'hui de la considération dont elle jouissait autrefois, ne doit pas toutefois la perdre entièrement d'ici du moins un certain temps ; vous êtes de ceux pour qui la guerre défensive à laquelle un peuple paisible, exempt d'ambition, se résigne pour repousser une invasion, est une guerre qui a son droit comme sa dignité. Et nous sommes ici parfaitement d'accord ! Eh bien, ce droit, cette dignité, voulez-vous les lui enlever ? Faites intervenir l'idée du duel ; laissez-nous entendre que l'honneur et le salut de la patrie ne sont pas sans accointances avec les misérables intérêts des querelles privées ; dites-nous qu'on peut se faire gloire de tirer furtivement l'épée pour un débat frivole, comme on se fait gloire de combattre au grand jour pour le salut de tous, sous l'inspiration de sentiments généreux. Serait-ce en vue de les habituer à la vue du sang, de leur faire la main au meurtre, que vous recommandez le duel aux soldats ? Qu'est-ce qui vous empêche alors de leur imposer encore la besogne de bourreau ? L'idée vous révolte, certes ! je le comprends ! vous ne voulez pas qu'on rabaisse un rôle qui, bien compris, encore une fois a sa grandeur ; vous tenez au contraire à le relever. Qu'il ne soit donc compatible alors qu'avec l'idée du devoir ; qu'on renonce à donner les hontes du terrain comme une préparation à l'état d'esprit qu'impliquent les inspirations d'un dévouement de bon aloi. Ce n'est que dans son entraînement moral, dit M. Cluseret, que résident la virilité comme la sécurité d'un peuple ; ce ne sera jamais dans des pratiques aussi grotesques qu'odieuses.

Du reste, cette fermeté de caractère inhérente au vrai courage, comment voulez-vous qu'on la doive au fait de céder avant le combat au qu'en dira-t-on, d'échapper après par la fuite au ressentiment des parents de sa victime ou à des poursuites judiciaires, de rester anéanti parfois aussi sous le poids du remords. Il y a plutôt là de quoi le paralyser.

3. — Et puis ne le perdez pas de vue, je vous prie. Ce n'est nullement de mœurs guerrières, nous l'avons vu, mais bien de mœurs sauvages que dérive la ridicule superfétation du point d'honneur. Et la preuve, c'est qu'il n'en fut pas question chez les peuples jaloux entre tous de l'honneur attaché à la profession des armes, qui durent à d'incessantes conquêtes de devenir les maîtres du monde, aux siècles d'amour de la patrie, de dévouement au bien public, d'abnégation entière de soi-même, ne visant d'autre récompense que celle du devoir accompli, aux siècles de la discipline rigoureuse qui permettait à un général de faire mettre à mort son propre fils, pour le punir d'avoir sans son autorisation gagné une bataille.

> Ils nous sont chers, les auteurs de nos jours, *dit Cicéron*, ils nous sont chers, nos enfants, nos proches, nos amis ; mais toutes nos affections à nous, la patrie les renferme en elle seule, la patrie pour les intérêts de laquelle il n'est pas un homme de bien qui ne rechercherait le trépas (1).

Cette différence de mœurs vient-elle, comme le croit le célèbre marquis Beccaria, de ce que les soldats romains, contrairement aux nôtres, n'avaient pas « la coutume inutile sinon barbare d'être toujours armés au sein même de la paix, de se montrer partout avec un instrument de supplice au côté, comme s'ils ne devaient rencontrer que des ennemis, dans les temples, aux spectacles et autres lieux de plaisir ? » C'est très possible, et ce

(1) *Cari sunt parentes, cari liberi, propinque, familiares sed omnes omnium caritates patria una complexa est ; pro qua quis bonus dubitet mortem appetere, si ei sit profiturus ?* (*De offic.*, lib. I.)

qui le ferait croire, c'est qu'au dire de Basnage, le duel, qui prit une grande extension à dater de l'époque où l'épée ne fut plus uniquement réservée aux hommes de guerre, diminua d'autre part beaucoup quand disparut avec l'usage de porter l'épée la facilité de se mettre tout de suite en garde.

La belliqueuse Rome cependant n'était pas sans voir s'élever de temps à autre, entre compagnons d'armes, ces disputes qu'on peut donner en quelque sorte comme inévitables. Qu'en advenait-il ? Que les plaintes devaient être portées le cas échéant devant l'autorité militaire. C'était sous la sauvegarde et la responsabilité des juges qu'étaient placées la vie, la tranquillité, la fortune des uns et des autres. La loi ne faisait pas de distinction entre les professions. A l'armée comme à la cité elle était souveraine. **Cedant arma togæ** ! On ne concevait pas alors qu'il valût mieux voir un ennemi dans un frère ou mourir de sa main que de souffrir un outrage. Ce qu'on voulait, c'est que le Romain qui sauvait un Romain fût récompensé publiquement, pour avoir servi non seulement l'humanité, mais encore la chose publique. Il y a loin de là à faire trophée de la vie d'un concitoyen !

Les peuples anciens, comme on le sait, prenaient grand plaisir à ces défis où deux champions se mesuraient corps à corps, faisaient assaut de hardiesse et de vigueur. Ils avaient pour tous les exercices du corps comme pour tous les jeux impliquant l'adresse et la force musculaire un goût qui depuis n'a jamais été poussé si loin. Ce qu'on sait peut-être moins, c'est qu'il ne leur vint jamais à l'idée de faire honneur à une gymnastique quelconque des dispositions morales que comporte l'état militaire, et c'est si vrai que l'escrime, exercice s'en rapprochant le plus, n'était alors que le métier des hommes de rien. Lycurgue en faisait même si peu de cas qu'il allait jusqu'à lui reprocher de donner une arrière-pensée à ce que doit seul inspirer l'amour de la patrie, à porter par là même atteinte à la véritable valeur. C'était aussi l'avis de Philopœmen, surnommé le dernier des Grecs, l'un des meilleurs tacticiens de l'antiquité.

Et pareille opinion a eu cours longtemps, puisque Montaigne nous dit que dans son enfance la noblesse tenait pour injurieuse la réputation de savoir faire des armes. L'art de l'escrime sentait alors la subtilité, la ruse ; il faisait tort à la valeur, et si bien qu'on se cachait pour l'apprendre. Le succès n'était glorieux que quand l'adresse n'y avait pas de part, qu'on ne devait sa supériorité qu'à son courage et à sa force.

Tout ainsi que Philopœmen condamna la lutte en quoi il excellait, d'autant que les préparatifs qu'on employait cet exercice étaient divers à ceux qui appartiennent *à la discipline militaire*, à laquelle seule il estimait les gens d'honneur se devoir amuser : il me semble aussi que cette adresse à quoi on façonne ses membres, ses détours et mouvements, à quoi on dresse la jeunesse en l'école des salles d'armes sont non seulement inutiles, mais contraires plutôt et dommageables à l'usage du combat militaire. Il est digne de considération que Lachès, en Platon, parlant d'un apprentissage de manier les armes conforme aux vôtres, dit n'avoir jamais de cette école vu sortir nul grand homme de guerre *et nommément des maîtres d'icelle*. Quant à ceux-là, notre expérience en dit bien autant de reste : au moins pouvons-nous tenir que ce sont suffisances de nulle relation et correspondance (1).

C'est le cas de dire : autre temps, autres mœurs ! Qui eût cru, à l'époque des Lycurgue et des Philopœmen, que vingt siècles plus tard, ce serait le patricien qui prendrait la succession du gladiateur et pour mériter, qui plus est, la qualification d'homme d'honneur.

4. — Fort bien, me direz-vous, mais reste à savoir si les anciens ne se trompaient pas dans leur appréciation ! Demandons, si vous voulez, la réponse non plus à des moralistes que vous qualifieriez bien vite de théoriciens, mais à des praticiens cette fois dont un officier ne récusera certainement pas la compétence. Interrogeons les grands capitaines des siècles qui ont précédé le

(1) *Essais*, t. II, liv. II, chap. XVII.

nôtre : jamais ils ne consentiront à reconnaitre, nonobstant le préjugé en vogue, que le duel est utile aux troupes. Ils diront tous qu'il y a beaucoup plus de fonds à faire, quand on s'applique à stimuler le courage du soldat, sur l'amour du pays, l'appât des distinctions, la considération dont sont entourés les officiers, leurs exemples, etc., que sur la susceptibilité, l'arrogance ou la brutalité envers des camarades (1).

Au XVIe siècle déjà, nous voyons le duc de Guise, dans sa célèbre défense de Metz contre l'empereur Charles-Quint, menacer *les querelleurs* d'avoir le poing coupé. Cela doit s'entendre, dit le chevalier Follard, « *des bretteurs qui étoient fort en vogue dans ce temps-là, et qui sont regardés en celui-ci comme la lie et le déshonneur des troupes, et toujours les premiers à lascher le pied dans l'occasion* ».

Le grand Frédéric, si bon juge en la matière, ne consentit jamais à croire que le duel pût servir à exciter le courage de ses officiers. Quand un défi était donné et accepté dans ses armées, il ordon-

(1) A un moment donné, dans l'ancienne Rome, on voulut aussi, pour faire admettre les combats de gladiateurs, en faire grand état comme entrainement à la guerre. Plus tard, les Espagnols risquèrent les mêmes prétentions à propos de leurs combats de taureaux, mais les uns et les autres ne donnèrent lieu qu'à de peu profondes convictions. Sous ce rapport, le duel a peut-être encore moins réussi à s'en faire accroire.

nait aux champions de se battre jusqu'à ce que l'un d'eux tombât : l'autre était pendu.

Gustave-Adolphe avait, avant lui, employé le même moyen.

On lit dans une lettre de Joseph II, empereur d'Allemagne, à l'un de ses généraux, lettre motivée en 1771 par un duel quelque peu retentissant : « *Je méprise les hommes prêts à sacrifier tout à la vengeance et à la haine qu'ils portent à leurs adversaires. Convoquez un conseil de guerre pour juger ces deux officiers, examinez l'objet de la querelle avec l'impartialité que j'exige de tout homme chargé de rendre la justice, et que celui qui est le plus coupable succombe à sa destinée et à la rigueur des lois. Je veux que cet usage barbare, digne du siècle des Tamerlan et des Bajazet, et qui souvent a eu des suites funestes pour les familles, soit comprimé et puni, dût-il m'en coûter la moitié de mes officiers. Il y a encore des hommes qui savent allier la bravoure aux devoirs de sujets fidèles. Ce sont ceux-là qui respectent les lois de l'Etat.* »

Ouvrez les mémoires de Dumouriez : ce qu'il dit des duellistes ne laissera certainement pas que de vous donner à réfléchir.

Ecoutez encore cette petite histoire. Il y avait dans l'armée, en 1803, un officier connu pour rechercher les duels où il se montrait d'une habileté extraordinaire. Cet homme eut la lâcheté de se cacher dans un fossé pendant un combat très vif où périt la moitié de sa compagnie. Il fut découvert et chassé du régiment. Et savez-vous ce que disait à ce propos Napoléon ? C'est bon à retenir ! Il disait : « Je n'ai jamais compté sur un duelliste pour une action d'éclat. » Et c'est alors que, désignant le marquis de Latour-Maubourg, dont il avait la rare intrépidité en si haute estime, il ajouta : « Demandez à ce brave ce qu'il pense du duel. »

Lieutenant, qu'en dites-vous ? Il me semble qu'il y a là quelque choses de significatif. Napoléon, n'est-ce pas, était homme à savoir en fait de courage distinguer le vrai de sa contrefaçon ; il était homme aussi à ne pas ignorer que la lâcheté peut très bien compter au nombre des choses plus ou moins propres que recouvre en général l'affaire d'honneur. L'affaire d'honneur ! mais elle était pour lui une cause d'exclusion de ses corps d'élite ! Lieutenant, je vous en prie, écoutez encore ceci qui en dit très long : il ne voulait pas de duelliste dans sa garde ! Et ma foi, je m'en rapporte à lui, ses raisons devaient être excellentes. C'est encore lui qui disait, écoutez bien : « *Le duel n'est jamais une preuve de la justice et du droit, mais il est bien souvent le courage de celui qui n'en a pas. Presque toujours la chance du combat est fatale à la partie outragée et favorable au provocateur. Le plus terrible spadassin que j'ai connu était le plus mauvais soldat de mon armée. Il se serait battu volontiers chaque matin avant le déjeuner, mais plus volontiers encore il se serait caché dans un fourgon pendant une bataille rangée... Le duelliste est à l'épée du soldat ce que le bavard est à la parole du sage* (1). »

(1) *Mémorial de Sainte-Hélène.*

II

1. Le duel, s'il avait eu de sérieux avantages à l'armée, n'aurait pas donné lieu à tant de mesures répressives, et d'innombrables braves ne se seraient pas de tout temps refusés à y recourir. Honneur à ceux qui croient manquer à leur mission en se battant au détriment de l'intérêt commun, et ne veulent pas demander aux us et coutumes la connaissance du devoir ! Très rares depuis longtemps en Orient et en Amérique, les duels entre officiers tombent aussi chez nous en désuétude. — 2. C'est en obligeant les soldats à se tuer ou à s'estropier pour des querelles insignifiantes ne motivant autrement que quelques coups bientôt suivis de réconciliation, que s'affirme au plus haut degré l'aberration du duel. Déplorable en regard du progrès, il ne l'est pas moins au point de vue de la discipline, de l'esprit militaire et de la bonne camaraderie. — 3. Légitimes protestations des pères et mères de famille auxquels on enlève leurs fils pour les préparer à la défense du pays, et non pour les initier à un vieux cérémonial aristocratique qui ne saurait être toléré là où l'on croit devoir interdire toute manifestation confessionnelle. — 4. Il ne suffit pas que le duel ne soit plus obligatoire à l'armée ; il faut qu'il soit interdit et au besoin puni, comme il l'est dans la marine.

1. — Il serait certainement trop long de rappeler les opinions de tous les géants des batailles relativement au duel : autrement vous auriez à constater que plus ils avaient à cœur de nourrir chez leurs

hommes l'esprit guerrier, plus ils donnaient de preuves de leur aversion pour un abus qui ruine dans la discipline ce qui distingue une troupe d'un troupeau, ce qui groupe les volontés et les forces, entretient et concentre le courage sur un point donné, ce qui enfin, de l'avis général, contribue beaucoup plus au succès dans un combat qu'une valeur individuelle généralement aveugle.

Si le duel avait réellement offert, au point de vue militaire, les avantages qu'on voudrait lui reconnaître, il ne se serait pas vu l'objet de tant de mesures répressives, et de vrais braves n'auraient pas tenu non plus à honneur de répondre à des provocations par le dédain le plus catégorique. Or on en compte à toute époque. C'est François de la Noue dit Bras de Fer, qualifié par Henri IV de grand homme de guerre et de grand homme de bien, qui disait : « *La cause de la fureur des duels gît en nos erreurs et folies et est un faux honneur : c'est aux guerres qu'on doit montrer sa vaillance et hasarder librement sa vie. Pour précipiter sa valeur dans les querelles personnelles, il ne faut pas s'estimer à grand prix.* »

Sous Louis XV, M. de Salency, colonel au régiment de Normandie, en raison peut-être de la fougueuse bravoure déployée à Fontenoy et ailleurs, s'était attiré beaucoup d'envieux qui, à maintes reprises, voulurent l'amener sur le pré. « *Non, rétorquait-il invariablement, non, ma vie ne m'appartient pas ; je n'en puis disposer que pour le salut de l'Etat.* »

A qui fera-t-on croire, je le demande, qu'on perd l'occasion de s'aguerrir quand on s'obstine à ne pas broncher devant le devoir ?

Le marquis de Bonchamps, qui devait au passage de la Loire succomber à de nombreuses blessures, perdait-il, lui aussi, l'occasion de s'aguerrir quand il répondit un jour au cartel de Stofflet : « *Je ne reconnais qu'à Dieu et au roi le droit de disposer de ma vie ; quant à la vôtre, gardez-la, elle est trop utile à la cause que nous servons.* »

Parmi les zouaves pontificaux qui tombèrent sur le champ de bataille de Patay, je me rappelle en avoir entendu nommer un qui peu de temps avant la guerre était resté sourd à un appel sur le terrain Devait il par la suite se conduire autrement que ses camarades ? Hier encore, un officier descendant d'un des généraux vendéens, le colonel marquis d'Elbée, n'a-t-il pas répondu à un provocateur de son monde qu'avait indisposé la publication d'une brochure : « *Se battre en duel pour un chrétien c'est toujours une coupable inconséquence ; entre descendants des Vendéens, c'est de plus une trahison des ancêtres... J'avais pensé que de loyales explications dissiperaient le malentendu; vous voulez une réparation par les armes. Tenant à régler mes actes sur mes convictions religieuses, je vous réponds: Non!*

Bravo! voilà un **non** qui, prononcé à haute et intelligible voix, fait plus de mal au duel que les plus beaux discours! Honneur à ceux dont les actes ne démentent pas les principes, les mettraient-ils en pleine contradiction avec les maximes du monde! Honneur à ceux qui ne veulent pas que l'opinion les fasse sages ou fous comme le hasard les fait riches ou pauvres! qui se refusent à trouver une jouissance dans la vengeance, et le chemin du devoir dans la coutume! Honneur à ceux qui crachent sur ce que le préjugé donne comme honorable! s'estiment assez pour ne pas jouer contre l'existence d'un autre celle qu'ils doivent à leur patrie! sont bâtis de telle sorte que, loin d'avoir plus tard à s'en repentir, ils ne songeront jamais qu'à s'en vanter! C'est à eux, ce me semble, que doit s'appliquer ce mot de Xénophon, aussi grand capitaine que grand philosophe: « *Dans les batailles ceux qui craignent le plus les dieux sont ceux qui craignent le moins les hommes,* » pensée que nos descendants comprendront encore mieux si, l'exprimant autrement, nous disons : « *Etre fidèle, être* *juste dans les petites choses, c'est l'être également dans les grandes* (1). »

Prenons-en notre parti. Plus on ira maintenant, et moins on voudra croire que pour assurer ses succès ou sa gloire, la patrie ait besoin en règle générale de recourir à des crimes ; moins on voudra croire surtout qu'elle puisse voir avec satisfaction et espoir d'en tirer profit des enfants, des défenseurs formés avec peine, s'éventrer en pleine paix pour se montrer plus redoutables à ses ennemis. Loin d'être regardé comme utile à l'armée et même comme excusable, le duel y sera tenu au contraire pour plus répréhensible. Quand on se voue à la défense des intérêts communs, c'est manquer à sa mission, à ses promesses, que de se venger au détriment du service public. Abuser des armes qui vous ont été confiées contre les ennemis du dehors, c'est ressembler à ces caissiers infidèles qui se servent de l'argent de leur caisse pour leurs propres affaires.

Nous n'avons visé jusqu'à présent que les duels entre officiers, duels qui Dieu merci deviennent de plus en plus rares, surtout à l'étranger. Il y a des pays, en effet, comme l'Angleterre, la Suisse, la Suède, où il est tombé presque entièrement en

(1) *Luc*, XVI, 10.

désuétude. Lors de son séjour en Amérique, où le duel alors dans les mœurs était sérieux, presque toujours suivi de mort, M. Cluseret nous dit ne pas se rappeler avoir vu un seul duel militaire pendant les quatre années qu'a duré la guerre de Sécession. Aujourd'hui, en Extrême-Orient, chez les Persans, les Chinois, on ne se croit pas déshonoré du tout, paraît-il, pour porter plainte à un chef d'une injure reçue ; en Turquie également, ce qui n'empêche pas tous ces braves gens-là, une fois qu'ils sont en ligne de bataille, de regarder toujours devant eux, et de justifier leur qualification de « *souverains contempteurs de la mort* ».

2. — Si des cadres de l'armée nous descendons maintenant dans les rangs, l'aberration du duel va nous y apparaître encore plus étrange. Tout en le déplorant, on s'explique encore tant bien que mal que certains officiers, pour se croire à la hauteur de leurs devanciers, sacrifient d'eux-mêmes sans la moindre contrainte au préjugé dans lequel une éducation sujette à caution leur a fait voir une tradition respectable. Ce qui, par contre, est incompréhensible, c'est qu'on ait pu avoir l'idée d'implanter l'erreur là où elle ne se cultivait pas, d'inoculer le poison à des hommes qui pour une raison ou pour l'autre avaient su jusque-là s'en préserver ; c'est qu'on ait pu songer non seulement à maintenir, mais encore à rendre obligatoire pour les soldats l'acte contre lequel ont justement protesté tous les monarques comme tous les commandants d'armées, et qui jadis faisait précisément encourir aux roturiers assez audacieux pour s'y livrer les châtiments les plus sévères. C'est triste à dire, mais à part l'Italie, où l'on a parlé parfois de duels entre sous-officiers, la chose ne s'est guère vue que chez nous. Etait-ce donc notre honneur national qu'il s'agissait de sauvegarder ? Mais que peut faire à l'honneur d'une nation le fait de deux individus soi-disant offensés gesticulant l'un devant l'autre, au risque de se tuer ou de se blesser ?

On sait, n'est-ce pas, comment les choses se passent ou plutôt se passaient, il n'y a pas encore longtemps, car les régiments où ces vieilles coutumes ne moisissent pas commencent à se compter. Toute altercation suivie de voies de fait donnait lieu de la part du sous-officier présent à un rapport aggravant généralement les choses, confondant sciemment ou non l'injure avec la plaisanterie, rapport qui, remis au capitaine, transmis au colonel, motivait une autorisation de se rendre sur le terrain, autorisation équivalant généralement à un ordre. Et alors c'était sous peine d'être traîné en prison qu'il fallait se soumettre, donner en d'autres termes de graves conséquences à une querelle qui, autrement, n'eût entraîné que quelques taloches plus ou moins sonores, quelques horions plus ou moins bleuissants.

Vous m'objecterez peut-être que le prévôt assistait aux rencontres, qu'il était là pour parer les bottes dangereuses ! Qu'était-ce alors que cette comédie ? Après avoir réussi d'abord à parer cinq mauvais coups, on arrive quelquefois trop tard pour le sixième, et pour ce qui est des règles qu'on est chargé de faire observer, il est évident qu'elles sont absolument illusoires quand l'un des deux soldats est inexpérimenté ! Ne voulait-on pas encore tout récemment obliger à se battre un infirmier qui jusqu'alors, en fait d'armes, avait exclusivement manié celle que... ne remplace aucune autre, quand il s'agit d'aborder l'ami... par derrière ! Il se montra pointu, je le veux bien ; fit des manières, s'entêta finalement à ne pas vouloir changer de pistolet, mais aussi pour la peine se vit l'objet des mesures les plus vexatoires, des passe-droits les plus révoltants. Est-ce tolérable ?

Direz-vous encore qu'on ne tue pas son camarade tous les jours ? On se fait quand même à l'idée que la chose est faisable, qu'elle est permise, et c'est une porte grande ouverte à la démoralisation. Combien de fois, d'autre part, n'est-il pas arrivé que des ouvriers, par suite d'un mauvais coup reçu au régiment, dans toutes les règles, perdirent la faculté de se livrer à leur travail et se virent une fois rentrés chez eux remerciés par leurs patrons? Le beau parchemin que leur avaient donné les félicitations de leur capitaine, le beau brevet de capacité, le beau titre de rente !

Bref, je ne vois pas ce que vient faire votre intervention, si ce n'est envenimer les choses. Mais laissez donc ! la justice naturelle consistera toujours sinon pour les hommes supérieurs, du moins pour les masses, à répondre à une injure par une injure, à un coup par un autre coup, et certes elle n'est pas près d'être abandonnée, si elle ne date pas d'hier. Aristote, eh bien oui ! Aristote, lui reconnaît des avantages : il veut qu'elle amortisse la pénible impression résultant d'une violence, décharge les colères, fasse tomber une affaire d'elle-même en équilibrant les torts. Sans doute il peut arriver que cette rétorsion immédiate vous fasse dépasser la mesure ; c'est aux tribunaux en pareil cas à vous rendre responsable de l'excédent. Si trivial qu'il puisse paraître aujourd'hui, le procédé, ne vous en déplaise, a bel et bien servi aux plus illustres héros de l'antiquité. Est ce qu'Achille taquiné par Thersite ne s'en débarrassa pas par un vulgaire coup de poing qui fit à meilleur compte la besogne dont eût pu se vanter la plus fine lame ?

Et vous viendriez, vous autres, vous targuer de civilisation plus avancée, parce qu'il vous plait de placer solennellement l'un devant l'autre, pour les exposer froidement à des coups mortels, deux jeunes gens que des libations un peu copieuses ont poussés à s'invectiver pour des causes futiles, mais qui se haïssent si peu que demain, devant l'ennemi, ils n'hésiteraient probablement pas, s'il le fallait, à se tirer d'affaire.

Dites donc plutôt qu'au point de vue de la raison votre système est insensé ; qu'au point de vue de la discipline comme de l'esprit militaire il est ni plus ni moins déplorable. Comment ! vous voulez que le sentiment du devoir donne au soldat une imperturbable assurance devant un ennemi le menaçant de mort, et vous trouvez bon qu'il ne sache pas se posséder devant les grossièretés d'un camarade ! Vous lui apprenez que les intérêts de la patrie exigent de lui tous les sacrifices possibles, et lui laissez d'autre part entendre qu'il ne lui doit plus rien quand parlent en lui la vanité ou le désir de la vengeance !

Ne serait-ce qu'au nom de la Déclaration des droits de l'homme, vous le mettez parfaitement en droit de désobéir à un chef qui lui-même désobéit, qui méconnait si bien sa mission que, sans souci des règles de l'ordre public et de la morale, il expose deux vies sans savoir de quel côté sont les torts, sans même vouloir se demander s'il ne donne pas à l'offenseur le droit de tuer l'offensé. Où voir ici les garanties qu'exige toujours l'application d'une peine ? Si le coup de poing donné dans le monde vous mène en police correctionnelle, si le coup de couteau passe en cour d'assises, pourquoi le coup d'épée, loin de mériter un blâme, vous environnerait-il au contraire d'une auréole ? Le respect de la loi est donc faussement donné comme le premier élément de la discipline, pour qu'on n'en fasse aucun cas, pas plus qu'on ne se soucie de cet esprit d'union et de camaraderie qui doit relier, et le plus solidement possible, des hommes marchant à côté les uns des autres vers le même but, au milieu des mêmes dangers.

De bonnes douairières vous raconteront peut-être, tout en tricotant, que le duel à l'armée tient en échec l'esprit railleur et taquin ; renoncez à les contredire, croyez-moi, par politesse, mais ne vous faites pas faute, par exemple, d'être d'un avis tout contraire. Tel il est dans la société, tel il est à l'armée, n'ayant pas son pareil pour rendre les caractères ombrageux, pointilleux, vindicatifs, entretenir la fausse délicatesse, l'insolence et la rancune, pousser aux fanfaronnades, aux brimades, ennoblir les calomnies, les effronteries, les abus de force, susciter les animosités et les rendre incurables.

Bref, c'est une espèce de paix armée couvant de petites guerres civiles.

3. — Mais que le duel soit utile ou non aux soldats, nous n'avons vraiment pas à nous en préoccuper outre mesure : après tout, c'est l'affaire de leurs chefs. Ce qui en revanche nous est permis et même recommandé à nous autres, pères et mères de famille, c'est de protester énergiquement contre ce qui est la négation, ou si l'on veut la violation de droits s'identifiant ici aux sentiments les plus légitimes.

La patrie, nous dit-on, a besoin de nos enfants pour la défendre. Eh bien, soit ! ne discutons pas ! Laissons s'éloigner de nous ceux pour lesquels bien souvent tous les sacrifices ont été faits, mais que ce soit au moins à certaines conditions tacites. Il faut que de leur côté ceux qui nous les prennent sachent les mettre en garde contre ce qui est de nature à les dépraver, à en faire de mauvais sujets, ou à les empêcher précisément de remplir au moment voulu ce qu'on leur a donné comme étant le devoir.

Soumettez-les à tous les exercices auxquels il est humainement possible de se livrer, d'accord ! faites-leur faire de l'escrime, rien de mieux : ce n'est pas moi qui m'inscrirai en faux contre le bien qui en a été dit tout à l'heure. Etant données les relations intimes qui existent entre le physique et le moral, je la crois très apte à donner de la force, de la grâce et de la confiance en soi. Par le mouvement qu'elle communique à tous les muscles, elle agit très avantageusement sur nos organes, met également en jeu les facultés de l'esprit, fixe l'attention, donne de la promptitude à la pensée comme à la décision, stimule l'intelligence, etc., etc.; mais ceci dit, on voudra bien, je l'espère, m'accorder maintenant qu'elle n'est pas seule à produire ces effets salutaires. On voudra bien me permettre de faire remarquer avec Bacon que tous les exercices du corps sont d'excellents approvisionnements de santé physique et morale, et avec Broussais qu'ils rapprochent l'homme de sa constitution primitive, préviennent aussi cette sensibilité morbide qu'on peut hardiment donner comme mère de toutes les névroses. Une fois admis, d'autre part, que d'actif à la guerre le courage tend de plus en plus à devenir passif, l'escrime évidemment perd beaucoup de son utilité dans les batailles : ses soi-disant avantages vont finir en conséquence par ne plus compenser ses dangers, et ces dangers sont réels, s'il est vrai que d'observations faites à plusieurs reprises on a pu conclure à une corrélation non douteuse entre la fréquence des duels et la vogue dont jouit la salle d'armes.

Vous me direz peut-être, pour l'avoir lu dans la préface d'un traité d'escrime, que les escrimeurs en renom ont tous été décorés pendant le siège de Paris. Soit ! mais combien de héros ne se sont-ils pas vus l'objet de la même distinction dans la garde nationale ? Que devant un ennemi regardé dans le blanc des yeux ces messieurs eussent été de cœur et de taille à faire très bonne contenance, je n'en veux pas douter, mais ferai seulement observer que l'arme blanche n'a joué aucun rôle pendant le siège. Et puis, au lieu de rappeler que tous ont été décorés, peut-être vaudrait-il mieux compter, pour exciter notre admiration, ceux qui ont été tués ou blessés.

Répandu par un Français, le sang français fait une plaie à la patrie. Nous prend-on nos fils pour leur faire commettre pareille erreur et leur apprendre que si la vraie délicatesse d'honneur est attachée à un abus contraire aux lois de l'humanité, les sentiments honnêtes vous mènent par contre en prison. Ils sortent du peuple, et en très grande majorité, les jeunes gens dont on fait des soldats ; ils sortent du peuple et doivent y rentrer. Sera-t-il dit qu'ils sont à l'armée pour s'y laisser inoculer dans le point d'honneur un vaccin pouvant et très bien faire paire avec l'autre, s'y laisser initier à un vieux cérémonial aristocratique en train de passer de mode?

Lisez-leur donc plutôt le passage des *Commentaires* de César où il est question de ces deux centurions se jalousant, se disputant sans cesse, qui prennent un jour le parti pour vider leur querelle de se défier d'une singulière façon : c'était à qui des deux, au cours d'une bataille, reviendrait l'honneur d'une intrépidité plus grande. Qu'en advint-il? Que, terrassé après avoir renversé un grand nombre d'ennemis, l'un des combattants ne dut la vie qu'au secours que se hâta de lui prêter son rival.

Beau trait qui peut servir d'exemple et qui d'ailleurs a été imité dans les temps modernes!

Quels sont-ils en fin de compte, les premiers intéressés? Les pères et mères de famille. Eh bien, qu'ils protestent, qu'ils demandent à leurs députés de s'intéresser à la question. Puisqu'on fait, défait et refait à tout instant la loi militaire, qu'on commence donc par exiger la suppression complète et définitive de coutumes surannées, en pleine contradiction avec nos mœurs comme avec le recrutement actuel d'une armée où ne poussent plus, Dieu merci! comme à une certaine époque, poseurs, faiseurs et leurs hybrides.

Grâce à l'action du temps, grâce aussi à la raison, à la moralité d'un grand nombre d'officiers supérieurs, le duel pratiquement parlant cesse d'être obligatoire à l'armée. C'est un progrès assurément. Etant donné du reste qu'on montre les griffes aux croyances confessionnelles, il ne serait plus de jeu de faire patte de velours aux préjugés, alors surtout qu'ils consacrent la prépondérance de la force sur le droit, l'usurpation flagrante de la licence individuelle sur la puissance publique. Quand on interdit les manifestations religieuses dans les casernes au nom de la liberté de conscience, on s'enlève par là même toute espèce de droit de nier la liberté de l'honneur et d'astreindre qui que ce soit au culte d'idoles ne valant pas le plâtre qu'elles font gâcher.

Après avoir empêché le soldat de manifester ostensiblement sa foi, il ne faudrait pas prendre maintenant à tâche de lui rendre obligatoire le mépris de l'Evangile et de lui faire encourir l'excommunication d'office.

Ce serait excessif, ou alors revenons tout de suite au temps où le soldat se croyait tout permis, tout sans exception, où le racolé, après avoir signé son engagement, pouvait dire à un camarade : « *Soyons prêts maintenant à nous damner ; nous sommes au service du roi !* »

4.— Oui certainement il y a progrès, mais progrès qui ne nous suffit plus. Il faut qu'il y ait désormais obligation non plus pour les soldats à recourir au duel, mais pour les chefs de corps à le défendre ; il faut qu'il y ait responsabilité pour eux devant les familles, sauf recours contre qui de droit, de toute mort et de toute blessure grave que n'auraient pas manifestement motivées les exigences authentiques du service. Indépendamment de l'action civile qu'eux ou leurs parents se verraient intenter, les contrevenants seraient déférés, en outre, à une commission chargée de leur infliger diverses peines, comme dégradation, exclusion pour l'avenir de toutes distinctions ou de toutes fonctions. Après tout, ce ne serait que justice ! Il faut en finir avec l'intrus aussi inutile, aussi grotesque, aussi nuisible à une place qu'à l'autre. Mais regardez donc ce qui se passe dans la marine : le fait est des plus intéressants. Sous quelque prétexte que ce soit, on ne veut y entendre parler de duel, on part du point que la vie d'un marin est trop précieuse pour la laisser sacrifier à des manœuvres inutiles ou à des niaiseries, et l'on ne s'en trouve pas plus mal du tout, parait-il. De l'avis général, il s'en faut même de beaucoup que nos marins soient moins braves que les autres, tout en ayant des idées à eux sur cet honneur dont il va falloir

cependant se faire tôt ou tard une juste conception, si l'on tient à sortir des difficultés de l'heure actuelle.

Qu'est-ce qui dit qu'en fin de compte ce n'est pas à lui à les trancher toutes ?

Terminons par une remarque :

Tant que les humains, entraînés par des ambitieux et guerroyant sous les yeux de leurs idoles, ne visent qu'à faire de leurs voisins des asservis, tant qu'ils croient pouvoir assimiler vices aux vertus et vertus aux vices, ils trouvent encore, dans le maniement des armes, le tapage, l'effusion du sang et autres gestes (ne rappelant en rien ceux de Dieu !) les semblants de force qui leur suffisent. Mais le jour où, en vue cette fois de faire d'eux-mêmes des hommes libres, ils ont à s'attaquer à l'erreur, et à ses institutions surannées, bataille et mitraille, loin de faire merveille, n'ont même plus la moindre valeur. Il faut alors donner des preuves de virilité bien autrement sérieuses en cherchant force et puissance dans des facultés morales dont le véritable honneur doit précisément assurer le développement et stimuler la vitalité.

Plus la raison reprend d'empire, et plus

s'apprécie ce mot de Talleyrand : « *Le matériel n'est rien, le moral est tout* », plus se fait sentir le besoin de demander au réveil des sentiments naturels les énergies que commande l'instinct de conservation à l'approche des dangers menaçant tout état social sans assise sur le vrai.

Que la civilisation soit en péril, plus d'un symptôme le fait craindre : ce qu'il y a de sûr, c'est que l'inquiétude à cet égard a sa raison d'être, tant que des mœurs nouvelles ne rendront pas à la conscience le ressort que paralysent de plus en plus des législations à jet continu, mais aussi vaines que puériles en face des exigences du progrès réel. Qu'y a-t-il donc à attendre d'assujettis qui ne voient la moralité que dans ce que consacrent lois ou coutumes, qui doivent des règles de conduite non pas à leur volonté propre, mais à celle d'un autre, qui, se contentant des droits qu'on daigne leur laisser, des devoirs auxquels on s'amuse à les astreindre, sont prêts à suivre n'importe quelle voie, pourvu que leur monde leur fasse entrevoir la jouissance d'une réputation avantageuse ? Ce n'est pas à eux qu'on sera jamais redevable d'une réforme ou d'un bien quelconque. Les sociétés désormais n'ont plus à fonder d'espoir que sur des êtres moraux, des êtres indépendants bien décidés à ne reconnaître d'autorité authentique que dans celle de leur auteur, ***auctor, auctoritas***; elles n'ont plus à compter que sur des affranchis qui, au risque de se déconsidérer, auront assez de tête pour se frayer eux-mêmes le chemin, assez de cœur surtout pour le sentir s'émouvoir et même se révolter devant les iniquités et les mensonges.

Qu'est-ce en somme que les lois et les coutumes? Des formes indécises sous lesquelles des conventions représentent la justice, qui ont par suite à compter avec le temps.

L'esprit d'obéissance peut bien permettre au citoyen de s'en contenter : c'est la justice elle-même que le sens intime réclame impérieusement chez l'homme.

TABLE DES MATIÈRES

Poitiers. — Société française d'Imprimerie et de Librairie.

www.ingramcontent.com/pod-product-compliance
Ingram Content Group UK Ltd.
Pitfield, Milton Keynes, MK11 3LW, UK
UKHW021843190726
13855UKWH00001B/125

9 782013 282017